21世纪高等院校通识教育系列教材

国内专利申请与案例分析

吕　超　翟岁兵　张开生　主编

清华大学出版社
北京

内 容 简 介

　　本教材以专利申请及案例分析为主线,分别阐述专利的基础知识、专利的国内申请、专利申请文件的撰写要求、专利审查的通用要求、发明专利的审查、实用新型专利申请的初步审查、外观设计专利申请的初步审查以及专利撰写思路与申请实例等内容。

　　本教材指导读者在掌握专利基础知识的前提下,应用知识产权基本理论知识,并通过正确的方式方法研究分析本领域中的复杂工程问题,凝练创新思路,掌握专利申报文档的正确撰写结构和方法。教材从专利概念、基本理论、方式方法层层探究,最后过渡到实践案例,让读者渐入佳境。本教材适用面广,适合作为高校研究生、本科生的教材,也可以作为工程技术人员的参考书。

图书在版编目(CIP)数据

　　国内专利申请与案例分析/吕超,翟岁兵,张开生主编. —北京:清华大学出版社,2023.12
　　21世纪高等院校通识教育系列教材
　　ISBN 978-7-302-65141-3

　　Ⅰ. ①国…　Ⅱ. ①吕…　②翟…　③张…　Ⅲ. ①专利申请－案例－中国－高等学校－教材　Ⅳ. ①G306.3

　　中国国家版本馆 CIP 数据核字(2023)第 243497 号

责任编辑:白立军　薛　阳
封面设计:傅瑞学
责任校对:王勤勤
责任印制:沈　露

出版发行:清华大学出版社
　　　　网　　　址:https://www.tup.com.cn,https://www.wqxuetang.com
　　　　地　　　址:北京清华大学学研大厦 A 座　　　　邮　　编:100084
　　　　社 总 机:010-83470000　　　　　　　　　　　邮　　购:010-62796544
　　　　投稿与读者服务:010-62776969,c-service@tup.tsinghua.edu.cn
　　　　质量反馈:010-62772015,zhiliang@tup.tsinghua.edu.cn
　　　　课件下载:https://www.tup.com.cn,010-83470236
印　装　者:三河市龙大印装有限公司
经　　销:全国新华书店
开　　本:185mm×230mm　　　印　张:18.5　　　字　　数:348千字
版　　次:2023年12月第1版　　　　　　　　　　　印　　次:2023年12月第1次印刷
定　　价:59.80元

产品编号:102689-01

前　言

习近平总书记在党的二十大报告中指出：教育、科技、人才是全面建设社会主义现代化国家的基础性、战略性支撑。必须坚持科技是第一生产力、人才是第一资源、创新是第一动力，深入实施科教兴国战略、人才强国战略、创新驱动发展战略。报告同时强调：推动战略性新兴产业融合集群发展，构建新一代信息技术、人工智能、生物技术、新能源、新材料、高端装备、绿色环保等一批新的增长引擎。当前，知识产权日益成为科技革命和产业变革的核心支撑，在制造、金融、教育、医疗和交通等领域不断转化落地，极大改变了既有的生产生活方式。

知识产权是个人或集体对其在科学、技术、文学艺术领域里创造的精神财富依法享有的专有权。知识产权是一种无形的财产权。由于全球科技、经济的飞速发展，知识产权保护客体范围和内容的不断扩大和深化，不断给知识产权法律制度和理论研究提出崭新的课题。知识产权的保护越来越受到重视，特别是新产品开发中的技术专利，由于有些特色专利保护引起了许多大公司在技术方面的法律争端。加上国有大中型企业产品结构的调整，这些企业作为用人单位，对本科毕业生的知识产权保护方面的知识和技能也提出了较高的要求。在国内，专利是支撑高新技术企业的审批和资质的重要条件，也是这些高新技术企业享受政府各种免税等扶持政策的重要依据。现如今，北京、上海、广州、深圳、天津等地都在实行积分落户政策，具有中国有效专利的可以加分，分值根据本地政策而定。因此，本科生掌握专利写作技能，可以增强他们在工业企业就业和在大城市落户的竞争力。编写本教材的目的是让本科生掌握专利的基础知识、专利的写作技巧和专利审查意见的答复技巧。

根据"高等学校设立知识产权专业或课程（编制教材），纳入学校课时（学分）管理"的需求，同时为满足高等院校相关专业教学需要，我们编写了本书。

本教材由镐京集团陕西服装工程学院吕超、翟岁兵、张开生主编，负责拟定编写教材大纲，设计内容框架以及定稿。编写的具体分工如下：第1～3章由吕超编写，第4～6章由翟岁兵编写，其余章节由张开生编写。第1章专利的基础知识，介绍专利申报的重要性、专利的种类及其特性、专利先申请原则、专利侵权及其法律责任、授予专利的条件、申请专利的途径及代理制度等。第2章专利的国内申请，介绍申请专利前的主要准备工作、如何办理专利、申请文件准备、专利申请与审批程序、对知识产权局驳回专利申请决定的处理以及专利申请的授权和其他可能的结局等。第3章专利申请文件的撰写要求,介绍发明和实用新型专利申请文件、撰写前的准备工作、专利撰写的基本结构及申报文档的语言规范等。第4章专利审查的通用要求,介绍专利审查的新颖性、创造性、实用性的审查原则等。第5章发明专利的审查,介绍发明专利申请的初步审查、发明专利的实质审查程序以及实质审查程序的终止、中止和恢复、继续审查等。第6章实用新型专利申请的初步审查,介绍实用新型专利申请初步审查的范围、实用新型技术方案审查、申请文件的审查以及实用新型专利申请文件的修改等。第7章外观设计专利申请的初步审查,介绍外观设计专利申请初步审查的范围、申请文件的审查、外观设计专利申请要求优先权的审查以及外观设计专利申请文件的修改审查等。第8章专利撰写思路与申请实例,从教学角度出发,对所属领域进行粗略分类,大致分为机械(或接近机械)结构领域、功能服装与控制交叉领域、教育教学与控制交叉领域、医疗卫生健康与控制交叉领域、公共安全与控制交叉领域、车辆交通与控制交叉领域及计算机软件应用相关领域,旨在分门别类进行介绍,起到抛砖引玉的作用。

在本书编写的过程中,参考了国内外专家和同行们的大量教材、著作、研究成果和文献,在此表示感谢。除附录所列主要参考文献之外,还参考了大量网络媒体上的讲义等文献资料,因为这些资料的来源无法考证,难以指明其准确出处,编者在此一并向他们表示衷心的感谢。

在本书的编写过程中,编者虽然做了很多努力,但限于水平,书中疏漏和不足之处在所难免,恳请同行专家和读者批评指正,以便修订再版时得以改正提高。

书中所涉及的相关文档电子版、教学 PPT 及视频等可在清华大学出版社网站下载。

编　者

2023 年 10 月

于镐京集团陕西服装工程学院

目　录

第 1 章　专利的基础知识 ·· 1

1.1　专利的基本概念 ·· 1

1.2　申请专利的重要性 ·· 2

1.3　专利的种类及其特性 ·· 3

    1.3.1　发明专利 ·· 3

    1.3.2　实用新型专利 ·· 3

    1.3.3　外观设计专利 ·· 4

1.4　专利先申请原则 ·· 4

1.5　专利权人与发明人的权利与义务 ·································· 4

1.6　专利权的主要特征 ·· 5

1.7　专利侵权及其法律责任 ·· 6

1.8　专利纠纷与假冒和冒充专利的处理 ·································· 7

1.9　授予发明和实用新型专利权的条件 ·································· 8

    1.9.1　新颖性 ·· 8

    1.9.2　创造性 ·· 8

    1.9.3　实用性 ·· 9

1.10　授予专利权的外观设计的条件 ·································· 9

1.11　不授予专利权的条件 ·· 9

1.12　申请专利的途径及代理制度 ·································· 10

    1.12.1　专利申请的代理 ·· 10

    1.12.2　专利代理的内容 ·· 11

    1.12.3　专利代理的优点 ·· 11

第 2 章　专利的国内申请 ·· 14

2.1　申请专利前的主要准备工作 ·································· 14

    2.1.1　有关专利的法律和法规学习 ·································· 14

2.1.2 专利文献与检索 ·· 14

2.1.3 市场前景和经济收益的分析 ······················· 15

2.1.4 专利文件要求 ·· 15

2.1.5 其他在申请前应注意的事项 ······················· 15

2.2 如何办理专利申请 ·· 16

2.3 申请文件准备 ·· 16

2.4 专利申请与审批程序 ·· 16

2.4.1 专利申请的程序 ·· 16

2.4.2 专利审批程序简介 ·· 17

2.5 对知识产权局驳回专利申请决定的处理 ······················· 19

2.6 专利申请的授权和其他可能的结局 ······························· 19

2.6.1 申请被主动撤回 ·· 19

2.6.2 申请被视为撤回 ·· 20

2.6.3 申请被驳回及请求复审 ·································· 21

2.6.4 申请被授予专利权与办理登记手续 ············ 21

2.7 发明和实用新型专利申请的分案申请 ··························· 23

第 3 章 专利申请文件的撰写要求 ································· 24

3.1 发明和实用新型专利申请文件概述 ······························· 24

3.1.1 发明和实用新型专利申请文件的组成 ········ 24

3.1.2 实用新型专利申请文件各组成部分的作用 ···· 24

3.2 撰写前的准备工作 ·· 25

3.2.1 理解发明创造的技术内容 ····························· 25

3.2.2 确定可专利性 ·· 26

3.2.3 实用新型专利保护或者发明专利保护 ········ 26

3.2.4 确定权利要求的类型 ······································ 27

3.3 请求书 ·· 28

3.3.1 发明专利请求书和实用新型专利请求书 ···· 28

3.3.2 PCT 国际申请进入中国国家阶段声明 ········ 30

3.4 说明书 ·· 32

　　　3.4.1　说明书应当满足的要求 ･････････････････････････････ 32

　　　3.4.2　说明书的撰写方式和顺序 ･･･････････････････････････ 34

　　　3.4.3　说明书附图 ･･･ 40

　　　3.4.4　说明书摘要 ･･･ 40

　　　3.4.5　说明书撰写的一般方法 ･････････････････････････････ 41

　　　3.4.6　说明书的语言规范 ･･･････････････････････････････････ 41

　　3.5　权利要求书 ･･･ 43

　　　3.5.1　权利要求 ･･･ 43

　　　3.5.2　权利要求书应当满足的要求 ･････････････････････････ 45

　　　3.5.3　权利要求的撰写规定 ･････････････････････････････････ 49

　　3.6　委托书 ･･･ 52

第 4 章　专利审查的通用要求 ････････････････････････････････････ 53

　　4.1　新颖性 ･･･ 53

　　　4.1.1　新颖性的界定 ･･･････････････････････････････････････ 53

　　　4.1.2　新颖性的对比文件 ･･･････････････････････････････････ 55

　　4.2　新颖性的审查 ･･･ 56

　　　4.2.1　审查原则 ･･･ 56

　　　4.2.2　审查基准 ･･･ 57

　　　4.2.3　不丧失新颖性的宽限期 ･････････････････････････････ 59

　　　4.2.4　对同样的发明创造的处理 ･･･････････････････････････ 60

　　　4.2.5　判断原则 ･･･ 60

　　　4.2.6　处理方式 ･･･ 61

　　4.3　创造性 ･･･ 62

　　4.4　创造性的审查 ･･･ 62

　　　4.4.1　审查原则 ･･･ 63

　　　4.4.2　审查基准 ･･･ 63

　　　4.4.3　几种不同类型发明的创造性判断 ･････････････････････ 66

　　　4.4.4　判断发明创造性时需考虑的其他因素 ･････････････････ 71

　　4.5　实用性 ･･･ 73

4.5.1 实用性的概念 ··· 73

4.5.2 专利实用性的审查及审查原则 ····················· 73

4.5.3 审查基准 ··· 73

第 5 章 发明专利的审查 ··· 76

5.1 发明专利申请的初步审查 ······························· 76

5.1.1 初步审查及事务处理的范围 ······················· 76

5.1.2 发明专利申请初步审查的主要任务 ············ 77

5.1.3 初步审查和事务处理中应遵循的原则 ········· 77

5.1.4 发明专利申请的初步审查内容 ··················· 78

5.1.5 发明专利申请文件的初步审查 ··················· 78

5.2 发明专利的实质审查程序 ······························· 80

5.2.1 实质审查程序概要及若干基本原则 ············ 80

5.2.2 实质审查的步骤 ····································· 81

5.2.3 实质审查的内容 ····································· 83

5.2.4 有关申请文件修改的审查 ·························· 85

5.2.5 驳回决定 ·· 92

5.2.6 授予专利权的通知 ································· 94

5.2.7 实质审查程序的终止、中止和恢复、继续审查 ············ 94

第 6 章 实用新型专利申请的初步审查 ··················· 96

6.1 实用新型专利申请初步审查的范围 ················· 96

6.2 审查原则 ··· 97

6.3 审查程序 ··· 97

6.3.1 授予专利权通知 ····································· 97

6.3.2 申请文件的补正 ····································· 98

6.3.3 明显实质性缺陷的处理 ···························· 98

6.3.4 通知书的答复 ····································· 98

6.3.5 申请的驳回 ······································· 99

6.3.6 前置审查和复审后的处理 ························· 99

6.4　实用新型技术方案审查 ·················· 99

　　6.4.1　实用新型专利只保护产品 ·············· 100

　　6.4.2　产品的形状 ····················· 100

　　6.4.3　产品的构造 ····················· 101

　　6.4.4　技术方案 ····················· 101

　　6.4.5　适于实用的新的技术方案 ·············· 102

6.5　申请文件的审查 ···················· 102

　　6.5.1　说明书 ······················ 102

　　6.5.2　说明书附图 ····················· 103

　　6.5.3　权利要求书 ····················· 104

　　6.5.4　说明书摘要 ····················· 105

6.6　实用新型专利申请文件的修改 ·············· 106

　　6.6.1　申请人主动修改 ·················· 106

　　6.6.2　按照通知书要求修改 ················· 107

　　6.6.3　审查员依职权修改 ················· 107

第 7 章　外观设计专利申请的初步审查 ·············· 108

7.1　外观设计专利申请初步审查的范围 ············· 108

7.2　审查原则 ······················ 109

7.3　审查程序 ······················ 109

　　7.3.1　授予专利权通知 ·················· 109

　　7.3.2　申请文件的补正 ·················· 110

　　7.3.3　明显实质性缺陷的处理 ················ 110

　　7.3.4　通知书的答复 ··················· 110

　　7.3.5　申请的驳回 ····················· 111

　　7.3.6　前置审查与复审后的处理 ·············· 111

7.4　申请文件的审查 ···················· 111

　　7.4.1　使用外观设计的产品名称 ·············· 112

　　7.4.2　外观设计图片或者照片 ················ 112

　　7.4.3　简要说明 ····················· 115

7.5 外观设计专利申请要求优先权的审查 ･････････ 116

7.6 违反法律和主要起标识作用的外观设计专利的审查 ･････ 116

    7.6.1 申请专利的外观设计是否违反法律的审查 ･････ 116

    7.6.2 主要起标识作用外观设计专利的审查 ･････････ 117

7.7 外观设计专利的技术方案审查 ･･････････････ 118

    7.7.1 外观设计必须以产品为载体 ･･････････････ 118

    7.7.2 可以构成外观设计的组合 ････････････････ 118

    7.7.3 适于工业应用的富有美感的新设计 ･･･････････ 119

    7.7.4 不授予外观设计专利权的情形 ･･････････････ 119

7.8 外观设计专利的合案申请 ･･････････････････ 120

    7.8.1 同一产品的两项以上的相似外观设计 ････････ 120

    7.8.2 成套产品的外观设计 ･･･････････････････ 120

    7.8.3 合案申请的外观设计应当分别具备授权条件 ･･･ 122

7.9 分案申请的审查与核实 ･･････････････････ 122

7.10 外观设计专利申请文件的修改审查 ･･･････････ 123

    7.10.1 申请人主动修改 ･････････････････････ 123

    7.10.2 针对通知书指出的缺陷进行修改 ･････････ 123

    7.10.3 审查员依职权修改 ･･･････････････････ 124

7.11 雷同的外观设计专利申请的审查 ･･･････････ 124

第 8 章 专利撰写思路与申请实例 ･･･････････････ 125

8.1 机械(或接近机械)结构领域篇 ･････････････ 125

    8.1.1 实例 8.1(实用新型专利)一种自适应抗震式吊架 ･･･ 125

    8.1.2 实例 8.2(实用新型专利)一种无人机农药喷洒设备 ･･･ 132

    8.1.3 实例 8.3(发明专利)一种基于自行车紧急刹车的防前翻控制系统 ･･･ 137

8.2 功能服装与控制交叉领域篇 ･･････････････ 144

    8.2.1 实例 8.4(发明专利)一种远程救助自动报警服装 ･･･ 145

    8.2.2 实例 8.5(实用新型专利)一种防静电耐老化型报警服 ･･･ 150

    8.2.3 实例 8.6(实用新型专利)一种具有吸汗功能的警报服 ･･･ 157

    8.2.4 实例 8.7(发明专利)一种能显示游飞字幕及绚丽图案的摆裙 ･･･ 162

8.3　教育教学与控制交叉领域篇 ………………………………………… 171
　8.3.1　实例 8.8（发明专利）一种自助借阅装置及方法 ………………… 171
　8.3.2　实例 8.9（实用新型专利）一种多功能智慧校园用照明路灯 ……… 176
　8.3.3　实例 8.10（实用新型专利）一种判断篮球比赛三分球的装置 ……… 182
8.4　医疗卫生健康与控制交叉领域篇 …………………………………… 189
　8.4.1　实例 8.11（实用新型专利）一种可穿戴式的按摩装置 ………… 190
　8.4.2　实例 8.12（发明专利）一种提醒按时服药的装置及其提醒方法 …… 196
　8.4.3　实例 8.13（发明专利）一种听障人群的语音辨识方法 ………… 202
8.5　公共安全与控制交叉领域篇 ………………………………………… 209
　8.5.1　实例 8.14（发明专利）一种基于人工智能的垃圾分类纠错溯源装置
　　　　 及其方法 ……………………………………………………………… 209
　8.5.2　实例 8.15（发明专利）一种基于大数据的多功能纸币收付款系统 … 218
　8.5.3　实例 8.16（发明专利）一种防止 IC 卡盗刷的系统 …………… 226
8.6　车辆交通与控制交叉领域篇 ………………………………………… 234
　8.6.1　实例 8.17（实用新型专利）一种机动车驾驶安全开门装置 ……… 235
　8.6.2　实例 8.18（发明专利）一种显示汽车车轮转向角度的系统 …… 240
　8.6.3　实例 8.19（发明专利）一种汽车自动吸尘装置及其方法 ……… 246
8.7　计算机软件应用相关领域篇 ………………………………………… 252
　8.7.1　实例 8.20（发明专利）一种基于轻量级网络的番茄病虫害检测方法… 252
　8.7.2　实例 8.21（发明专利）基于球形麦克风阵列与深度神经网络的语音
　　　　 增强方法 ……………………………………………………………… 266

附录 A　建议授课学时进度表 …………………………………………… 276

附录 B　课程教学大纲 …………………………………………………… 277

附录 C　课程相关附件 …………………………………………………… 281

参考文献 …………………………………………………………………… 282

第1章　专利的基础知识

1.1　专利的基本概念

专利是专利权的简称,是由专利机构(国内机构为国家知识产权局)依据发明申请所颁发的一种文件。这种文件叙述发明的内容,并且产生一种法律状态,即该获得专利的发明在一般情况下只有得到专利所有人的许可才能利用(包括制造、使用、销售和进口等),专利的保护有时间和地域的限制。

为了保护专利权人的合法权益,鼓励发明创造,推动发明创造的应用,提高创新能力,促进科学技术进步和经济社会发展,全国人民代表大会常务委员会颁布了《中华人民共和国专利法》(以下简称《专利法》)。根据《专利法》,发明创造是指发明、实用新型和外观设计,这是专利的三个基本类型。

发明,是指对产品、方法或者其改进所提出的新的技术方案。

实用新型,是指对产品的形状、构造或者其结合所提出的适于实用的新的技术方案。

外观设计,是指对产品的形状、图案或者其结合以及色彩与形状、图案的结合所作出的富有美感并适于工业应用的新设计。

职务发明创造,执行本单位的任务或者主要是利用本单位的物质技术条件所完成的发明创造。职务发明创造申请专利的权利属于该单位,申请被批准后,该单位为专利权人。该单位可以依法处置其职务发明创造申请专利的权利和专利权,促进相关发明创造的实施和运用。

非职务发明创造,申请专利的权利属于发明人或者设计人;申请被批准后,该发明人或者设计人为专利权人。

利用本单位的物质技术条件所完成的发明创造,单位与发明人或者设计人订有合同,对申请专利的权利和专利权的归属作出约定的,从其约定。

发明和实用新型专利权被授予后,除《专利法》另有规定的以外,任何单位或者个人未经专利权人许可,都不得实施其专利,即不得为生产经营目的制造、使用、许诺销售、销售、进口其专利产品,或者使用其专利方法以及使用、许诺销售、销售、进口依照该专利方法直接获得的产品。

外观设计专利权被授予后,任何单位或者个人未经专利权人许可,都不得实施其专利,即不得为生产经营目的制造、许诺销售、销售、进口其外观设计专利产品。

1.2　申请专利的重要性

申请专利获得国家知识产权局授权并获得专利权后,既可以保护自己的发明成果,防止成果流失,获取垄断利润来弥补研发投入,同时也有利于科技进步和经济发展。可以通过申请专利的方式占据新技术及其产品的市场空间,获得相应的经济利益。市场经济存在着激烈竞争,企业都希望自己的产品占领市场,因此就要及时申请专利,使自己的发明创造得到国家法律保护,否则,自己的发明创造谁都可以使用,自己的产品谁都可以仿造,就失去了占有市场的机会。科研和工程技术人员应当积极进行发明创造和申请专利,这样可以促进产品的更新换代,也可以提高产品的技术含量,并且会提高产品的质量、降低成本,使企业的产品在市场竞争中立于不败之地。所以,不论是企业或者个人,一旦具有发明创造时,请尽快申请专利,争取国家法律保护。

申请专利的主要目的在于:其一,通过法定程序确定发明创造的权利归属关系,从而有效地保护发明创造的成果,独占市场,以此换取最大的经济利益,及时申请专利就是要防止创造成果被他人随意使用,丧失其应有的价值;其二,及时申请专利是为了在市场竞争中争取主动,防止竞争对手将相同的发明创造申请专利,从而确保自身产品生产与销售的安全可靠性。

获得国家专利的好处,一般可概括为以下几方面。

(1)专利具有唯一性、垄断性,企业获得专利后,其他企业不得生产相同技术的产品,企业一般采取直接与发明人协商转让专利权的方式获取专利,支付专利转让费用。

(2)企业获得专利后,符合一定的条件可申请认定为"高新技术企业",获得税费减免及其他政策补贴,有自主知识产权的品牌更易于获得消费者的信赖,有助于企业的宣传推广、打开市场,在市场的竞争中取胜。

(3)大学生获得国家专利,学校会给予奖励,或免试保送读研究生。

(4)专利证书是创新人才的身份,获得专利对求职应聘最有利,专利证书与英语四六级、计算机等级考试相比含金量最高,属于国家级荣誉证书。

(5)获得专利可以轻松落户北京和上海等大城市,国家政策规定:对于获得国家专利者,落户北京或上海可享受相应分值的加分鼓励。

(6)高中阶段获得国家专利者,参加高考自主招生考试可以享受相应分值的高考加分。

(7) 凭借国家专利证书,学生可在学校申请创新奖学金。

1.3　专利的种类及其特性

《专利法》第二条规定:"本法所称的发明创造是指发明、实用新型和外观设计。"因此,专利的种类包括发明、实用新型、外观设计三种。

《专利法》第二十二条规定:"授予专利权的发明和实用新型,应当具备新颖性、创造性和实用性。"

新颖性,是指该发明或者实用新型不属于现有技术;也没有任何单位或者个人就同样的发明或者实用新型在申请日以前向国务院专利行政部门提出过申请,并记载在申请日以后公布的专利申请文件或者公告的专利文件中。

创造性,是指与现有技术相比,该发明具有突出的实质性特点和显著的进步,该实用新型具有实质性特点和进步。

实用性,是指该发明或者实用新型能够制造或者使用,并且能够产生积极效果。

本法所称现有技术,是指申请日以前在国内外为公众所知的技术。

1.3.1　发明专利

发明专利,是指对产品、方法或者其改进所提出的新的技术方案。与实用新型专利和外观设计专利不同,发明专利的保护期限为 20 年,从申请日起算。从授权条件上来说,发明专利要求具备专利法所要求的新颖性、实用性和创造性。

1.3.2　实用新型专利

《专利法》所称实用新型是指对产品的形状、构造或者其结合所提出的适于实用的新的技术方案。实用新型与发明的不同之处在于:第一,实用新型只限于具有一定形状的产品,不能是一种方法,也不能是没有固定形状的产品;第二,对实用新型的创造性要求不太高,而实用性较强。产品的形状是指产品所具有的、可以从外部观察到的确定的空间形状。对产品形状所提出的技术方案可以是对产品的三维形态的空间外形所提出的技术方案,例如,对凸轮形状、刀具形状作出的改进;也可以是对产品的二维形态所提出的技术方案,例如,对型材的断面形状的改进。

产品的构造是指产品的各个组成部分的安排、组织和相互关系。产品的构造可以是机械构造,也可以是线路构造。机械构造是指构成产品的零部件的相对位置关系、连接关系和必要的机械配合关系等;线路构造是指构成产品的元器件之间的确定的连接关系。

复合层可以认为是产品的构造,产品的渗碳层、氧化层等属于复合层结构。

实用新型专利指的产品形状,是指产品所具有的、可以从外部观察到的确定的空间形状。无确定形状的产品,如气态、液态、粉末状、颗粒状的物质或材料,其形状不能作为实用新型产品的形状特征。

1.3.3 外观设计专利

外观设计是指工业品的外观设计,也就是工业品的式样。它与发明或实用新型完全不同,即外观设计不是技术方案。我国《专利法》第二条中规定:"外观设计,是指对产品的形状、图案或者其结合以及色彩与形状、图案的结合所作出的富有美感并适于工业应用的新设计。"可见,外观设计专利应当符合以下要求。

(1) 指形状、图案、色彩或者其结合的设计。

(2) 必须是对产品的外表所作的设计。

(3) 必须富有美感。

(4) 必须是适于工业上的应用。

1.4 专利先申请原则

同样的发明创造只能授予一项专利权。但是,同一申请人同日对同样的发明创造既可以申请实用新型专利又可以申请发明专利,申请实用新型专利时注意要按其结构撰写申报专利。

两个以上的申请人分别就同样的发明创造申请专利的,专利权授予最先申请的人。

1.5 专利权人与发明人的权利与义务

执行本单位的任务或者主要是利用本单位的物质技术条件所完成的发明创造为职务发明创造。职务发明创造申请专利的权利属于该单位;申请被批准后,该单位为专利权人。

《专利法》第六条所称执行本单位的任务所完成的职务发明创造,是指:

(1) 在本职工作中作出的发明创造。

（2）履行本单位交付的本职工作之外的任务所作出的发明创造。

（3）退休、调离原单位后或者劳动、人事关系终止后 1 年内作出的，与其在原单位承担的本职工作或者原单位分配的任务有关的发明创造。

《专利法》第六条所称本单位，包括临时工作单位；专利法第六条所称本单位的物质技术条件，是指本单位的资金、设备、零部件、原材料或者不对外公开的技术资料等。

非职务发明创造，申请专利的权利属于发明人或者设计人；申请被批准后，该发明人或者设计人为专利权人。

《专利法》所称发明人或设计人，是指对发明创造的实质性特点作出创造性贡献的人，应当是自然人，不能是单位或者集体，如"×××科研组"等。如果是数人共同作出的，应当将所有人的名字都写上。在完成发明创造的过程中，只负责组织工作的人、为物质技术条件的利用提供方便的人或者从事其他辅助工作的人，不应当被认为是发明人或者设计人。

利用本单位的物质技术条件所完成的发明创造，单位与发明人或者设计人订有合同，对申请专利的权利和专利权的归属作出约定的，从其约定。

两个以上单位或者个人合作完成的发明创造、一个单位或者个人接受其他单位或者个人委托所完成的发明创造，除另有协议的以外，申请专利的权利属于完成或者共同完成的单位或者个人；申请被批准后，申请的单位或者个人为专利权人。

发明和实用新型专利权被授予后，除《专利法》另有规定的以外，任何单位或者个人未经专利权人许可，都不得实施其专利，即不得为生产经营目的制造、使用、许诺销售、销售、进口其专利产品，或者使用其专利方法以及使用、许诺销售、销售、进口依照该专利方法直接获得的产品。

外观设计专利权被授予后，任何单位或者个人未经专利权人许可，都不得实施其专利，即不得为生产经营目的制造、许诺销售、销售、进口其外观设计专利产品。

任何单位或者个人实施他人专利的，应当与专利权人订立实施许可合同，向专利权人支付专利使用费。被许可人无权允许合同规定以外的任何单位或者个人实施该专利。

发明人或者设计人有权在专利文件中写明自己是发明人或者设计人。

专利权人有权在其专利产品或者该产品的包装上标明专利标识。

1.6　专利权的主要特征

专利权是由国家知识产权局专利行政部门依照法律规定，根据法定程序赋予专利权人的一种专有权利。它是无形财产权的一种，与有形财产相比，主要具有以下特征。

1. 具有独占性

独占性也称为垄断性或专有性。专利权是由政府主管部门根据发明人或申请人的申请,认为其发明成果符合专利法规定的条件,而授予申请人或其合法受让人的一种专有权。它专属权利人所有,专利权人对其权利的客体(即发明创造)享有占有、使用、收益和处分的权利。

2. 具有时间性

专利权的时间性,即指专利权具有一定的时间限制,也就是法律规定的保护期限。各国的专利法对专利权的有效保护期均有各自的规定,而且计算保护期限的起始时间也各不相同。我国《专利法》第四十二条规定:"发明专利权的期限为二十年,实用新型专利权的期限为十年,外观设计专利权的期限为十五年,均自申请日起计算。"

3. 具有地域性

地域性,就是对专利权的空间限制。它是指一个国家或一个地区所授予和保护的专利权仅在该国或地区的范围内有效,对其他国家和地区不发生法律效力,其专利权是不被确认与保护的。如果专利权人希望在其他国家享有专利权,那么,必须依照其他国家的法律另行提出专利申请。除非加入国际条约及双边协定另有规定之外,任何国家都不承认其他国家或者国际性知识产权机构所授予的专利权。

1.7 专利侵权及其法律责任

未经专利权人许可,实施其专利,即侵犯其专利权,引起纠纷的,由当事人协商解决;不愿协商或者协商不成的,专利权人或者利害关系人可以向人民法院起诉,也可以请求管理专利工作的部门处理。管理专利工作的部门处理时,认定侵权行为成立的,可以责令侵权人立即停止侵权行为,当事人不服的,可以自收到处理通知之日起十五日内依照《中华人民共和国行政诉讼法》向人民法院起诉;侵权人期满不起诉又不停止侵权行为的,管理专利工作的部门可以申请人民法院强制执行。进行处理的管理专利工作的部门应当事人的请求,可以就侵犯专利权的赔偿数额进行调解;调解不成的,当事人可以依照《中华人民共和国民事诉讼法》向人民法院起诉。

专利侵权纠纷涉及新产品制造方法的发明专利的,制造同样产品的单位或者个人应当提供其产品制造方法不同于专利方法的证明。在专利侵权纠纷中,被控侵权人有证据证明其实施的技术或者设计属于现有技术或者现有设计的,不构成侵犯专利权。

专利侵权纠纷涉及实用新型专利或者外观设计专利的,人民法院或者管理专利工作的部门可以要求专利权人或者利害关系人出具由国务院专利行政部门对相关实用新型或者外观设计进行检索、分析和评价后作出的专利权评价报告,作为审理、处理专利侵权纠纷的证据。

侵犯专利权的赔偿数额按照权利人因被侵权所受到的实际损失确定;实际损失难以确定的,可以按照侵权人因侵权所获得的利益确定。权利人的损失或者侵权人获得的利益难以确定的,参照该专利许可使用费的倍数合理确定。赔偿数额还应当包括权利人为制止侵权行为所支付的合理开支。

权利人的损失、侵权人获得的利益和专利许可使用费均难以确定的,人民法院可以根据专利权的类型、侵权行为的性质和情节等因素,确定给予一万元以上一百万元以下的赔偿。

有下列情形之一的,不视为侵犯专利权:

(1)专利产品或者依照专利方法直接获得的产品,由专利权人或者经其许可的单位、个人售出后,使用、许诺销售、销售、进口该产品的;

(2)在专利申请日前已经制造相同产品、使用相同方法或者已经作好制造、使用的必要准备,并且仅在原有范围内继续制造、使用的;

(3)临时通过中国领陆、领水、领空的外国运输工具,依照其所属国同中国签订的协议或者共同参加的国际条约,或者依照互惠原则,为运输工具自身需要而在其装置和设备中使用有关专利的;

(4)专为科学研究和实验而使用有关专利的;

(5)为提供行政审批所需要的信息,制造、使用、进口专利药品或者专利医疗器件的,以及专门为其制造、进口专利药品或者专利医疗器件的;

(6)为生产经营目的使用、许诺销售或者销售不知道是未经专利权人许可而制造并售出的专利侵权产品,能证明该产品的合法来源的,不承担赔偿责任。

1.8 专利纠纷与假冒和冒充专利的处理

对于假冒专利的,除依法承担民事责任外,由管理专利工作的部门责令改正并予以公告,没收违法所得,可以并处违法所得四倍以下的罚款;没有违法所得的,可以处二十万元以下的罚款;构成犯罪的,依法追究刑事责任。

管理专利工作的部门根据已经取得的证据,对涉嫌假冒专利行为进行查处时,可以询问有关当事人,调查与涉嫌违法行为有关的情况;对当事人涉嫌违法行为的场所实施现场检查;查阅、复制与涉嫌违法行为有关的合同、发票、账簿以及其他有关资料;检查与涉嫌违法行为有关的产品,对有证据证明是假冒专利的产品,可以查封或者扣押。管理专利部门依法行使前款规定的职权时,当事人应当予以协助、配合,不得拒绝、阻挠。

1.9　授予发明和实用新型专利权的条件

授予专利权的发明创造应当具备的条件包括两方面内容:形式条件和实质性条件。形式条件是指要求授予专利权的发明创造,应当以《专利法》及其实施细则规定的格式,书面记载在专利申请文件上,并依照法定程序履行各种必要的手续。文件或者手续如果不符合要求,应当在法律规定或者国家知识产权局指定的期限内补正,经过补正仍然不符合要求的,国家知识产权局将予以驳回。

实质性条件也称专利性条件。它是依据我国专利法对发明创造授权的本质进行规定,授予专利权的发明和实用新型应当具备新颖性、创造性和实用性。

1.9.1　新颖性

新颖性,是指该发明或者实用新型不属于现有技术;也没有任何单位或者个人就同样的发明或者实用新型在申请日以前向国务院专利行政部门提出过申请,并记载在申请日以后公布的专利申请文件或者公告的专利文件中。我国《专利法》所说的新颖性内容如下。

(1) 在申请提交到国家知识产权局以前,没有同样的发明创造在国内外出版物上公开发表过。这里的出版物,不但包括书籍、报纸、杂志等纸质件,也包括录音带、录像带及唱片等音、影文件。

(2) 在同内外没有公开使用过,或者以其他形式为公众所知。所谓公开使用过,是指以商品形式销售或用技术交流等方式进行传播、应用,乃至通过电视和广播为公众所知。

(3) 在该申请提交日以前,没有任何单位或个人就同样的发明或实用新型向国家知识产权局提出过申请,并且记载在以后公开的专利申请文件或公告的专利文件中。

1.9.2　创造性

创造性,是指与现有技术相比,该发明具有突出的实质性特点和显著的进步,该实用新型具有实质性特点和进步。

所谓"实质性特点"是指与现有技术相比,有本质上的差异,有质的飞跃和突破,而且申请的这种技术上的变化和突破,对本领域的普通技术人员来说并非是显而易见的。所谓"同现有技术相比有进步"是指该发明或实用新型比现有技术有技术优点或有明显的技术优点。

1.9.3 实用性

专利法所说的实用性是指:申请专利的发明创造、发明或者实用新型,能够在工农业及其他行业的生产中批量制造或能够在产业上或生活中应用,并且能够产生积极效果。《专利法》规定,授予专利权的外观设计应当同申请日以前在国内外出版物上公开发表过或者国内公开使用过的外观设计不相同并且不相近似。

"不相同"是指授予专利权的外观设计应当具备新颖性,它既不能同现有的同类产品的外观设计雷同,更不能是对它们的仿制、抄袭。

"不相近似"是指授予专利权的外观设计应当具有独创性。它既不能是对现有同类产品外观设计的简单模仿,也不能是与现有产品只有本领域技术人员才能看得出的微小的差别,而应有公众一眼就能看出的明显的不同和变化。

1.10 授予专利权的外观设计的条件

授予专利权的外观设计,应当不属于现有设计;也没有任何单位或者个人就同样的外观设计在申请日以前向国务院专利行政部门提出过申请,并记载在申请日以后公告的专利文件中。

授予专利权的外观设计与现有设计或者现有设计特征的组合相比,应当具有明显区别。

授予专利权的外观设计不得与他人在申请日以前已经取得的合法权利相冲突。

1.11 不授予专利权的条件

根据《专利法》,不授予专利权的条件为以下六类:

(1) 科学发现;

(2) 智力活动的规则和方法;

(3) 疾病的诊断和治疗方法;

(4) 动物和植物品种;

（5）用原子核变换方法及用原子核变换方法获得的物质；

（6）对平面印刷品的图案、色彩或者二者的结合作出的主要起标识作用的设计。

《专利法实施细则》第十条："专利法第五条所称违反法律的发明创造，不包括仅其实施为法律所禁止的发明创造。""违反法律的发明创造"应当理解为一项发明创造的目的本身为我国法律明文禁止或者与我国法律相违背。由于赌博、吸毒、伪造公文印章是我国刑法禁止的，因此有关专门用于赌博的设备、机器或工具，吸毒者的器具，伪造国家货币、票据、公文、证件、印章、文物的设备等的发明创造，都属于违反法律的发明创造，不能被授予专利权。但是，如果发明创造的目的并没有违反法律，只是不按正常方法予以应用有可能导致违反国家法律的后果，则不能因为该发明创造的滥用会违反国家法律而拒绝对此类发明创造授予专利权。例如，以治疗疾病为目的的麻醉品、镇静剂、兴奋剂以及以娱乐为目的的游戏机、棋盘等。

总之，规定对违反国家法律、社会公德或者妨害公共利益的发明创造不授予专利权是为了防止可能引起扰乱社会、导致犯罪或者造成其他不安定的因素，也是为了维护国家和人民的根本利益。

1.12　申请专利的途径及代理制度

申请专利可以是专利权人直接向国家知识产权局或代办处办理申请事务，也可以通过代理机构办理。向国家知识产权局申请专利或办理其他手续的，可以将申请文件或其他文件直接递交给国家知识产权局的申请受理窗口或国家知识产权局的任何一个专利代办处，也可以邮寄给国家知识产权局受理处或国家知识产权的专利代办处。

根据《专利法》规定，在中国没有经常居所或者营业所的外国人、外国企业或者外国其他组织在中国申请专利和办理其他专利事务的，应当委托国务院专利行政部门批准的专利代理机构办理。中国单位或者个人在国内申请专利和办理其他专利事务的，可以委托专利代理机构办理，但不是必须通过代理机构办理。中国单位或者个人将其在国内完成的发明创造向外国申请专利的，应当先向国务院专利行政部门申请专利，委托其指定的专利代理机构办理。

1.12.1　专利申请的代理

专利代理机构是经各省市专利管理局审核，国家知识产权局批准设立，可以接受委托人委托，在委托权限范围内以委托人的名义办理专利申请或其他专利事务的服务机构。

专利代理人是指获得了专利代理人资格,持有专利代理人工作证并在专利代理机构专职或兼职从事专利代理工作的人员。

专利代理是民事代理的一种,是指专利代理机构接受委托人的委托,以委托人的名义,在委托人授权范围内,代替委托人办理专利申请或者其他专利事务,其法律后果由委托人承担的法律行为。

1.12.2　专利代理的内容

专利代理人可以从事的专利代理业务,包括提供专利事务方面的咨询;代写专利申请文件,办理专利申请;请求实质审查或者复审的有关事务;提出异议,请求宣告专利权无效的有关事务;办理专利申请权、专利权的转让以及专利许可的有关事务;接受聘请,指派专利代理人担任专利顾问;办理其他有关事务。

1.12.3　专利代理的优点

专利代理是专利制度有效运转的重要支撑,是知识产权中介服务体系的核心组成。专利代理服务水平和质量对依法保护我国的自主创新成果有着重要影响。

专利代理的主要作用有以下四方面。

(1) 有利于专利申请文件的撰写。

(2) 有利于专利申请策略的制定。

(3) 有利于专利确权事务的办理。

(4) 有利于专利许可的办理。

专利代理工作的基本工作原则有以下四方面。

(1) 告知原则。

(2) 授权原则。

(3) 对委托人负责原则。

(4) 保密原则。

从事专利代理服务的主体。按照单位性质分类,分为××知识产权代理有限公司和××专利代理事务所(普通合伙)。二者的区别:××知识产权代理有限公司在代理事务过程和后期法律纠纷时,只负有有限责任。××专利代理事务所(普通合伙)代理事务过程和后期法律纠纷时,负有无限连带责任。因此,一般××专利代理事务所(普通合伙)在做工作时更加谨慎小心。

专利代理的主要优点可概括为以下几方面。

1. 有利于专利申请人

1) 办理更专业、省时省力

办理专利事务是一项复杂而又细致的工作,它涉及法律、经济、科学技术及科技文献等多方面的知识。委托专利代理,保证发明人或者合法受让人正确地办理取得和维持专利权的各种法定手续。

2) 文档质量高、成功率高

要撰写出一套合格的专利申请文件,没有受过专门训练和具有撰写实践的人是很难写好专利申请文件的。国家专利局对申请文件的格式有比较严格的要求,如果文件不符合要求,会被要求补正,所以国家专利局一般会建议由代理公司来申请。

3) 手续更简单,申报风险低

在申请文件提交以后,还有许多需要办理的手续,有可能还要答复审查员提出的意见。如果有一个环节出了问题,就可能前功尽弃,造成不应有的却无法挽回的损失。

4) 申报质量高,事半功倍

专利代理机构是办理专利申请及其他专利事务的专门机构。在专利代理机构工作的专利代理人是既懂专业技术又懂专利法及有关规定的专门人才。所以,到专利代理机构委托专利代理人办理专利申请及其他专利事务,不仅可以避免不应有的损失,而且可以提高专利申请的质量,加快审批速度,虽然要花费一笔代理费用,但委托人可以获取比代理费更为可观的利益,达到事半功倍的效果。

5) 维护发明人,简化手续

专利代理不仅需要及时正确地代理他方取得和维持专利权的各种法定手续和要求,而且更重要的是,要通过实施这些法律行为切实为被代理人谋取利益。

2. 有利于提高专利审查机关的工作效率

专利审查机关受理申请、审批、颁布专利等工作效率,除了与本机关的工作人员的业务素质等条件有关外,还与专利申请人提供的申请文件的质量有关。因为,一件申请文件不合乎要求,就要修改、补正,就会给审查工作带来困难,拖延审批时间,有的还会给以后发生专利纠纷留下隐患,所以,专利代理人出色、有效的工作,是专利审查机关提高工作效率的重要因素之一。

3. 有利于维护国家的法律秩序

专利制度的核心是《专利法》。《专利法》的贯彻执行是国家法制建设的重要方面。专利代理人担负着宣传执行《专利法》的光荣任务。由于专利代理人是由经过专门法律培训的专业人员来担任,因此,在办理专利申请、异议、无效宣告和专利许可证贸易等项事务时,可以尽量使之符合《专利法》和国家其他法律、法规的规定,避免违法和尽量减少各种不必要的纠纷。

在发生专利纠纷时,引起纠纷的侵权新闻大都涉及复杂的技术问题。一般司法人员往往因此而感到棘手。在这种情况下,专利代理人可以发挥既懂法律又懂技术的有利条件,协助司法人员弄清事实,使得专利纠纷得以正确解决。专利代理人还可以帮助专利权人了解和掌握侵权行为的发生,利用全国的专利代理联系网有效地进行监督,有益于保护专利权人的合法权益。

4. 有利于开展技术贸易,有利于专利的实施

专利代理人又是专利实施系统的重要组成部分。由于专利代理人参与了专利的申请、审查和批准等各阶段的全部事务,因此,就获得了对专利的技术细节和技术指标、功能、用途及其法律状态的深入了解。同时,专利代理人又与专利情报系统有着密切的联系,通过各种渠道掌握大量的技术市场信息。

因而,对于开展以专利许可证贸易为主要内容的技术贸易,专利代理人就成为发明人与技术应用方之间理想的中介人,起到沟通两者之间信息联系的桥梁作用。专利代理对各种法律有着较为全面的掌握,在开展技术贸易进行洽谈和签订合同的过程中,可以充当法律顾问,对合同中各种条款的设定进行指导,使合同的订立更加正确、严谨、清楚并符合国家法律规定。

第 2 章　专利的国内申请

通常情况下,发明人完成一项发明创造后,为使该发明创造获得专利保护,必须根据《专利法》规定,向国家知识产权局提交发明和实用新型专利申请,包括请求书、说明书、说明书附图及其摘要、摘要附图和权利要求书,外观设计专利申请应提交请求书、外观设计图片或者照片及简要说明等文件,以书面或电子申请形式向国务院专利行政管理部门提出专利申请。

2.1　申请专利前的主要准备工作

2.1.1　有关专利的法律和法规学习

学习《专利法》和《专利法实施细则》,详细了解专利的概念,同类专利的申请和状况,怎样申请专利并能尽快获得专利权。同时,还应该了解专利权人的权利和义务,取得专利后如何维持和实施、转让专利等内容。

2.1.2　专利文献与检索

申请专利前,首先对准备申请专利的项目进行专利性调查。在作出是否提出专利申请以前,申请人至少需要检索一下专利文献,充分了解现有技术的情况,如果自己准备申请的专利明显没有新颖性或创造性,就没有必要提出专利申请,以免造成时间、精力和财力的浪费。目的检索数据库有美国专利商标局网上专利检索、日本特许厅网上专利检索(英文版)、欧洲专利局网上专利检索、世界知识产权组织网上专利检索。另外就是检索其他公开发表的非专利文献。

专利文献主要包括中国发明专利申请公开说明书、中国发明专利说明书、中国实用新型专利说明书、欧洲专利申请公开说明书、专利合作条约的国际专利申请公开说明书、美国专利说明书、日本专利申请公开说明书和日本实用新型专利说明书及多国专利分类文摘等。

非专利文献主要包括电子或纸质件等形式的国内外科技图书、期刊、索引工具及手册等。

2.1.3 市场前景和经济收益的分析

专利申请人对准备申请专利的项目进行市场前景和经济收益的分析和调查。申请专利和维持专利权有效都要缴纳规定的费用,如果委托专利代理机构还要花费代理费。申请人应对自己的发明创造的技术开发的可能性、范围及技术市场和商品市场的条件进行认真的调研和预测,以便明确申请专利并获得专利权后实施和转让专利的条件及可能获得的收益,明确不申请专利可能带来的市场和经济损失。这些都是申请人作出是否值得申请专利、申请哪种专利、选择什么申请时机时应当考虑的重要因素。

2.1.4 专利文件要求

专利申请人需要了解专利文件的书写格式和撰写要求,专利申请的提交方式、费用情况和简要的审批过程。《专利法》规定,专利申请文件一旦提交以后,其修改不得超出原说明书和权利要求书记载的范围。所以申请文件特别是说明书写得不好,会成为无法补救的缺陷,甚至导致很好的发明内容得不到专利授权。权利要求书写得不好,常常会限制专利权的保护范围。不了解费用情况或缴费的期限以及不了解申请手续或审批程序,也会导致专利申请被视为撤回等法律后果。撰写申请文件有很多技巧,一般没有经过专门培训的发明人或申请人是很难写好的,办理各种申请手续也相对烦琐,工作要求很严格,因此如果申请人没有足够的把握,最好委托专利代理机构办理专利申请手续,但高校及科研院所等单位申请专利由于经费限制,个人撰写申请文件会减少科研经费开支,省去高额的代理费。

2.1.5 其他在申请前应注意的事项

为了保证专利申请具有新颖性,在提出专利申请以前,申请人应当对申请内容保密。如果在发明实验或鉴定的过程中有其他人参与,应当要求这些人员也予以保密,必要时可以签订保密协议。按照《专利法》第二十四条的规定,有下列情形之一的,不丧失新颖性:

(1) 在国家出现紧急状态或者非常情况时,为公共利益目的首次公开的;

(2) 在中国政府主办或者承认的国际展览会上首次展出的;

(3) 在规定的学术会议或者技术会议上首次发表的;

(4) 他人未经申请人同意而泄露其内容的。

2.2　如何办理专利申请

办理专利申请应当提交必要的申请文件,并按规定缴纳费用。专利申请必须采用纸质件形式或者电子申请的形式办理。不能用口头说明或者提供样品或模型的方法,来代替纸质件或电子申请文件。

各种手续文件都应当按规定签章,签章应当与请求书中填写的姓名或者名称完全一致。签章不得复印。涉及权利转移的手续,应当有全体申请人签章,其他手续可以由申请人的代表人签章办理,委托专利代理机构的,应当由专利代理机构签章办理。

办理手续要附具证明文件或者附件的,证明文件与附件应当使用原件或者副本,不得使用复印件。如原件只有一份的,可以使用复印件,但同时需要附有公证机关出具的复印件与原件一致的证明。

2.3　申请文件准备

申请发明专利的,申请文件应当包括发明专利请求书、摘要、摘要附图(适用时)、说明书、权利要求书、说明书附图(适用时),各一式一份。

涉及氨基酸或者核苷酸序列的发明专利申请,说明书中应包括该序列表,把该序列表作为说明书的一个单独部分提交,并与说明书连续编写页码,同时还应提交符合国家知识产权局规定的记载有该序列表的光盘。

申请实用新型专利的,申请文件应当包括实用新型专利请求书、摘要、摘要附图(适用时)、说明书、权利要求书、说明书附图,各一式一份。

申请外观设计专利的,申请文件应当包括外观设计专利请求书、图片或者照片(要求保护色彩的,应当提交彩色图片或者照片)以及对该外观设计的简要说明,各一式一份。提交图片的,两份均应为图片,提交照片的,两份均应为照片,不得将图片或照片混用。

2.4　专利申请与审批程序

2.4.1　专利申请的程序

专利申请程序,是指一件专利申请从申请人递交申请文件开始,直至被授予专利权或被驳回的整个过程中,在国家知识产权局所经历的审批程序,以及在此过程中当事人的参与过程。一项发明创造从向国家知识产权局提出专利申请到被批准为专利需要经过多道事务处理程序。其中既包括审查员依法对申请文件进行审查的审查程序,以及审查后的批准或驳回程序;也包括在此过程中申请人或发明人的参与,如答复审查意见、修改申请文件等。

2.4.2 专利审批程序简介

依据《专利法》,发明专利申请的审批程序包括受理、初步审查、公布、实质审查以及授权五个阶段。实用新型或者外观设计专利申请在审批中不进行早期公布和实质审查,只有受理、初步审查和授权三个阶段。

1. 受理阶段

申请人应先向国家知识产权局递交以下规范性申请文件。

发明和实用新型的申请文件包括:

(1)请求书。

(2)权利要求书。

(3)说明书。

(4)说明书附图(有些发明可省略)。

(5)说明书摘要。

(6)摘要附图(有些发明可省略)。

外观专利的申请文件包括:

(1)请求书。

(2)外观设计图片或照片。

(3)外观设计简要说明。

2. 初步审查阶段

专利申请按照规定缴纳申请费的,自动进入初审阶段。发明专利申请在初审前首先要进行保密审查,需要保密的应按保密程序处理。实用新型和外观设计专利申请在初审以前还应当给申请人留出 3 个月主动修改申请的时间。在初审程序中要对申请是否存在明显缺陷进行审查。主要包括审查申请内容①是否明显违反国家法律、社会公德或者妨碍公共利益;②是否明显属于不授予专利权的主题;③是否明显缺乏技术内容而不能构成技术方案;④是否明显缺乏单一性。实用新型和外观设计专利申请还要审查是否明显与已经批准的专利相同,是否明显不是一个新的技术方案或者新的设计。

初审中还要对申请文件齐备及其格式是否符合要求进行审查,例如:①审查各种文件是否采用知识产权局制定的统一格式,申请的撰写、表格的填写或附图的画法是否符合实施细则和审查指南规定的要求;②应当提交的证明或附件是否齐备,是否具备法律效力;③说明书、权利要求书、附图或外观设计图或照片是否符合出版要求。不合格的,知识产权局将通知申请人在规定的期限内补正或者陈述意见。逾期不答复的申请将被视为撤回。经申请人答复后仍未消除缺陷的,予以驳回。发明专利申请初审合格的,将发放初审合格通知书。实用新型和外观设计专利申请经初审未发现驳回理由的,将直接进入授权程序,由于发明还有后续程序,所以初审中对申请内容的审查要相对松一点。

3. 公布阶段

发明专利申请从发出初审合格通知书起就进入等待公布阶段。申请人请求提前公布的,则申请立即进入公布准备程序。经过格式复核、编辑校对、计算机处理、排版印刷,大约在 3 个月后,在专利公报上公布并出版说明书单行本。没有提前公布请求的申请,要等到申请日起满 15 个月才进入公布准备程序;要求优先权的申请,从优先权日起满 15 个月进入公布准备程序。申请进入公布准备程序以后,申请人要求撤回专利申请的,申请仍然会在专利公报上予以公布。

申请公布以后,申请人就获得了临时保护的权利,也就是说,自申请公布之日起,申请人就可要求实施其发明的单位或者个人支付费用。申请公布以后,申请记载的内容就成为现有技术的一部分。

申请人务必注意申请在专利公报上公布时的公布号和专利申请的申请号是两个不同的系列。申请人在专利审批过程中向知识产权局办理各种手续时应当采用申请号,不要使用公布号,因为知识产权局的所有申请文档都是按照申请号排列和管理的,提供申请号有利于快速找到要处理的申请,同时因为申请号带有校验位,万一申请人提供的号码有错时容易及早发现和处理。如果申请人提供的是公布号,知识产权局必须通过对照表查询才能找到要处理的申请,特别是申请人提供的公布号有错时,一般在造成后果以前很难发现。

4. 实质审查阶段

在实审中,审查员将在检索的基础上对专利申请是否具备新颖性、创造性、实用性以及专利法规定的其他实质性条件进行全面审查。经审查,认为不符合授权条件的,或者存在各种缺陷的,应当通知申请人在规定的时间内(第一次一般给 4 个月的期限)陈述意见或进行修改。申请人逾期答复的,申请被视为撤回。经至少一次答复或修改后,申请仍不符合要求的撤回。由于实审的复杂性,审查周期一般要 1 年或更长时间。

发明专利申请在实质审查中未发现驳回理由的,或者经申请人修改和陈述意见后消除了缺陷的,审查员将制作授权通知书,申请按规定进入授权准备阶段。

5. 授权阶段

实用新型和外观设计专利申请经初步审查,未发现驳回理由的,由审查员制作授权通知书,申请进入授权登记准备。经授权形式审查人员对授权文本的法律效力和完整性进行复核,对专利申请的著录项目进行校对、修改确认无误以后,知识产权局发出授权通知书和办理登记手续通知书。

申请人接到授权通知书和办理登记手续通知书以后,应当在 2 个月之内按照通知的要求办理登记手续并缴纳规定的费用。在期限内办理了登记手续并缴纳了规定费用的,知识产权局将授予专利权,颁发专利证书,在专利登记簿上记录,并在 2 个月后于专利公报上报告,专利权自专利证书颁发之日起生效。

未按规定办理登记手续的,或者逾期办理的,视为放弃取得专利的权利。

2.5　对知识产权局驳回专利申请决定的处理

专利申请被驳回后,申请人对知识产权局驳回申请的决定不服的,可以在收到驳回通知之日起 3 个月内,向专利复审委员会书面提出复审请求。申请人对专利复审委员会的复审决定不服的,可以在收到通知之日起 3 个月内向人民法院提起诉讼。

2.6　专利申请的授权和其他可能的结局

专利申请经过审查程序,就进入授权阶段。然而,并不是所有的专利申请都能得到授权,获得专利证书。一般来说,专利申请经过审查程序,可能有四种不同的结局:申请被主动撤回、申请被视为撤回、申请被驳回和申请被授予专利权。对不同的结局,申请人可能需要作出不同的处理或办理不同的手续。

2.6.1　申请被主动撤回

申请人提出申请以后,由于情况的变化,申请人可以主动提出撤回专利申请。例如:

(1) 现申请内容不属于专利保护范围的。

(2) 现申请文件撰写存在严重缺陷,可能导致申请无法批准,或者保护范围将受到严重限制的。

(3) 发现申请缺乏专利性,进行下一步程序已没有意义的。

(4) 申请人要求申请保密专利,国务院主管部门不同意,申请人经考虑认为将发明保密更有利的。

请求撤回专利申请的,应当提交"撤回专利申请声明"一式两份,写明请求撤回的专利申请的申请号、发明名称和申请人,并应当有全体申请人签章。委托专利代理的,可以由专利代理机构代办手续,但应当附上全体申请人同意撤回申请的证明。

专利申请一经撤回,申请人及其继受人不得再要求恢复。

发明专利申请在进行公布准备程序以前撤回的,撤回以后不再公布,但在进入公布准备程序以后撤回的,申请将照常公布。公布准备程序一般从申请日起第15个月开始,但有提前公布请求的,从形式审查合格起即进入公布准备程序,有优先权请求的,从优先权日起第15个月进入公布准备程序。

撤回专利申请的声明,应当在办理专利权授权登记手续以前提出。在办理登记手续以后,知识产权局立即进入公告准备程序,申请人即使提出要求撤回专利申请,知识产权局也将照常公告授权,并出版专利说明书。

发明专利申请在公布以前,实用新型或外观设计申请在办理登记手续以前撤回的,知识产权局应当对其申请案卷予以保密;并且按照公布及公告以前的申请案卷一样进行管理,直至案卷销毁。

2.6.2 申请被视为撤回

在审查程序中,申请人无正当理由、未在法律规定的期限内或知识产权局指定的期限内,办理某项审批手续的,其申请将被视为撤回。

这里面有些是申请人基于时间、精力、经济方面的考虑不愿将程序进入下去,故意不去办理手续而造成的;有些是申请人不了解法律和审批程序耽误了手续时间造成的失误;有些则是确有正当理由而耽误期限的。

在实际操作中,知识产权局无法区分这些不同情况,所以对逾期未办理规定手续的,都要发出视为撤回通知书,并在通知书中写明视为撤回的原因。申请人如有正当理由,应当在收到视为撤回通知书之日起两个月内,向知识产权局说明正当理由请求恢复权利。

请求恢复权利的,应当提交"恢复权利请求书"一式两份,说明耽误期限的正当理由;同时补办因正当事由的障碍而未完成的各种应当办理的手续和补缴应当缴纳的费用。补办手续补缴费用一般应当在上述两个月内完成。如确有困难无法在两个月内完成的,应当请求知识产权局延长期限;请求恢复权利的,还应当缴纳规定的费用。例如,申请人因病住院,耽误了办理实审请求的期限,因而申请被视为撤回,这时申请人如要求恢复申请,应当提交恢复权利请求书一式两份,缴纳恢复权利手续费,补办实审请求手续,补缴实审请求费。

请求恢复权利需经知识产权局批准。知识产权局审批的主要依据如下。

（1）恢复权利请求书和恢复权利请求费以及其他应当补办的手续和应当补缴的费用是否撤回通知书后两个半月内完成的。

（2）提出的正当理由是否成立，一般来说，只有申请人没有过失或者过失可以原谅的事由才认为是正当事由。

知识产权局不同意恢复的，将作出不同意恢复的决定通知申请人。申请人对此不服的，可以在接到不同意恢复的通知后 15 天内，向知识产权局行政复议处提出行政复议。

2.6.3　申请被驳回及请求复审

在审查程序中，申请人应审查员要求陈述意见或进行修改或补正以后，知识产权局认为申请仍不符合专利法及其实施细则规定的，应当作出驳回申请的决定，书面通知申请人。

申请人对知识产权局驳回申请的决定不服的，可以在收到通知之日起 3 个月内向知识产权局复审委员会请求复审。

请求复审应当提交"复审请求书"一式两份，在其中说明复审的理由，复审理由应当针对知识产权局的驳回决定中提出的事项请求进行申诉，否则不予受理。为了支持复审理由或者消除申请文件中的缺陷，申请人在请求复审时，可以附具有关证明文件或资料，也可以对申请文件的驳回决定中涉及的部分内容进行修改。复审请求应当要求复审的还应当缴纳规定的费用。

复审请求书不符合规定的格式，或填写不符合要求的，复审请求人应当在专利复审委员会指定的期限内补正，期满未补正的，复审请求被视为未提出。

复审请求被受理以后，一般先要将复审请求书及其附件，特别是经申请人修改过的请求文件送交原审查部门进行复查，称为前置审查，复审委员会在此基础上再进行复审并作出决定。

复审决定可能有以下两种不同的结论。

（1）持原驳回决定，驳回复审请求。

（2）确认复审请求理由成立，或者确认经申请人修改后，申请文件已克服了原驳回指出的缺陷，决定撤销原驳回决定，申请退回原审查部门重新审查。

复审决定应当书面通知申请人，发明专利申请的申请人对复审决定不服的，可以自收到决定之日起 3 个月内向北京市中级人民法院起诉。

2.6.4　申请被授予专利权与办理登记手续

发明专利申请经过知识产权局初步审查、实质审查均未发现驳回理由的，实用新型或外观设计专利申请经初审查没有发现驳回理由的,知识产权局将发出"授予专利权通知书"和"办理登记手续通知书",通知申请人办理登记手续。申请人按期办理登记手续的,知识产权局将授予专利权、颁发专利证书(含授予专利权决定),并同时予以公告。专利权自公告之日起生效。期满未办理登记手续的,视为放弃取得专利权的权利。

所以,登记手续是专利授权阶段申请人应当办理的一项必要手续。现说明如下。

1. 办理登记手续的期限

登记手续从知识产权局发出授权通知书之日起启动。申请人接到这些通知书以后,应当自通知书右上方知识产权局加盖发文章日期起算,于两个半月内办理登记手续。期满未办理的,知识产权局将发出视为放弃取得专利权的通知书。

2. 登记启动后对其他程序的影响

登记手续完成以后,被通知将要授予专利权的专利申请,不得再作为要求本国优先权的基础;也不得再作为新的分案申请的母案。在对该申请办理登记手续完成后提出的,以该申请为基础的要求本国优先声明,知识产权局将按优先权声明视为未提出处理。对以该申请为母案提出的分案申请,知识产权局将予以驳回。

登记手续启动以后,申请人提出的著录项目变更手续,除变更地址以外,均暂停办理。所以这些变更情况将不在专利证书上反映,但将记录在专利登记簿上,并在专利公报上公告。

3. 颁证日的确定

被通知将授予专利权的专利申请,其在专利登记簿上的登记日、公告日和颁证日为同一天。

4. 办理登记手续

办理登记手续时,不必再提交任何文件,申请人只需按规定缴纳专利登记费、授权当年的年费、公告印刷费以及专利证书印花税。发明专利申请还应一并缴纳除授权当年之外的各年度的申请维持费。授权当年的年费可以减缓,但不能滞纳。

5. 视为放弃取得专利权的权利以后的权利恢复

知识产权局作出授予专利权的通知后,申请人在规定期限内未办理登记手续的,知识产权局通知申请人,被视为放弃取得专利权的权利,如果申请人耽误期限是有正当理由的,可以请求恢复权利。

恢复权利的请求应当在接到知识产权局视为放弃取得专利权通知书之后两个月内提出,同时应当补办登记手续(缴纳专利登记费和授权当年的年费)和缴纳规定的恢复权利请求费。视为放弃后恢复权利的程序和要求与申请视为撤销后恢复权利的程序和要求是相同的。

2.7　发明和实用新型专利申请的分案申请

针对一件申请,可以提出一件或者一件以上的分案申请,针对一件分案申请还可以以原申请为依据再提出一件或者一件以上的分案申请。

一件申请有下列不符合单一性情况的,审查员应当要求申请人对申请文件进行修改(包括分案处理),使其符合单一性要求。

1. 原权利要求书中包含不符合单一性规定的两项以上发明

原始提交的权利要求书中包含不属于一个总的发明构思的两项以上发明的,应当要求申请人将该权利要求书限制至其一项发明(一般情况是权利要求 1 所对应的发明)或者属于一个总的发明构思的两项以上的发明,对其余的发明,申请人可以提交分案申请。

2. 在修改的申请文件中所增加或替换的独立权利要求与原权利要求书中的发明具有单一性

在审查过程中,申请人在修改权利要求时,将原来仅在说明书中描述的发明作为独立权利要求增加到原权利要求书中,或者在答复审查意见通知书时修改权利要求,将原来仅在说明书中描述的发明作为独立权利要求替换原独立权利要求,而该发明与原权利要求书中的发明之间缺乏单一性。在此情况下,审查员一般应当要求申请人将后增加或替换的发明从权利要求书中删除。申请人可以对该删除的发明提交分案申请。

3. 独立权利要求之一缺乏新颖性或创造性,其余的权利要求之间缺乏单一性

某一独立权利要求(通常是权利要求 1)缺乏新颖性或创造性,导致与其并列的其余独立权利要求之间,甚至其从属权利要求之间失去相同或者相应的特定技术特征,即缺乏单一性,因此需要修改。对因修改而删除的主题,申请人可以提交分案申请。例如,一件包括产品、制造方法及用途的申请,经检索和审查发现,产品是已知的,其余的该产品制造方法独立权利要求与该产品用途独立权利要求之间显然不可能有相同或者相应的特定技术特征,因此它们需要修改。

上述情况的分案,可以是申请人主动要求分案,也可以是申请人按照审查员要求而分案。应当指出,由于提出分案申请是申请人自愿的行为,所以审查员只需要求申请人将不符合单一性要求的两项以上发明改为一项发明,或者改为属于一个总的发明构思的两项以上发明,至于修改后对其余的发明是否提出分案申请,完全由申请人自己决定。

第 3 章　专利申请文件的撰写要求

3.1　发明和实用新型专利申请文件概述

3.1.1　发明和实用新型专利申请文件的组成

《专利法》规定,申请发明或实用新型专利的,应当提交请求书、说明书及其摘要和权利要求书等文件。该条款的规定从总体上列出了发明和实用新型专利申请文件的组成。发明专利的申请文件包括发明专利请求书、说明书、权利要求书和摘要。实用新型专利的申请文件包括实用新型专利请求书、说明书、权利要求书、摘要以及说明书附图和摘要附图。发明和实用新型专利所需要的申请文件的区别在于:实用新型专利必须包含附图,而发明专利可以没有附图。

上述存在附图上的差别,是因为二者保护客体不同。实用新型专利是指对产品的形状、构造或者其结合所提出的适于实用的新的技术方案,保护的客体都具有确定的形状和体积,如果没有附图,仅凭文字说明无法准确地表述产品结构,也无法清楚地表达实用新型的技术方案。而发明专利则没有此限制,当其保护主题涉及一种方法或产品成分的改进时,不需要附图就能准确地表达其技术方案,因此附图不是必需的。

上述申请文件仅仅是申请发明和实用新型专利所必需,而不是全部的申请文件。一件发明或实用新型专利申请除了包括上述申请文件外,可能还包括其他必要文件。例如,委托专利代理机构的,需要提交专利代理委托书。

3.1.2　实用新型专利申请文件各组成部分的作用

发明和实用新型专利申请文件中的各组成部分分别具有不同的作用。

请求书是申请人向知识产权局表示请求授予专利权愿望的一个文件,由其启动专利申请的审批程序。请求书的具体作用在于,记载发明或者实用新型的名称、发明人或设计人的姓名、申请人姓名或者名称、地址、邮编、提交的文件清单等。如果要求了优先权或存在不丧失新颖性的公开等情形,请求书还要记载这些信息。

权利要求书和说明书都是技术性极强的法律文件,也是发明和实用新型专利必要文件。其中,权利要求书是发明或实用新型专利的核心文件。按照《专利法》的规定,发明或者实用新型专利权的保护范围以其权利要求的内容为准,说明书及附图可以用于解释权利要求。可见,从专利保护的角度考虑,权利要求书是确定专利权的保护范围的文件,而说明书的作用仅仅是解释权利要求。

1. 权利要求书的作用

(1) 申请时提交的权利要求书表述申请人对发明或实用新型所要求的保护范围。

(2) 授权后的权利要求书用来确定专利权受保护的法律范围。

(3) 发明专利申请公布文本的权利要求书用来确定临时保护的法律范围。

(4) 独立权利要求在一定程度上反映发明或实用新型与最接近现有技术之间的共同与区别,从而体现专利的改进之处(即发明点)。

上述前三点作用都体现了权利要求书作为确定专利权保护范围的法律本质,第四点的作用是从技术的角度来理解权利要求的作用所得出的结论。

2. 说明书的作用

说明书是一项发明或者实用新型专利申请的基础,主要具有以下两方面的作用。

(1) 为一份技术性法律文件,向全社会充分公开发明或实用新型的技术内容,使得本领域的普通技术人员无须付出创造性的劳动就能实施该发明创造。

(2) 作为权利要求书的依据和基础,支持权利要求书所要求保护范围,并用于解释权利要求书(既包括对权利要求书中的个别技术词汇的具体含义的解释,也包括对权利要求总体保护范围的解释)。

另外,说明书附图也是说明书的一部分,即有附图的发明或实用新型专利申请,其说明书由文字部分和附图两部分组成,二者共同起到上述两方面的作用。

摘要的主要作用是向公众提供专利所公开的科技情报,是公众进行专利检索的素材。摘要不具有法律效力,摘要的提交晚于申请日递交也不会影响申请日的有效性。

3.2　撰写前的准备工作

在开始着手撰写专利申请文件前,需要做好两方面的准备工作,一是深入理解发明创造的技术内容;二是对所属技术领域的现有技术进行充分的调研和检索。只有在很好地完成这两项工作之后,才有可能撰写出高质量的申请文件。

3.2.1　理解发明创造的技术内容

申请人将自己的技术交底稿交给代理人,配合专利代理撰写申请文件时,首先需要充分、透彻、准确地理解要求保护的技术方案,这是正确撰写申请文件的前提和基础。理解技术方案可以从两方面着手,一是发明人就发明创造的技术内容与专利代理进行深入沟通。发明人作为本领域的技术专家和发明创造的研发者,肯定对自己的发明创造有着深入透彻的理解。因此发明人与代理沟通是一条非常有效的理解发明创造的途径。二是专利代理消化发明人所提供的书面技术资料。双方详细沟通之后,专利代理还要进一步研究分析发明人所提供的书面资料。经过两方面的努力,在充分理解技术方案之后,进行详细的分析工作。如果是不委托代理,个人自己撰写,也要提前做好有关准备工作。

3.2.2　确定可专利性

在理解发明创造之后,撰写专利申请文件之前,专利代理人首先需要判断发明创造是否属于《专利法》意义下的保护客体。例如,发明人发明了一种汽车防盗装置,在有人盗车时会释放一种催眠气体,进而让盗车者失去知觉便于被捕。这种装置虽然是为了达到有益的目的,但客观上由于汽车失控后将造成对行人的危害,故这种汽车防盗装置因妨碍公共利益而属于《专利法》第五条规定的不授予专利权的客体。

3.2.3　实用新型专利保护或者发明专利保护

分析判断发明创造最合适的保护类型,并确定保护主题。在判断出发明创造属于可以授予专利的保护客体之后,就应分析最适合保护该发明创造的专利类型,是发明、实用新型还是外观设计;并确定保护主题,是产品还是方法,是整个产品,还是改进之处的局部结构或某个零部件等。

一项发明创造完全可能既能申请发明专利,也能申请实用新型专利,甚至还可以申请外观专利。在这种情况下,应进行具体的分析和选择,因为并不一定所有的保护类型都适合该发明创造的保护类型。一方面是申请人的需求;另一方面也是更重要的,要考虑如何才能使该发明创造获得很好的保护。就中国目前的三种专利而言,外观设计专利保护的是产品外观的形状、图案以及它们与色彩的结合,即保护的是一种设计,其与发明和实用新型专利的保护角度完全不同(发明和实用新型专利保护的都是一种技术方案)。由于这种本质区别,是申请外观设计还是申请发明或实用新型比较容易作出选择,但发明和实用新型存在诸多的相似性,因此要在这二者之间作出选择往往需要全方位衡量。具体而言,发明和实用新型存在以下几点区别。

1. 保护期限不同

发明专利的保护期限为 20 年,而实用新型专利的保护期限为 10 年。

2. 审查周期不同

发明专利申请需要经过公开和实质审查程序,审批周期长;实用新型经初步审查合格的直接授权,不经过实质审查,审批周期短。

3. 授权后专利权的稳定性不同

由于发明专利经过了实质审查,其稳定性较实用新型更好,更不容易被宣告无效。

4. 保护力度不同

由于发明专利的稳定性较好,因此在以发明专利起诉他人侵权后,使被告在答辩期内提起无效宣告请求,通常法院也不中止侵权诉讼的审理;而实用新型专利由于稳定性较差,不仅要在起诉时向法院递交由国家知识产权局出具的检测报告,而且如果被告在答辩期内提起无效宣告请求,法院有可能中止侵权诉讼的审理。

5. 保护客体不同

有些发明,例如方法,只能申请发明专利。

6. 费用不同

通常申请发明专利的花费远远高于实用新型。

7. 创造性要求不同

通常发明的创造性要求高于实用新型。

3.2.4　确定权利要求的类型

有些发明创造既可以认为是产品发明,也可以认为是方法发明,对这类发明创造,是从产品还是从方法的角度进行保护需要认真考虑,选择不当可能会导致无法获得真正的保护。此外,有些发明创造仅涉及产品局部结构或产品中的某个零部件的改进,对这类发明创造,是将改进部分还是整个产品作为保护的主题也需要考虑。将整个产品作为保护主题的缺点是,当仿冒者仅生产、销售该发明创造的改进部分(产品的局部结构或某个零部件)时,可能不落入该专利的保护范围,因此无法获得真正的保护;将改进部分作为保护主题的缺点是,当改进部分涉及一个体积很小、结构简单、成本低廉的零部件时,在侵权诉讼中往往很难获得很高的赔偿额;当改进涉及某一局部结构时,有可能给撰写带来困难(如专利名称和结构组成不易确定)。如果将二者都写上,可能会带来权利要求超项、说明书超页等问题,增加了申请费。

3.3 请 求 书

发明和实用新型专利请求书都有国家知识产权局的专用表格,具体包括 3 种类型,即发明专利请求书、实用新型专利请求书和 PCT 国际申请进入中国国家阶段声明(501表)。

3.3.1 发明专利请求书和实用新型专利请求书

1. 发明名称

请求书中的发明名称和说明书中的发明名称应当一致。发明名称应当简短、准确地表明发明专利申请要求保护的主题和类型。发明名称中不得含有非技术词语,例如,人名、单位名称商标、代号、型号等;也不得含有含糊的词语,例如,"及其他""及其类似物"等;也不得仅使用笼统的词语,不给出任何发明信息,例如,仅用"方法""装置""组合物""化合物"等词作为发明名称。

发明名称一般不得超过 25 个字,特殊情况下,如化学领域的某些发明,可以允许最多到 40 个字。

2. 发明人

发明人应当是个人,请求书中不得填写小组或者集体,例如,不得写成"××课题组"等。发明人应当使用本人真实姓名,不得使用笔名或者其他非正式的姓名。多个发明人的,应当按自左向右的顺序填写。

发明人可以请求国家知识产权局不公布其姓名。提出专利申请时,请求不公布发明人姓名的,应当在请求书"发明人"一栏填写的发明人后面注明"(不公布姓名)"。不公布姓名的请求提出之后,经审查认为符合规定的,国家知识产权局在专利公报、说明书单行本以及专利证书中均不公布其姓名,并在相关位置注明"请求不公布姓名"字样,发明人也不得再请求重新公布其姓名。提出专利申请后请求不公布发明人姓名的,应当提交有发明人签字或者盖章的书面声明,但是在专利申请进入公报编辑后才提出该请求的,视为未提出请求,审查员将发出视为未提出通知书。外国发明人在中文译名中可以使用外文缩写字母,姓和名之间用圆点分开,圆点置于中间位置,如"M·伊斯"。

3. 申请人

申请人为该专利申请的所有人,必须正确填写。申请人可以是个人、企业法人或集团法人。

1）申请人是本国人

对职务发明，申请专利的权利属于单位；对非职务发明，申请专利的权利属于发明人。在国家知识产权局的审查程序中，审查员对请求书中填写的申请人在一般情况下不做资格审查。申请人是个人的，可以推定该发明为非职务发明，该个人有权提出专利申请，除非根据专利申请的内容判断申请人的资格明显有疑义的，才会通知申请人提供所在单位出具的非职务发明证明。申请人是单位的，可以推定该发明是职务发明，该单位有权提出专利申请，除非该单位的申请人资格明显有疑义的，例如，填写的单位是"××大学科研处"或者"××研究所××课题组"，才需要通知申请人提供能表明其具有申请人资格的证明文件。

申请人声明自己具有资格并提交证明文件的，可视为申请人具备资格。上级主管部门出具的证明、加盖本单位公章的法人证书或者有效营业执照的复印件，均视为有效的证明文件。

因所填写的申请人不具备申请人资格，需要更换申请人的，要办理著录项目变更手续。

申请人是个人的，应当使用本人真实姓名，不得使用笔名或者其他非正式的姓名。申请人是单位的，应当使用正式全称，不得使用缩写或者简称。请求书中填的单位名称应当与所使用的公章上的单位名称一致；不一致的，应当办理著录项目变更手续。

2）申请人是外国人、外国企业或者外国其他组织

《专利法》第十八条规定："在中国没有经常居所或者营业所的外国人、外国企业或者外国其他组织在中国申请专利和办理其他专利事务的，应当委托依法设立的专利代理机构办理。"

如果审查员认为请求书中填写的申请人的国籍、营业所或者总部所在地有疑义，可以通知申请人提供国籍证明、营业所或者总部所在地的证明文件。申请人在请求书中表明在中国有营业所的，应当提供当地工商行政管理部门出具的证明文件。申请人在请求书中表明在中国有经常居所的，应当提交公安部门出具的在中国居住1年以上的证明文件。

如果申请人是在中国没有经常居所或者营业所的外国人、外国企业或者外国其他组织，申请人国籍、营业所或者总部所在地国家应家应当符合下列 3 个条件之一，才能在中国提交专利申请。

（1）申请人所属国同我国签订有相互给对方国民专利保护的协议。

（2）申请人所属国是巴黎公约成员国或者世界贸易组织成员。

（3）申请人所属国依互惠原则给外国人以专利保护。

对来自巴黎公约成员国属地的申请人,该国应当声明《巴黎公约》适用于该地区。

申请人是个人的,其中文译名中可以使用外文缩写字母,姓和名之间用圆点分开,圆点置于中间位置,如"M·伊斯"。姓名中不应当含有学位、职务等称号,如 MM 博士、××教授等。申请人是企业或者其他组织的,其名称应当使用中文正式译文的全称。申请人所属法律规定具有独立法人地位的某些称谓允许使用。

3) 本国申请人与外国申请人共同申请

本国申请人与外国申请人共同申请专利的,本国申请人按照本国申请人的情况处理,外国申请人按照外国申请人的情况处理。

4. 联系人

联系人仅是代替申请人接收国家知识产权局所发信函的收件人。申请人是单位且未委托专利代理机构的,应当填写联系人,其他情形下可以不填写联系人;联系人只能填写一人。填写联系人的,还需要同时填写联系人的通信地址、邮政编码和电话号码。

5. 代表人

申请人有两人以上且未委托专利代理机构的,除请求书中另有声明外,以第一署名申请人为代表人。请求书中另有声明的,所声明的代表人应当是申请人之一。除直接涉及共有权利的手续外,代表人可以代表全体申请人办理在国家知识产权局的其他手续。直接涉及共有权利的手续包括:提交专利申请,委托专利代理,转让专利申请权、优先权或者专利权,撤回专利申请,撤回优先权要求,放弃专利权等。直接涉及共有权利的手续应当由全体权利人签字或者盖章。

3.3.2 PCT 国际申请进入中国国家阶段声明

PCT 国际申请进入中国国家阶段声明,简称 501 表。该表专门用于 PCT 国际申请进入中国国家阶段的专利申请的提交。501 表的填写非常重要,所有的项目必须准确填写,其中某些项目一旦填写错误,将会导致该国际申请在指定国的效力终止。

以下项目填写错误将导致国际申请在中国的效力终止。①国际申请号:不填或错填国际申请号,将导致该国际申请在中国的效力终止。②请求授予的保护类型:PCT 国际申请进入中国国家阶段时可以指定保护类型为发明专利或实用新型专利,两种择其一。如果未选择保护类型或者同时选择"发明和实用新型专利"的,该国际申请不能进入中国国家阶段。

下面介绍 501 表中各个项目的填写要求。

1. 国际申请日

国际申请日是在国际阶段由受理局确定的。在国际阶段，国际申请日由于某种原因被更改的，以更改后的日期为准。501 表中填写的国际申请日应当与国际公布文本扉页中的记载相同。

2. 保护类型

国际申请指定中国的，在办理进入国家阶段手续时，应当指明要求获得的是"发明专利"还是"实用新型专利"，两种择其一，不允许使用"发明和实用新型专利"的方式。如果未选择保护类型或者同时选择"发明和实用新型专利"的，审查员将会发出"国际申请不能进入国家阶段通知书"（PCT/CN502 表）。

3. 发明名称

发明名称应当来自原始国际申请请求书，个别经国际检索单位审查员确定的除外，请求书使用中文以外文字的，发明名称的译文除准确表达原意外，还应当使译文简短。在译文没有多余词汇的情况下，可以不受字数限制。

进入国家阶段时请求修改发明名称的，应当以修改申请文件的形式提出，不得将修改后的发明名称直接填写在进入声明中。

4. 申请人

进入国家阶段时的申请人，除在国际阶段由国际局记录变更的情况外，应当是国际申请请求书中写明的申请人。有多个申请人的，对不同的指定国可以写明不同的申请人。进入声明中应当填写对中国的申请人。国际公布使用外文的，应当准确地将申请人的姓名或名称及地址译成中文；申请人是企业或者其他组织的，其名称应当使用中文正式译文的全称；如果不一致，国家知识产权局审查员将会发出"改正形式缺陷通知书"（PCT/CN504 表）。收到该通知书后，应当根据审查员的要求进行改正或办理必要手续。

在国际申请的国际阶段曾经向国际局传送过"记录变更通知书"（PCT/19/306 表），通报申请人变更或者申请人的姓名或名称、地址变更的，则认为其已经向国家知识产权局通报，在进入声明中直接使用变更以后的信息。

国际申请是由一个申请人提出的，该申请人通常是 PCT 缔约国的国民或居民，至少是巴黎公约成员国的国民或居民。国际申请中有两个或两个以上申请人的，只要其中至少有一人是 PCT 缔约国的国民或居民即可。

进入中国国家阶段时所有申请人的所属国是非 PCT 缔约国的，该申请将会被驳回。部分申请人的所属国是非 PCT 缔约国的，要通知申请人办理著录项目变更手续，删除没有资格的申请人。如果申请人拒绝变更，该申请将被驳回。

申请人姓名为外语的,在进入声明中填写申请人译名时姓和名的先后顺序应当按照其所属国的习惯写法。如果申请人译名不正确,在国家公布准备工作完成之前可以用主动补正的方式提出修改;在国际公布准备工作完成之后要求改正译名的,以改正译文错误的方式提出,并缴纳译文错误修改费。

5. 发明人

除在国际阶段中国际申请有过变更的情况外,进入国家阶段时的发明人应当是国际申请请求书中写明的发明人。《专利合作条约》规定,国际申请有多个发明人的,可以针对不同的指定国有不同的发明人。在这种情况下,进入声明中要求填写的是针对中国的发明人。国际公布使用中文以外文字的,应当准确地将发明人的姓名译成中文。声明中写明的发明人姓名与国际公布文本扉页上的记载不一致,审查员将会发出"改正形式通知书"(PCT/CN504 表),通知申请人改正或办理必要手续。进入声明中没有写明发明人译名的,审查员将通知申请人在指定期限内提交写明发明人译名的进入声明的替换页。

在国际阶段曾经由国际局传送过"要求变更通知书"(PCT/IB/306 表),通报发明人或者发明人姓名变更的,应当认为已经向国家知识产权局申报,在进入声明中直接填写变更以后的信息。如果进入声明中写明的有关内容的国际公布文本及通知书中记载的变更过程不一致,审查员将发出"改正形式缺陷通知书"(PCT/CN504 表),通知申请人改正或办理必要手续。

针对中国的发明人经国际局登记已经死亡的,在进入国家阶段时,原发明人仍应作为发明人填写到声明中。

3.4 说 明 书

3.4.1 说明书应当满足的要求

《专利法》第二十六条第三款规定,说明书应当对发明或者实用新型作出清楚、完整的说明,以所属技术领域的技术人员能够实现为准。

说明书对发明或者实用新型作出的清楚、完整的说明,应当达到所属技术领域的技术人员能够实现的程度。也就是说,说明书应当满足充分公开发明或者实用新型的要求。

1. 清楚

说明书的内容应当清楚,具体应满足下述要求。

1) 主题明确

说明书应当从现有技术出发,明确地反映出发明或者实用新型想要做什么和如何去做,使所属技术领域的技术人员能够确切地理解该发明或者实用新型要求保护的主题。换句话说,说明书应当写明发明或者实用新型所要解决的技术问题以及解决其技术问题采用的技术方案,并对照现有技术写明发明或者实用新型的有益效果。上述技术问题、技术方案和有益效果应当相互适应,不得出现相互矛盾或不相关联的情形。

2) 表述准确

说明书应当使用发明或者实用新型所属技术领域的技术语。说明书的表述应当准确地表达发明或者实用新型的技术内容,不得含糊不清或者模棱两可,以致所属技术领域的技术人员不能清楚、正确地理解该发明或者实用新型。

2. 完整

完整的说明书应当包括有关理解、实现发明或者实用新型所需的全部技术内容,一份完整的说明书应当包含下列各项内容。

(1) 帮助理解发明或者实用新型不可缺少的内容。例如,有关所属技术领域、背景技术状况的描述以及说明书有附图时的附图说明等。

(2) 确定发明或者实用新型具有新颖性、创造性和实用性所需的内容。例如,发明或者实用新型所要解决的技术问题,解决其技术问题采用的技术方案和发明或者实用新型的有益效果。

(3) 实现发明或者实用新型所需的内容。例如,为解决发明或者实用新型的技术问题而采用的技术方案的具体实施方式。

对克服了技术偏见的发明或者实用新型,说明书中还应当解释为什么该发明或者实用新型克服了技术偏见,新的技术方案与技术偏见之间的差别,以及为克服技术偏见所采用的技术手段。

应当指出,凡是所属技术领域的技术人员不能从现有技术中直接、唯一地得出的有关内容,均应当在说明书中描述。

3. 能够实现

所属技术领域的技术人员能够实现,是指所属技术领域的技术人员按照说明书记载的内容,就能够实现该发明或者实用新型的技术方案;解决其技术问题,并且产生预期的技术效果。

说明书应当清楚地记载发明或者实用新型的技术方案,详细地描述实现发明或者实用新型的具体实施方式,完整地公开对于理解和实现发明或者实用新型必不可缺的技术内容,达到所属技术领域的技术人员能够实现该发明或者实用新型的程度。审查员如果有合理的理由质疑发明或者实用新型没有达到充分公开的要求,则应当要求申请人予以澄清。

以下各种情况由于缺乏解决技术问题的技术手段而被认为无法实现。

(1)说明书中只给出任务和/或设想,或者只表明一种愿望和/或结果,而未给出任何使所属技术领域的技术人员能够实施的技术手段。

(2)说明书中给出了技术手段,但对所属技术领域的技术人员来说,该手段是含糊不清的,根据说明书记载的内容无法具体实施。

(3)说明书中给出了技术手段,但所属技术领域的技术人员采用该手段并不能解决发明或者实用新型所要解决的技术问题。

(4)申请的主题是由多个技术手段构成的技术方案,只是说明其中一个技术手段,所属技术领域的技术人员按照说明书记载的内容并不能实现。

(5)说明书中给出了具体的技术方案,但未给出实验证据,而该方案又必须依赖实验结果加以证实才能成立。例如,对已知化合物的新用途发明,通常情况下,需要在说明书中给出实验证据来证实其所述的用途以及效果,否则将无法达到能够实现的要求。

3.4.2 说明书的撰写方式和顺序

根据《专利法实施细则》第十七条的规定,发明或者实用新型专利申请的说明书应当写明发明或者实用新型的名称,该名称应当与请求书中的名称一致。说明书应当包括下列内容:

(1)技术领域:写明要求保护的技术方案所属的技术领域;

(2)背景技术:写明对发明或者实用新型的理解、检索、审查有用的背景技术;有可能的,引证反映这些背景技术的文件;

(3)发明或者实用新型内容:写明发明或者实用新型所要解决的技术问题以及解决其技术问题采用的技术方案,并对照现有技术写明发明或者实用新型的有益效果;

(4)附图说明:说明书有附图的,对各幅附图做简略说明;

(5)具体实施方式:详细写明申请人认为实现发明或者实用新型的优选方式;必要时,举例说明;有附图的,对照附图说明。

发明或者实用新型的说明书应当按照上述方式和顺序撰写,并在每一部分前面写明标题,除非其发明或者实用新型的性质用其他方式或者顺序撰写能够节约说明书的篇幅并使他人能够准确理解其发明或者实用新型。

发明或者实用新型说明书应当用词规范、语句清楚，并且不得使用"如权利要求……所述的……"一类的引用语，也不得使用商业性宣传用语。

1. 名称

发明或者实用新型的名称应当清楚、简要，写在说明书首页正文部分的上方居中位置。

发明或者实用新型的名称应当按照以下各项要求撰写。

（1）说明书中的发明或者实用新型的名称与请求书中的名称应当一致，一般不得超过 25 个字，特殊情况下，例如，化学领域的某些申请，可以允许最多到 40 个字。

（2）采用所属技术领域通用的技术语，最好采用国际专利分类表中的技术语，不得采用非技术语。

（3）清楚、简要、全面地反映要求保护的发明或者实用新型的主题和类型（产品或者方法），以利于专利申请的分类。例如，一件包含锁扣产品和该锁扣制造方法两项发明的申请，其名称应当写成"锁扣及其制造方法"。

（4）不得使用人名、地名、商标、型号或者商品名称等，也不得使用商业性宣传用语。

2. 技术领域

发明或者实用新型的技术领域应当是要求保护的发明或者实用新型技术方案所属或者直接应用的具体技术领域，而不是上位的或者相邻的技术领域，也不是发明或者实用新型本身。例如，一项关于挖掘机悬臂的发明，其改进之处是将背景技术中的长方形悬臂截面改为椭圆形截面。其所属领域可以写成"本发明涉及一种挖掘机，特别是涉及一种挖掘机悬臂"（具体的技术领域），而不宜写成"本发明涉及一种建筑机械"（上位的技术领域），也不宜写成"本发明涉及挖掘机悬臂的椭圆形截面"或者"本发明涉及一种截面为椭圆形的挖掘机悬臂"（发明本身）。

3.背景技术

发明或者实用新型说明书的背景技术部分应当写明对发明或者实用新型的理解、检索、审查有用的背景技术，并且尽可能引证反映这些背景技术的文件。尤其要引证包含发明或者实用新型权利要求书中的独立权利要求前序部分技术特征的现有技术文件，即引证与发明或者实用新型专利申请最接近的现有技术文件。说明书中引证的文件可以是非专利文件，如期刊、杂志、手册和书籍等。引证专利文件的，至少要写明专利文件的国别、公开号，最好包括公开日期；引证非专利文件的，要写明这些文件的标题和详细出处。此外，在说明书背景技术部分中，还要客观地指出背景技术中存在的问题和缺点，但是，仅限于涉及由发明或者实用新型的技术方案所解决的问题和缺点。在可能的情况下，说明存在这种问题和缺点的原因以及解决这些问题时曾经遇到的困难。

引证文件还应当满足以下要求。

（1）引证文件应当是公开出版物，除纸质件形式外，还包括电子出版物等形式。

（2）所引证的非专利文件和外国专利文件的公开日应当在本申请的申请日之前；所引证的中国专利文件的公开日不能晚于本申请的公开日。

（3）引证外国专利或非专利文件的，应当以所引证文件公布或发表时的原文所使用的文字写明引证文件的出处以及相关信息，必要时给出中文译文，并将译文放置在括号内。

如果引证文件满足上述要求，则认为本申请说明书中记载了所引证文件中的内容。

4. 发明或者实用新型内容

本部分应当清楚、客观地写明以下内容。

1）要解决的技术问题

发明或者实用新型所要解决的技术问题，是指发明或者实用新型要解决的现有技术中存在的技术问题。发明或者实用新型专利申请记载的技术方案应当能够解决这些技术问题。

发明或者实用新型所要解决的技术问题应当按照下列要求撰写。

（1）针对现有技术中存在的缺陷或不足。

（2）用正面的、尽可能简洁的语言客观、有根据地反映发明或者实用新型要解决的技术问题，也可以进一步说明其技术效果。

对发明或者实用新型所要解决的技术问题的描述不得采用广告式宣传用语。

一件专利申请的说明书可以列出发明或者实用新型所要解决的一个或者多个技术问题，但是同时应当在说明书中描述解决这些技术问题的技术方案。当一件申请包括多项发明或者实用新型时，说明书中列出的多个要解决的技术问题应当都与一个总的发明构思相关。

2）技术方案

一件发明或者实用新型专利申请的核心是其在说明书中记载的技术方案。

《专利法实施细则》第十七条第一款第（三）项所规定的写明发明或者实用新型所要解决的技术问题以及解决其技术问题采用的技术方案是指清楚、完整地描述发明或者实用新型解决其技术问题所采取的技术方案的技术特征。在技术方案这一部分，至少应反映包含全部必要技术特征的独立权利要求的技术方案，还可以给出包含其他附加技术特征的进一步改进的技术方案。

　　说明书中记载的这些技术方案应当与权利要求所限定的相应技术方案的表述相一致。一般情况下,说明书技术方案部分首先应当写明独立权利要求的技术方案,其用语应当与独立权利要求的用语相应或者相同,以发明或者实用新型必要技术特征总和的形式阐明其实质,必要时,说明必要技术特征总和与发明或者实用新型效果之间的关系。然后,可以通过对该发明或者实用新型的附加技术特征的描述,反映对其做进一步改进的从属权利要求的技术方案。

　　如果一件申请中有几项发明或者几项实用新型,应当说明每项发明或者实用新型的技术方案。

　　3）有益效果

　　说明书应当清楚、客观地写明发明或者实用新型与现有技术相比所具有的有益效果。有益效果是指由构成发明或者实用新型的技术特征直接带来的,或者由所述的技术特征必然产生的技术效果。有益效果是确定发明是否具有"显著的进步",实用新型是否具有"进步"的重要依据。通常,有益效果可以由产率、质量、精度和效率的提高,能耗、原材料、工序的节省,加工、操作、控制、使用的简便,环境污染的治理或者根治,以及有用性能的出现等方面反映出来。

　　有益效果可以通过对发明或者实用新型结构特点的分析和理论说明相结合,或者通过列出实验数据的方式予以说明,不得只断言发明或者实用新型具有有益的效果。但是,无论用哪种方式说明有益效果,都应当与现有技术进行比较,指出发明或者实用新型与现有技术的区别。

　　机械、电气领域中的发明或者实用新型的有益效果,在某些情况下,可以结合发明或者实用新型的结构特征和作用方式进行说明。但是,化学领域中的发明,在大多数情况下,不适于用这种方式说明发明的有益效果,而是借助于实验数据来说明。

　　对于目前尚无可取的测量方法而不得不依赖于人的感官判断的,如味道、气味等,可以采用统计方法表示的实验结果来说明有益效果。

　　在引用实验数据说明有益效果时,应当给出必要的实验条件和方法。

　　5. 附图说明

　　说明书有附图的,应当写明各幅附图的图名,并且对图示的内容做简要说明。在零部件较多的情况下,允许用列表的方式对附图中具体零部件名称列表说明。附图不止一幅的,应当对所有附图作出图面说明。例如,一件名称为"燃煤锅炉节能装置"的专利申请,其说明书包括四幅附图,这些附图的图面说明如下。

　　图 1 是燃煤锅炉节能装置的主视图。

图 2 是图 1 所示节能装置的侧视图。

图 3 是图 2 中的 A 向视图。

图 4 是沿图 1 中 B-B 线的剖视图。

6. 具体实施方式

实现发明或者实用新型的优选的具体实施方式是说明书的重要组成部分,它对于充分公开、理解和实现发明或者实用新型,支持和解释权利要求都是极为重要的。因此,说明书应详细描述申请人认为实现发明或者实用新型的优选的具体实施方式。在适当情况下,应当举例说明;有附图的,应当对照附图进行说明。

优选的具体实施方式应当体现申请中解决技术问题所采用的技术方案,并应当对权利要求的技术特征给予详细说明,以支持权利要求。

对优选的具体实施方式的描述应当详细,使发明或者实用新型所属技术领域的技术人员能够实现该发明或者实用新型。实施例是对发明或者实用新型的优选的具体实施方式的举例说明。实施例的数量应当根据发明或者实用新型的性质、所属技术领域、现有技术状况以及要求保护的范围来确定。

当一个实施例足以支持权利要求所概括的技术方案时,说明书中可以只给出一个实施例。当权利要求(尤其是独立权利要求)覆盖的保护范围较宽,其概括不能从一个实施例中找到依据时,应当给出至少两个不同实施例,以支持要求保护的范围。当权利要求相对于背景技术的改进涉及数值范围时,通常应给出两端值附近(最好是两端值)的实施例,当数值范围较宽时,还应当给出至少一个中间值的实施例。

在发明或者实用新型技术方案比较简单的情况下,如果说明书涉及技术方案的部分已经就发明或者实用新型专利申请所要求保护的主题作出了清楚、完整的说明,说明书就不必在涉及具体实施方式部分再进行重复说明。

对产品的发明或者实用新型,实施方式或者实施例应当描述产品的机械构成、电路构成或者化学成分,说明组成产品的各部分之间的相互关系。对可动作的产品,只描述其构成不能使所属技术领域的技术人员理解和实现发明或者实用新型时,还应当说明其动作过程或者操作步骤。

对方法的发明,应当写明其步骤,包括可以用不同的参数或者参数范围表示的工艺条件。

在具体实施方式部分,对最接近的现有技术或者发明或实用新型与最接近的现有技术共有的技术特征,一般来说可以不进行详细的描述,但对发明或者实用新型区别于现有技术的技术特征以及从属权利要求中的附加技术特征应当足够详细地描述,以所属技术领域的技术人员能够实现该技术方案为准。应当注意,为了方便专利审查,也为了方便公众更直接地理解发明或者实用新型,对于那些就满足《专利法》第二十六条第三款的要求而言必不可少的内容,不能采用引证其他文件的方式撰写,而应当将其具体内容写入说明书。

对照附图描述发明或者实用新型的优选的具体实施方式时,使用的附图标记或者符号应当与附图中所示的一致,并放在相应的技术名称的后面,不加括号。例如,对涉及电路连接的说明,可以写成"电阻 3 通过三极管 4 的集电极与电容 5 相连接",不得写成"3 通过 4 与 5 连接"。

7. 说明书撰写的其他要求

说明书应当用词规范,语句清楚。即说明书的内容应当明确,无含糊不清或者前后矛盾之处,使所属技术领域的技术人员容易理解。

说明书应当使用发明或者实用新型所属技术领域的技术语。对自然科学名词,国家有规定的,应当采用统一的术语,国家没有规定的,可以采用所属技术领域约定俗成的术语,也可以采用鲜为人知或者最新出现的科技术语,或者直接使用外来语(中文音译或意译词),但是其含义对所属技术领域的技术人员来说必须是清楚的,不会造成理解错误;必要时可以采用自定义词,在这种情况下,应当给出明确的定义或者说明。一般来说,不应当使用在所属技术领域中具有基本含义的词汇来表示其本义之外的其他含义,以免造成误解和语义混乱。说明书中使用的技术语与符号应当前后一致。

说明书应当使用中文,但是在不产生歧义的前提下,个别词语可以使用中文以外的其他文字。在说明书中第一次使用非中文技术名词时,应当用中文译文加以注释或者使用中文给予说明。

例如,在下述情况下可以使用非中文表述形式。

(1)领域技术人员熟知的技术名词可以使用非中文形式表述,例如,用"EPROM"表示可擦除可编程只读存储器,用"CPU"表示中央处理器;但在同一语句中连续使用非中文技术名词可能造成该语句难以理解的,则不允许。

(2)计量单位、数学符号、数学公式、各种编程语言、计算机程序、特定意义的表示符号(如中国国家标准缩写 GB)等可以使用非中文形式。

此外,所引用的外国专利文献、专利申请、非专利文献的出处和名称应当使用原文,必要时给出中文译文,并将译文放置在括号内。

说明书中的计量单位应当使用国家法定计量单位,包括国际单位制计量单位和国家选定的其他计量单位。必要时可以在括号内同时标注本领域公知的其他计量单位。

说明书中无法避免使用商品名称时,其后应当注明其型号、规格、性能及制造单位。

说明书中应当避免使用注册商标来确定物质或者产品。

3.4.3 说明书附图

附图是说明书的一个组成部分。附图的作用在于用图形补充说明书文字部分的描述,使人能够直观地、形象化地理解发明或者实用新型的每个技术特征和整体技术方案。对机械和电学技术领域中的专利申请,说明书附图的作用尤其明显。因此,说明书附图应该清楚地反映发明或者实用新型的内容。

对发明专利申请,用文字足以清楚、完整地描述其技术方案的,可以没有附图。实用新型专利申请的说明书必须有附图。

一件专利申请有多幅附图时,在用于表示同一实施方式的各幅图中,表示同一组成部分(同一技术特征或者同一对象)的附图标记应当一致。说明书中与附图中使用的相同的附图标记应当表示同一组成部分。说明书文字部分中未提及的附图标记不得在附图中出现,附图中未出现的附图标记也不得在说明书文字部分中提及。

附图中除了必需的词语外,不应当含有其他的注释;但对流程图、框图一类的附图,应当在其框内给出必要的文字或符号。

3.4.4 说明书摘要

摘要是说明书记载内容的概述,它仅是一种技术信息,不具有法律效力。摘要的内容不属于发明或者实用新型原始记载的内容,不能作为以后修改说明书或者权利要求书的根据,也不能用来解释专利权的保护范围。

摘要应当满足以下要求。

(1)摘要应当写明发明或者实用新型的名称和所属技术领域,并清楚地反映所要解决的技术问题、解决该问题的技术方案的要点以及主要用途,其中以技术方案为主;摘要可以包含最能说明发明的化学式。

(2)有附图的专利申请,应当提供或者由审查员指定一幅最能反映该发明或者实用新型技术方案的主要技术特征的附图作为摘要附图,该摘要附图应当是说明书附图中的一幅。

(3)摘要附图的大小及清晰度应当保证在该图缩小到 $4cm \times 6cm$ 时,仍能清楚地看出图中的各个细节。

(4)摘要文字部分(包括标点符号)不得超过 300 个字,并且不得使用商业性宣传用语。此外,摘要文字部分出现的附图标记应当加括号。

3.4.5　说明书撰写的一般方法

撰写专利说明书的基本步骤如下。

(1) 全面研究、分析发明,确定发明的技术领域,深入了解发明的实质。

在这个过程中,要明确确定发明的技术领域,应结合国际专利分类法(IPC)来进行。在分析发明的实质时,应当对发明的"发明点"进行认真分析。如果是产品发明,要深入研究产品的静态结构、动态结构以及使用操作过程;如果是方法发明,应深入研究其各个步骤和工序,以及各个工序中使用的工艺参数和条件。

(2) 要认真进行全面检索。

做好专利申请前的检索工作,是申请人撰写好申请文件和顺利获得批准的前提条件。申请人对检索的结果应进行分析研究,以确定哪些是属于影响新颖性的材料,哪些是影响创造性的材料,哪些仅仅是背景材料,对关键的材料将深入研究。

(3) 确定最接近的对比文件。

在检索结果证明发明是否会丧失新颖性时,要确定最相关的文献,特别是对改进发明,应对发明原型的文献进行深入细致地分析,明确它的优点和不足,根据它的不足可以提出本发明的任务,同时要确定它与本发明共有的必要技术特征。

(4) 明确保护范围。

如何确定一个合适的保护范围很重要。太宽,审查员通不过,专利批不了;太窄,发明人的利益不能得到充分的保护。所以应选择一个尽量宽的但又能够通过审查的、合适的保护范围。

(5) 按要求撰写说明书部分的内容。

(6) 检查说明书和权利要求书的关系及检查说明书和附图的关系。

3.4.6　说明书的语言规范

1. 说明书语言种类

说明书应当使用中文,但是在不产生歧义的前提下,个别词语可以使用中文以外的其他文字。当第一次使用非中文技术名词时,应当用中文译文加以注释或者使用中文给予说明。例如,本领域技术人员熟知的技术名词可以使用非中文形式表述,但在同一语句中连续使用非中文技术名词并会造成该语句难以理解的,则不允许。这里,由于中文为法定语言,所谓"本领域技术人员熟知",应当是指在中文里熟知。因此,尽管在《专利审查指南》中未如此明示,如果要使用非中文形式的表述,最好还是谨慎一些,不管其是否熟知,均用中文译文加以注释或者使用中文给予说明。

另外,计量单位、数学符号、数学公式、各种编程语言、计算机程序、特定意义的表示符等可以使用非中文形式。包括计量单位、数学符号等不同于普通英文字符的特殊字符,撰写申请文件时还需特别注意一个问题,那就是很有可能由于软件平台、打印设备等的原因而导致打印出来的纸质件文件(或存在国家知识产权局计算机上显示出来的电子递交的文件)上所述符号显示不正确。这种错误虽然是软件造成的,但是在严重的情况下仍然会导致说明书的上下文无法判断其正确形式,从而导致公开不充分等致命问题。因此,谨慎起见,应尽量将这些符号用中文描述出来(如计量单位一般都有中文名),或者可以用图形来替代字符。

此外,根据《专利审查指南》,所引用的外国专利文献、专利申请、非专利文献的出处和名称应当使用原文,必要时给出中文译义,并将译义放置在括号内。这里,《专利审查指南》并不要求必须给出中文译文。但是,从方便阅读和理解的角度出发,最好都给出译文。

2. 标准技术语

说明书应当使用发明或者实用新型所属技术领域的技术语。有规定的,应当采用统一的本语;国家没有规定的,可以采用所属技术领域约定俗成的术语,也可以采用鲜为人知或者最新发现的科技术语,或者直接使用外来语(中文音译或意译词),但是其含义对所属技术领域的技术人员来说必须是清楚的,不会造成理解错误。同样,由于中文为法定语言,所谓"所属技术领域约定俗成"和"对于所属领域技术的技术人员清楚"应当是指在中文中。因此,尽管在《专利审查指南》中未如此明示,如果要使用非标准技术语(包括外来语),最好还是谨慎一些,不管其是否约定俗成或者公知,均应对其含义加以说明。

必要时可以采用自定义词,在这种情况下,应当给出明确的定义或者说明。但是,即便在说明书中对词汇进行定义,一般来说也不应当使用在所属技术领域中具有常用基本含义的词汇来表示其本义之外的其他含义,以免造成误解和语义混乱。说明书中使用的技术语与符号应当前后一致。

还有一种特殊情况是外文缩写。它既涉及非中文表述的问题,又涉及所属技术领域约定俗成或者公知的用语的问题,或者涉及自定义词的问题。如果是申请人自创的缩写或者并非本领域技术人员熟知的缩写,需遵循与前述相同的要求,即至少应当在说明书中对其明确说明和定义,如说明其全称。另有一种情况是,由于发明人是某一领域的专家,在该领域或许有一些缩写(或者非中文表述)是惯用的,因此直接使用而未做任何说明。但是这些缩写可能并未达到本领域技术人员熟知的程度,或者在不同的领域有不同的含义,而其下文又并不明显。在这种情况下使用的缩写(或者非中文表述)就会导致权利要求不清楚。因此,为谨慎起见,即使申请人认为是公知的,也最好在说明书中予以具体的解释和说明,或者在权利要求中用变通的方式予以限定。

3.5　权利要求书

权利要求书应当以说明书为依据,清楚、简要地限定要求专利保护的范围。权利要求书应当记载发明或者实用新型的技术特征,技术特征可以是构成发明或者实用新型技术方案的组成要素,也可以是要素之间的关系。《专利法》第二十六条第四款和《专利法实施细则》第十九条至第二十二条对权利要求的内容及其撰写作了规定。应当至少包括一项独立权利要求,还可以包括从属权利要求。

3.5.1　权利要求

1. 权利要求的类型

按照性质划分,权利要求有两种基本类型,即物的权利要求和活动的权利要求,或者简单地称为产品权利要求和方法权利要求。第一种基本类型的权利要求包括人类技术生产的物(产品、设备);第二种基本类型的权利要求包括有时间过程要素的活动(方法、用途)。属于物的权利要求有物品、物质、材料、工具、装置、设备等权利要求;属于活动的权利要求有制造方法、使用方法、通信方法、处理方法以及将产品用于特定用途的方法等权利要求。

在类型上区分权利要求的目的是确定权利要求的保护范围。通常情况下,在确定权利要求的保护范围时,权利要求中的所有特征均应当予以考虑,而每一个特征的实际限定作用应当最终体现在该权利要求所要求保护的主题上。例如,当产品权利要求中的一个或多个技术特征无法用结构特征并且也不能用参数特征予以清楚地表征时,允许借助于方法特征表征。但是,方法特征表征的产品权利要求的保护主题仍然是产品,其实际的限定作用取决于对所要求保护的产品本身带来何种影响。

对于主题名称中含有用途限定的产品权利要求,其中的用途限定在确定该产品权利要求的保护范围时应当予以考虑,但其实际的限定作用取决于对所要求保护的产品本身带来何种影响。例如,主题名称为"用于钢水浇铸的模具"的权利要求,其中,"用于钢水浇铸"的用途对主题"模具"具有限定作用;对于"一种用于冰块成型的塑料模具",因其熔点远低于"用于钢水浇铸的模具"的熔点,不可能用于钢水浇铸,故不在上述权利要求的保护范围内。然而，如果"用于……"的限定对所要求保护的产品或设备本身没有带来影响，只是对产品或设备的用途或使用方式的描述，则其对产品或设备例如是否具有新颖性、创造性的判断不起作用。例如，"用于……的化合物×"，如果其中"用于……"对化合物×本身没有带来任何影响，则在判断该化合物×是否具有新颖性、创造性时，其中的用途限定不起作用。

2. 独立权利要求和从属权利要求

独立权利要求应当从整体上反映发明或者实用新型的技术方案，记载解决技术问题的必要技术特征。必要技术特征是指，发明或者实用新型为解决其技术问题所不可缺少的技术特征，其总和足以构成发明或者实用新型的技术方案，使之区别于背景技术中所述的其他技术方案。判断某一技术特征是否为必要技术特征，应当从所要解决的技术问题出发并考虑说明书描述的整体内容，不应简单地将实施例中的技术特征直接认定为必要技术特征。

在一件专利申请的权利要求书中，独立权利要求所限定的一项发明或者实用新型的保护范围最宽。

如果一项权利要求包含另一项同类型权利要求中的所有技术特征，且对该另一项权利要求的技术方案作了进一步的限定，则该权利要求为从属权利要求。由于从属权利要求用附加的技术特征对所引用的权利要求作了进一步的限定，所以其保护范围落在其所引用的权利要求的保护范围之内。从属权利要求中的附加技术特征，可以是对所引用的权利要求的技术特征作进一步限定的技术特征，也可以是增加的技术特征。

一件专利申请的权利要求书中，应当至少有一项独立权利要求。当有两项或者两项以上独立权利要求时，写在最前面的独立权利要求被称为第一独立权利要求，其他独立权利要求被称为并列独立权利要求。有时并列独立权利要求也引用在前的独立权利要求，例如，"一种实施权利要求 1 的方法的装置……""一种制造权利要求 1 的产品的方法……""一种包含权利要求 1 的部件的设备……""与权利要求 1 的插座相配合的插头……"等。这种引用其他独立权利要求的权利要求是并列的独立权利要求，而不能被看作从属权利要求。对于这种引用另一权利要求的独立权利要求，在确定其保护范围时，被引用的权利要求的特征均应予以考虑，而其实际的限定作用应当最终体现在对该独立要求的保护主题产生了何种影响。

在某些情况下，形式上的从属权利要求（即其包含从属权利要求的引用部分），实质上不一定是从属权利要求。例如，独立权利要求 1 为"包括特征 X 的机床"。后面的另一项权利要求为"根据权利要求 1 所述的机床，其特征在于用特征 Y 代替特征 X"。在这种情况下,后一权利要求也是独立权利要求。所以,不得仅从撰写的形式上判定后面的权利要求为从属权利要求。

3.5.2　权利要求书应当满足的要求

《专利法》第二十六条第四款规定,权利要求书应当以说明书为依据,清楚、简要地限定要求专利保护的范围。《专利法实施细则》第十九条第一款规定,权利要求书应当记载发明或者实用新型的技术特征。

1. 以说明书为依据

权利要求书应当以说明书为依据,是指权利要求应当得到说明书的支持。权利要求书中的每项权利要求所要求保护的技术方案应当是所属技术领域的技术人员能够从说明书充分公开的内容中得到或概括得出的技术方案,并且不得超出说明书公开的范围。

权利要求通常由说明书记载的一个或者多个实施方式或实施例概括而成。权利要求的概括应当不超出说明书公开的范围。如果所属技术领域的技术人员可以合理预测说明书给出的实施方式的所有等同替代方式或明显变形方式都具备相同的性能或用途,则应当允许申请人将权利要求的保护范围概括至覆盖其所有的等同替代或明显变形的方式。对于权利要求概括得是否恰当,应当参照与之相关的现有技术进行判断。开拓性发明可以比改进性发明有更宽的概括范围。

对用上位概念概括或用并列选择方式概括的权利要求,应当审查这种概括是否得到说明书的支持。如果权利要求的概括包含申请人推测的内容,而其效果又难以预先确定和评价,应当认为这种概括超出了说明书公开的范围。如果权利要求的概括使所属技术领域的技术人员有理由怀疑该上位概括或并列概括所包含的一种或多种下位概念或选择方式不能解决发明或者实用新型所要解决的技术问题,并达到相同的技术效果,则应当认为该权利要求没有得到说明书的支持。出现这些情况,审查员应当根据《专利法》第二十六条第四款的规定,以权利要求得不到说明书的支持为理由,要求申请人修改权利。

例如,对"用高频电能影响物质的方法"这样一个概括较宽的权利要求,如果说明书中只给出一个"用高频电能从气体中除尘"的实施方式,对高频电能影响其他物质的方法未作说明,而且所属技术领域的技术人员也难以预先确定或评价高频电能影响其他物质的效果,则该权利要求被认为未得到说明书的支持。

再如,对"控制冷冻时间和冷冻程度来处理植物种子的方法"这样一个概括较宽的权利要求,如果说明书中仅记载了适用于处理一种植物种子的方法,未涉及其他种类植物种子的处理方法,而且园艺技术人员也难以预先确定或评价处理其他种类植物种子的效果,则该权利要求也被认为未得到说明书的支持。除非说明书中还指出了这种植物种子和其他植物种子的一般关系,或者记载了足够多的实施例,使园艺技术人员能够明了如何使用这种方法处理植物种子,才可以认为该权利要求得到了说明书的支持。

对一个概括较宽又与整类产品或者整类机械有关的权利要求,如果说明书中有较好的支持,并且也没有理由怀疑发明或者实用新型在权利要求范围内不可以实施,那么,即使这个权利要求范围较宽也是可以接受的。但是当说明书中给出的信息不充分,所属领域技术人员用常规的实验或者分析方法不足以把说明书记载的内容扩展到权利要求所述的保护范围时,审查员应当要求申请人作出解释,说明所属技术领域的技术人员在说明书给出信息的基础上,能够容易地将发明或者实用新型扩展到权利要求的保护范围;否则,应当要求申请人限制权利要求,例如,对"一种处理合成树脂成型物来改变其性质的方法"的权利要求人限制权利要求,如果说明书中只涉及热塑性树脂的实施例,而且申请人又不能证明该方法也适用于热固性材质,那么申请人就应当把权利要求限制在热塑性树脂的范围内。

通常,对产品权利要求来说,应当尽量避免使用功能或者效果特征来限定发明。只有在某一技术特征无法用结构特征来限定,或者技术特征用结构特征来限定不如用功能或效果特征来限定更为恰当,而且该功能或者效果能通过说明书中规定的实验或者操作或者所属技术领域的惯用手段直接和肯定地验证的情况下,使用功能或者效果特征来限定发明才可能是允许的。

对权利要求中所包含的功能性限定的技术特征,应当理解为覆盖了所有能够实现所述功能的实施方式。对于含有功能性限定的特征的权利要求,应当审查该功能性限定是否得到说明书的支持。如果权利要求中限定的功能是以说明书实施例中记载的特定方式来完成的,并且所属技术领域的技术人员不能明了此功能还可以采用说明书中未提到的其他替代方式来完成,或者所属技术领域的技术人员有理由怀疑该功能性限定所包含的一种或几种方式不能解决发明或者实用新型所要解决的技术问题,并达到相同的技术效果,则权利要求中不得采用覆盖了上述其他替代方式或者不能解决发明或实用新型技术问题的方式的功能性限定。

此外,如果说明书中仅以含糊的方式描述了其他替代方式也可能适用,但对所属技术领域的技术人员来说,并不清楚这些替代方式是什么或者怎样应用这些替代方式,则权利要求中的功能性限定也是不允许的。另外,纯功能性的权利要求得不到说明书的支持,因而也是不允许的。

在判断权利要求是否得到说明书的支持时,应当考虑说明书的全部内容,而不是仅限于具体实施方式部分的内容。如果说明书的其他部分也记载了有关具体实施方式或实施例的内容，从说明书的全部内容来看，能说明权利要求的概括是适当的，则应当认为权利要求得到了说明书的支持。

对包括独立权利要求和从属权利要求或者不同类型权利要求的权利要求书，需要逐一判断各项权利要求是否都得到了说明书的支持。独立权利要求得到说明书支持并不意味着从权利要求也必然得到支持；方法权利要求得到说明书支持也并不意味着产品权利要求必然得到支持。

当要求保护的技术方案的部分或全部内容在原始申请的权利要求书中已经记载而在说明书中没有记载时，允许申请人将其补入说明书。但是权利要求的技术方案在说明书中存在一致性的表述，并不意味着权利要求必然得到说明书的支持。只有当所属技术领域的技术人员能够从说明书充分公开的内容中得到或概括得出该项权利要求保护的技术方案时，记载该技术方案的权利要求才被认为得到了说明书的支持。

2. 清楚

权利要求书是否清楚，对确定发明或者实用新型要求保护的范围是极为重要的。权利要求书应当清楚，一是指每项权利要求应当清楚；二是指构成权利要求书的所有权利要求作为一个整体也应当清楚。

首先，每项权利要求的类型应当清楚。权利要求的主题名称应当能够清楚地表明该权利要求的类型是产品权利要求还是方法权利要求。不允许采用模糊不清的主题名称，例如，"一种……技术"，或者在一项权利要求的主题名称中既包含产品又包含方法，例如，"一种……产品及其制造方法"。

另外，权利要求的主题名称还应当与权利要求的技术内容相适应。

产品权利要求适用于产品发明或者实用新型，通常应当用产品的结构特征来描述。特殊情况下，当产品权利要求中的一个或多个技术特征无法用结构特征予以清楚地表征时，允许借助物理或化学参数表征；当无法用结构特征并且也不能用参数特征予以清楚地表征时，允许借助于方法特征表征。使用参数表征时，所使用的参数必须是所属技术领域的技术人员根据说明书的指导或通过所属技术领域的惯用手段可以清楚而可靠地加以确定的。

方法权利要求适用于方法发明，通常应当用工艺过程、操作条件、步骤或者流程等技术特征来描述。

用途权利要求属于方法权利要求。但应当注意从权利要求的撰写措辞上区分用途权利要求和产品权利要求。例如，"用化合物×作为杀虫剂"或者"化合物×作为杀虫剂的应用"是用途权利要求,属于方法权利要求,而"用化合物×制成的杀虫剂"或者"含化合物×的杀虫剂",则不是用途权利要求,而是产品权利要求。

其次,每项权利要求所确定的保护范围应当清楚。权利要求的保护范围应当根据其所用词语的含义来理解。一般情况下,权利要求中的用词应当理解为相关技术领域通常具有的含义。在特定情况下,如果说明书中指明了某词具有特定的含义,并且使用了该词的权利要求的保护范围,由于说明书中对该词的说明而被限定得足够清楚,这种情况也是允许的。但此时也应要求申请人尽可能修改权利要求,使得根据权利要求的表述即可明确其含义。

权利要求中不得使用含义不确定的用语,如"厚""薄""强""弱""高温""高压""很宽范围"等,除非这种用语在特定技术领域中具有公认的确切含义,如放大器中的"高频"。对没有公认含义的用语,如果可能,应选择说明书中记载得更为精确的措辞替换上述不确定的用语。

权利要求中不得出现"例如""最好是""尤其是""必要时"等类似用语。因为这类用语会在一项权利要求中限定出不同的保护范围,导致保护范围不清楚。当权利要求中出现某一上位概念后面跟一个由上述用语引出的下位概念时,应当要求申请人修改权利要求,允许其在权利要求中保留其中之一,或将两者分别在两项权利要求中予以限定。

在一般情况下,权利要求中不得使用"约""接近""等""或类似物"等类似的用语,因为这类用语通常会使权利要求的范围不清楚。当权利要求中出现了这类用语时,审查员应当针对具体情况判断使用该用语是否会导致权利要求不清楚,如果不会,则允许。

除附图标记或者化学式及数学式中使用的括号之外,权利要求中应尽量避免使用括号,以免造成权利要求不清楚,例如"(混凝土)模制砖"。然而,具有通常可接受含义的括号是允许的,例如,"(甲基)丙烯酸醋""含有 $10\% \sim 60\%$ (重量)的 A"。

最后,构成权利要求书的所有权利要求作为一个整体也应当清楚,这是指权利要求之间的引用关系应当清楚。

3. 简要

权利要求书应当简要,一是指每项权利要求应当简要;二是指构成权利要求书的所有权利要求作为一个整体也应当简要。例如,一件专利申请中不得出现两项或两项以上保护范围实质上相同的同类权利要求,权利要求的数目应当合理。在权利要求书中,允许有合理数量的限定发明或者实用新型优选技术方案的从属权利要求。

权利要求的表述应当简要,除记载技术特征外,不得对原因或者理由进行不必要的描述,也不得使用商业性宣传用语。

为避免权利要求之间相同内容的不必要重复，在可能的情况下，权利要求应尽量采取引用在前权利要求的方式撰写。

3.5.3　权利要求的撰写规定

权利要求的保护范围是由权利要求中记载的全部内容作为一个整体限定的，因此每项权利要求只允许在其结尾处使用句号。

权利要求书有几项权利要求的，应当用阿拉伯数字顺序编号。

权利要求中的科技术语应当与说明书中使用的科技术语一致。权利要求中可以有化学式或者数学式，但是不得有插图。除绝对必要外，权利要求中不得使用"如说明书……部分所述"或者"如图……所示"等类似用语。绝对必要的情况是当发明或者实用新型涉及的某特定形状仅能用图形限定而无法用语言表达时，权利要求可以使用"如图……所示"等类似用语。

权利要求中通常不允许使用表格，除非使用表格能够更清楚地说明发明或者实用新型要求保护的主题。

权利要求中的技术特征可以引用说明书附图中相应的标记，以帮助理解权利要求所记载的技术方案。但是，这些标记应当用括号括起来，放在相应的技术特征后面。附图标记不得解释为对权利要求保护范围的限制。

通常，一项权利要求用一个自然段表述。但是当技术特征较多，内容和相互关系较复杂，借助于标点符号难以将其关系表达清楚时，一项权利要求也可以用分行或者分小段的方式描述。

通常，开放式的权利要求宜采用"包含""包括""主要由……组成"的表达方式，其解释为还可以含有该权利要求中没有述及的结构组成部分或方法步骤。封闭式的权利要求宜采用"由……组成"的表达方式，其一般解释为不含有该权利要求所述以外的结构组成部分或方法步骤。

一般情况下，权利要求中包含数值范围的，其数值范围应尽量以数学方式表达。例如，"$\geqslant 30℃$"">5"等。通常，"大于""小于""超过"等理解为不包括本数；"以上""以下""以内"等理解为包括本数。

在得到说明书支持的情况下，允许权利要求对发明或者实用新型进行概括性的限定。通常，概括的方式有以下两种。

（1）用上位概念概括。

例如，用"气体激光器"概括氦氖激光器、氩离子激光器、一氧化碳激光器、二氧化碳激光器等。又如,用"C1～C4 烷基"概括甲基、乙基、丙基和丁基。再如,用"皮带传动"概括平皮带、三角皮带和齿形皮带传动等。

（2）用并列选择法概括。

例如,"特征 A、B、C 或者 D"。又如,"由 A、B、C 和 D 组成的物质组中选择的一种物质"等。采用并列选择法概括时,被并列选择概括的具体内容应当是等效的,不得将上位概念概括的内容,用"或者"与其下位概念并列。另外,被并列选择概括的概念,应含义清楚。例如,在"A、B、C、D 或者类似物（设备、方法、物质）"这一描述中,"类似物"这一概念含义是不清楚的,因而不能与具体的物或者方法（A、B、C、D）并列。

1. 独立权利要求的撰写规定

根据《专利法实施细则》第二十一条第一款的规定,发明或者实用新型的独立要求应当包括前序部分和特征部分,按照下列规定撰写。

1）前序部分

写明要求保护的发明或者实用新型技术方案的主题名称和发明或者实用新型主题与最接近的现有技术共有的必要技术特征。

2）特征部分

使用"其特征是……"或者类似的用语,写明发明或者实用新型区别于最接近的现有技术的技术特征,这些特征和前序部分写明的特征合在一起,限定发明或者实用新型要求保护的范围。

《专利法实施细则》第二十一条第三款规定一项发明或者实用新型应当只有一项独立权利要求,并写在同一发明或者实用新型的从属权利要求之前。这一规定的本意是使权利要求书从整体上更清楚、简要。

独立权利要求的前序部分中,发明或者实用新型主题与最接近的现有技术共有的必要技术特征,是指要求保护的发明或者实用新型技术方案与最接近的一份现有技术文件中所共有的技术特征。在合适的情况下,选用一份与发明或者实用新型要求保护的主题最接近的现有技术文件进行"划界"。

独立权利要求的前序部分中,除写明要求保护的发明或者实用新型技术方案外,仅需写明那些与发明或实用新型技术方案密切相关的、共有的必要技术特征。例如,一项涉及照相机的发明,该发明的实质在于照相机布帘式快门的改进,其权利要求的前序部分只要写出"一种照相机,包括布帘式快门……"就可以了,不需要将其他共有特征,例如透镜和取景窗等照相机零部件都写在前序部分。独立权利要求的特征部分,应当记载发明或者实用新型的必要技术特征中与最接近的现有技术不同的区别技术特征,这些区别技术特征与前序部分中的技术特征一起,构成发明或者实用新型的全部必要技术特征,限定独立权利要求的保护范围。

权利要求分为两部分撰写的目的,在于使公众更清楚地看出独立权利要求的全部技术特征中哪些是发明或者实用新型与最接近的现有技术所共有的技术特征,哪些是发明或者实用新型区别于最接近的现有技术的特征。

根据《专利法实施细则》第二十一条第二款的规定,发明或者实用新型的性质不适于用前款方式表达的,独立权利要求可以用其他方式撰写。例如下列情况:

(1)开拓性发明。

(2)由几个状态等同的已知技术整体组合而成的发明,其发明实质在组合本身。

(3)已知方法的改进发明,其改进之处在于省去某种物质或者材料,或者是用一种物质或材料代替另一种物质或材料。

2. 从属权利要求的撰写规定

根据《专利法实施细则》第二十二条第一款的规定,发明或者实用新型的从属权利要求应当包括引用部分和限定部分,按照下列规定撰写。

1)引用部分

写明引用的权利要求的编号及其主题名称。

2)限定部分

写明发明或者实用新型附加的技术特征。

从属权利要求只能引用在前的权利要求。引用两项以上权利要求的多项从属权利要求,只能以择一方式引用在前的权利要求,并不得作为另一项多项从属权利要求的基础。

从属权利要求的引用部分应当写明引用的权利要求的编号,其后应当重述引用的权利要求的主题名称。例如,一项从属权利要求的引用部分应当写成:"根据权利要求 1 所述的金属纤维拉拔装置⋯⋯"。

多项从属权利要求是指引用两项以上权利要求的从属权利要求,多项从属权利要求的引用方式,包括引用在前的独立权利要求和从属权利要求,以及引用在前的几项从属权利要求。

当从属权利要求是多项从属权利要求时,其引用的权利要求的编号应当用"或"或者其他与"或"同义的择一引用方式表达。例如,从属权利要求的引用部分写成下列方式:"根据权利要求 1 或 2 所述的⋯⋯""根据权利要求 2、4、6 或 8 所述的⋯⋯"或者"根据权利要求 4~9 中任一权利要求所述的⋯⋯"。

一项引用两项以上权利要求的多项从属权利要求不得作为另一项多项从属权利要求

的引用基础。例如,权利要求 3 为"根据权利要求 1 或 2 所述的摄像机调焦装置……";如果多项从属权利要求 4 写成"根据权利要求 1、2 或 3 所述的摄像机调焦装置……",则是不允许的,因为被引用的权利要求 3 是一项多项从属权利要求。

从属权利要求的限定部分可以对在前的权利要求(独立权利要求或者从属权利要求)中的技术特征进行限定。在前的独立权利要求采用两部分撰写方式的,其后的从属权利要求不仅可以进一步限定该独立权利要求特征部分中的特征,也可以进一步限定前序部分中的特征。

直接或间接从属于某一项独立权利要求的所有从属权利要求都应当写在该独立权利要求之后,另一项独立权利要求之前。

3.6 委 托 书

专利代理机构接受申请人的委托向国家知识产权局申请专利和办理其他专利事务的,应当提交委托书。委托书应当使用国家知识产权局制定的标准表格,写明委托权限、发明创造名称、专利代理机构名称、专利代理人姓名,并应当与请求书中填写的内容相一致。在专利申请确定申请号后提交委托书的,还应当注明专利申请号。

申请人是个人的,委托书应当由申请人签字或者盖章;申请人是单位的,应当加盖单位公章,同时也可以附有其法定代表人的签字或者盖章;申请人是两个以上的,应当由全体申请人签字或者盖章。此外,委托书还应当由专利代理机构加盖公章。

外国申请人委托国家知识产权局指定专利代理机构的,可以向国家知识产权局交存总委托书;国家知识产权局收到符合规定的总委托书后,应当给出总委托书编号,并通知该专利代理机构。已交存总委托书的,在提出专利申请时可以不再提交专利代理委托书原件,而提交总委托书复印件,同时写明发明创造名称、专利代理机构名称、专利代理人姓名和国家知识产权局给出的总委托书编号,并加盖专利代理机构公章。

第4章　专利审查的通用要求

专利的审查一般分为两类,一类是对专利申请及办理申请的手续是否符合《专利法》及其实施细则规定的其他要求进行的审查,通常称为初步审查;初步审查是专利受理之后的程序,它主要是对专利申请及办理申请的手续是否符合《专利法》及其实施细则的规定进行审查。按审查内容分类划分,初步审查包括:合法性审查,形式审查,明显缺陷审查,其他文件形式审查和费用审查。合法性审查是对发明人、申请人的资格,申请人递交的各种文件、证明的法律效力,申请人委托的代理机构和代理人的资格,申请人办理专利申请的各种手续所启动的行政规程进行审查。形式审查是对申请文件的格式、版心、文字和附图或图片的清晰度等进行审查。明显缺陷审查是对发明创造是否明显属于不予保护的领域,是否明显违反国家法律、社会公德和妨碍公共利益、公共卫生、公共秩序等进行审查。另一类是实质审查,是以要求获得专利保护的发明创造是否具备新颖性、创造性和实用性为主要审查内容的专利性条件审查,通常称为实质审查。

根据《专利法》第二十二条第一款的规定,授予专利权的发明和实用新型,应当具备新颖性、创造性和实用性。

4.1　新　颖　性

4.1.1　新颖性的界定

新颖性,是指该发明或者实用新型不属于现有技术;也没有任何单位或者个人就同样的发明或者实用新型在申请日以前向知识产权局提出过申请,并记载在申请日以后(含申请日)公布的专利申请文件或者公告的专利文件中。

1. 现有技术

根据《专利法》第二十二条第五款的规定,本法所称现有技术,是指申请日以前在国内外为公众所知的技术。现有技术包括在申请日(有优先权的,指优先权日)以前在国内外出版物上公开发表、在国内外公开使用或者以其他方式为公众所知的技术。现有技术应当是在申请日以前公众能够得知的技术内容。换句话说,现有技术应当在申请日以前处于能够为公众获得的状态,并包含能够使公众从中得知实质性技术知识的内容。应当注意,处于保密状态的技术内容不属于现有技术。所谓保密状态,不仅包括受保密规定或协议约束的情形,还包括社会观念或者商业习惯上被认为应当承担保密义务的情形,即默契保密的情形,然而,如果负有保密义务的人违反规定、协议或者默契泄露秘密,导致技术内容公开,使公众能够得知这些技术,这些技术也改成了现有技术的一部分。

1)时间界限

现有技术的时间界限是申请日,享有优先权的,则指优先权日。广义上说,申请日以前公开的技术内容都属于现有技术,但申请日当天公开的技术内容不包括在现有技术范围内。

2)公开方式

现有技术公开方式包括出版物公开、使用公开和以其他方式公开三种,均无地域限制。

(1)出版物公开。专利法意义上的出版物是指记载有技术或设计内容的独立存在的传播载体,并且应当表明或者有其他证据证明其公开发表或出版的时间。

符合上述含义的出版物可以是各种印刷的、打字的纸质件,例如,专利文献、科技杂志、科技书籍、学术论文、专业文献、教科书、技术手册、正式公布的会议记录或者技术报告、报纸、产品样本、产品目录、广告宣传册等;也可以是用电、光、磁、照相等方法制成的视听资料,例如,缩微胶片、影片、照相底片、录像带、磁带、唱片、光盘等;还可以是以其他形式存在的资料,例如,存在于互联网或其他在线数据库中的资料等。

出版物不受地理位置、语言或者获得方式的限制,也不受年代的限制。出版物的出版发行量多少、是否有人阅读过、申请人是否知道是无关紧要的。

印有"内部资料""内部发行"等字样的出版物,确系在特定范围内发行并要求保密的,不属于公开出版物。

出版物的印刷日视为公开日,有其他证据证明其公开日的除外。印刷日只写明年月或者年份的,以所写月份的最后一日或者所写年份的12月31日为公开日。

审查员认为出版物的公开日期存在疑义的,可以要求该出版物的提交人提出证明。

(2)使用公开。由于使用而导致技术方案的公开,或者导致技术方案处于公众可以得知的状态,这种公开方式称为使用公开。

使用公开的方式包括能够使公众得知其技术内容的制造、使用、销售、进口、交换、馈赠、演示、展出等方式。只要通过上述方式使有关技术内容处于公众想得知就能够得知的状态,就构成使用公开,而不取决于是否有公众得知。

(3)以其他方式公开。为公众所知的其他方式,主要是指口头公开等。例如,口头交谈、报告、讨论会发言、广播、电视、电影等能够使公众得知技术内容的方式。口头交谈、报告、讨论会发言以其发生之日为公开日。公众可接收的广播、电视或电影的报道,以其播放日为公开日。

2. 抵触申请

根据《专利法》第二十二条的规定,在发明或者实用新型新颖性的判断中,由任何单位或者个人就同样的发明或者实用新型在申请日以前向知识产权局提出并且在申请日以后(含申请日)公布的专利申请文件或者公告的专利文件损害该申请日提出的专利申请的新颖性。为描述简便,在判断新颖性时,将这种损害新颖性的专利申请,称为抵触申请。审查员在检索时,要确定是否存在抵触申请,不仅要查阅在先专利或专利申请的权利要求书,而且要查阅其说明书(包括附图),以其全文内容为准。

抵触申请还包括满足以下条件进入了中国国家阶段的国际专利申请,即申请日以前由任何单位或者个人提出,并在申请日之后(含申请日)由知识产权局作出公布或公告的且为同样的发明或者实用新型的国际专利申请。

另外,抵触申请仅指在申请日以前提出的,不包含在申请日提出的同样的发明或者实用新型专利申请。

4.1.2　新颖性的对比文件

为判断发明或者实用新型是否具备新颖性或创造性等所引用的相关文件,包括专利文件和非专利文件,统称为对比文件。由于在实质审查阶段审查员一般无法得知在国内外公开使用或者以其他方式为公众所知的技术,因此,在实质审查程序中所引用的对比文件主要是公开出版物。

引用的对比文件可以是一份,也可以是数份;所引用的内容可以是每份对比文件的全部内容,也可以是其中的部分内容。

对比文件是客观存在的技术资料。引用对比文件判断发明或者实用新型的新颖性和创造性等时,应当以对比文件公开的技术内容为准。该技术内容不仅包括明确记载在对比文件中的内容,而且包括对所属技术领域的技术人员来说,隐含的且可直接地、毫无疑义地确定的技术内容。但是,不得随意将对比文件的内容扩大或缩小。另外,对比文件中包括附图的,也可以引用附图。审查员在引用附图时必须注意,只有能够从附图中直接地、毫无疑义地确定的技术特征才属于公开的内容,由附图中推测的内容,或者无文字说明,仅仅是从附图中测量得出的尺寸及其关系,不应当作为已公开的内容。

4.2　新颖性的审查

发明或者实用新型专利申请是否具备新颖性,只有在其具备实用性后才予以考虑。

4.2.1　审查原则

审查新颖性时,应当根据以下原则进行判断。

1. 同样的发明或者实用新型

被审查的发明或者实用新型专利申请与现有技术或申请日前由任何单位或者个人向知识产权局提出申请并在申请日后(含申请日)公布或公告的(以下简称申请在先公布或公告在后的)发明或者实用新型的相关内容相比,如果其技术领域、所解决的技术问题、技术方案和预期效果实质上相同,则认为两者为同样的发明或者实用新型。需要注意的是,在进行新颖性判断时,审查员首先应当判断被审查专利申请的技术方案与对比文件的技术方案是否实质上相同,如果专利申请与对比文件公开的内容相比,其权利要求所限定的技术方案与对比文件公开的技术方案实质上相同,所属技术领域的技术人员根据两者的技术方案可以确定两者能够适用于相同的技术领域,解决相同的技术问题,并具有相同的预期效果,则认为两者为同样的发明或者实用新型。

2. 单独对比

判断新颖性时,应当将发明或者实用新型专利申请的各项权利要求分别与每项现有技术或申请在先公布或公告在后的发明或实用新型的相关技术内容单独地进行比较,不得将其与几项现有技术或者申请在先公布或公告在后的发明或者实用新型内容的组合,或者与一份对比文件中的多项技术方案的组合进行对比。即,判断发明或者实用新型专利申请的新颖性适用单独对比的原则。

《专利法实施细则》第三十二条第二款规定:"申请人要求本国优先权,在先申请是发明专利申请的,可以就相同主题提出发明或者实用新型专利申请,在先申请是实用新型专利申请的,可以就相同主题提出实用新型或者发明专利申请。"相同主题的发明或者实用新型,是指技术领域、所解决的技术问题、技术方案和预期的效果相同的发明或者实用新型。但应注意这里所谓的相同,并不意味在文字记载或者叙述方式上完全一致。

对中国在后申请权利要求中限定的技术方案,只要已记载在外国首次申请中就可享有该首次申请的优先权,而不必要求其包含在该首次申请的权利要求书中。

4.2.2　审查基准

判断发明或者实用新型有无新颖性,应当以《专利法》第二十二条为基准。为有助于掌握该基准,以下给出新颖性判断中几种常见的情形。

1. 相同内容的发明或者实用新型

如果要求保护的发明或者实用新型与对比文件所公开的技术内容完全相同,或者仅仅是简单的文字变换,则该发明或者实用新型不具备新颖性。另外,上述相同的内容应该理解为包括可以从对比文件中直接地、毫无疑义地确定的技术内容。例如,一件发明专利申请的权利要求是"一种电机转子铁心,所述铁心由钕铁硼永磁合金制成,所述钕铁硼永磁合金具有四方晶体结构并且主相是 $Nd_2Fe_{14}B$ 金属间化合物",如果对比文件公开了"采用钕铁硼磁体制成的电机转子铁心",就能够使上述权利要求丧失新颖性,因为该领域的技术人员熟知所谓的"钕铁硼磁体"即指主相是 $Nd_2Fe_{14}B$ 金属间化合物的钕铁硼永磁合金,并且具有四方晶体结构。

2. 具体(下位)概念与一般(上位)概念

如果要求保护的发明或者实用新型与对比文件相比,其区别仅在于前者采用一般(上位)概念,而后者采用具体(下位)概念限定同类性质的技术特征,则具体(下位)概念的公开使采用一般(上位)概念限定的发明或者实用新型丧失新颖性。例如,对比文件公开某产品是"用铜制成的",就使"用金属制成的"同一产品的发明或者实用新型丧失新颖性。但是,该铜制品的公开并不使铜之外的其他具体金属制成的同一产品的发明或者实用新型丧失新颖性。反之,一般(上位)概念的公开并不影响采用具体(下位)概念限定的发明或者实用新型的新颖性。例如,对比文件公开的某产品是"用铜制成的",并不能使"用铜制成的"同一产品的发明或者实用新型丧失新颖性。又如,要求保护的发明或者实用新型与对比文件的区别仅在于发明或者实用新型中选用了"氯"来代替对比文件中的"卤素"或者另一种具体的卤素"氟",则对比文件中"卤素"的公开或者"氟"的公开并不导致用氯对其做限定的发明或者实用新型丧失新颖性。

3. 惯用手段的直接置换

如果要求保护的发明或者实用新型与对比文件的区别仅仅是所属技术领域的惯用手段的直接置换,则该发明或者实用新型不具备新颖性。例如,对比文件公开了采用螺钉固定的装置,而要求保护的发明或者实用新型仅将该装置的螺钉固定方式改换为螺栓固定方式,则该发明或者实用新型不具备新颖性。

4. 数值和数值范围

如果要求保护的发明或者实用新型中存在以数值或者连续变化的数值范围限定的技术特征,例如,部件的尺寸、温度、压力以及组合物的组分含量,而其余技术特征与对比文件相同,则其新颖性的判断应当依照以下各项规定。

(1) 对比文件公开的数值或者数值范围落在上述限定的技术特征的数值范围内,将破坏要求保护的发明或者实用新型的新颖性。

【例1】 专利申请的权利要求为一种铜基形状记忆合金,包含 10%～35%(质量分数)的锌和 2%～8%(质量分数)的铝,余量为铜。如果对比文件公开了包含 20%(质量分数)锌和 5%(质量分数)铝的铜基形状记忆合金,则上述对比文件破坏该权利要求的新颖性。

【例2】 专利申请的权利要求为一种热处理台车窑炉,其拱衬厚度为 100～400mm。如果对比文件公开了拱衬厚度为 180～250mm 的热处理台车窑炉,则该对比文件破坏该权利要求的新颖性。

(2) 对比文件公开的数值范围与上述限定的技术特征的数值范围部分重叠或者有一个共同的端点,将破坏要求保护的发明或者实用新型的新颖性。

【例1】 专利申请的权利要求为一种氮化硅陶瓷的生产方法,其烧成时间为 1～10h。如果对比文件公开的氮化硅陶瓷的生产方法中的烧成时间为 4～12h,由于烧成时间在 4～10h 重叠,则该对比文件破坏该权利要求的新颖性。

【例2】 专利申请的权利要求为一种等离子喷涂方法,喷涂时的喷枪功率为 20～50kW。如果对比文件公开了喷枪功率为 50～80kW 的等离子喷涂方法,因为具有共同的端点 50kW,则该对比文件破坏该权利要求的新颖性。

(3) 对比文件公开的数值范围的两个端点将破坏上述限定的技术特征为离散数值并且具有该两端点中任一个的发明或者实用新型的新颖性,但不破坏上述限定的技术特征为该两端点之间任一数值的发明或者实用新型的新颖性。

【例】 专利申请的权利要求为一种二氧化钛光催化剂的制备方法,其干燥温度为 40℃、58℃、75℃或者 100℃。如果对比文件公开了干燥温度为 40～100℃的二氧化钛光催化剂的制备方法,则该对比文件破坏干燥温度分别为 40℃和 100℃时权利要求的新颖性,但不破坏干燥温度分别为 58℃和 75℃时权利要求的新颖性。

(4) 上述限定的技术特征的数值或者数值范围落在对比文件公开的数值范围内,并且与对比文件公开的数值范围没有共同的端点,则对比文件不破坏要求保护的发明或者实用新型的新颖性。

【例】 专利申请的权利要求为一种内燃机用活塞环,其活塞环的圆环直径为 95mm,如果对比文件公开了圆环直径为 70～105mm,相对于对比文件的产品不具有新颖性。

4.2.3 不丧失新颖性的宽限期

《专利法》第二十四条规定,申请专利的发明创造在申请日以前六个月内,有下列情形之一的,不丧失新颖性:

(1) 在国家出现紧急状态或者非常情况时,为公共利益目的首次公开的;

(2) 在中国政府主办或者承认的国际展览会上首次展出的;

(3) 在规定的学术会议或者技术会议上首次发表的;

(4) 他人未经申请人同意而泄露其内容的。

申请专利的发明创造在申请日以前 6 个月内,发生《专利法》第二十四条规定的四种情形之一的,该申请不丧失新颖性。即这四种情况不构成影响该申请的现有技术所说的 6 个月期限,称为宽限期,或者称为优惠期。

宽限期和优先权的效力是不同的。它仅仅是把申请人(包括发明人)的某些公开,或者第三人从申请人或发明人那里以合法手段或者不合法手段得来的发明创造的某些公开,或认为是不损害该专利申请新颖性和创造性的公开。实际上,发明创造公开以后已经成为现有技术,只是这种公开在一定期限内对申请人的专利申请来说不视为影响其新颖性和创造性的现有技术,并不是把发明创造的公开日看作是专利申请的申请日。所以,从公开之日至提出申请的期间,如果第三人独立地作出了同样的发明创造,而且在申请人提出专利申请以前提出了专利申请,那么根据先申请原则,申请人就不能取得专利权。当然,由于申请人(包括发明人)的公开,使该发明创造成为现有技术,故第三人的申请没有新颖性,也不能取得专利权。

发生《专利法》第二十四条规定的任何一种情形之日起 6 个月内,申请人提出申请之前,发明创造再次被公开的,只要该公开不属于上述四种情况,则该申请将由于在后公开而丧失新颖性。再次公开属于上述四种情况的,该申请不会因此而丧失新颖性,但是,宽限期自发明创造的第一次公开之日起计算。

专利申请有《专利法》第二十四条第(三)项所说情形的,知识产权局在必要时可以要求申请人提出证明文件,证实其发生所说情形的日期及实质内容。

申请人未按照《专利法实施细则》第三十条第三款的规定提出声明和提交证明文件的,或者未按照《专利法实施细则》第三十条第四款的规定在指定期限内提交证明文件的,其申请不能享受《专利法》第二十四条规定的新颖性宽限期。

对《专利法》第二十四条的适用发生争议时,主张该规定效力的一方有责任举证或者作出使人信服的说明。

4.2.4 对同样的发明创造的处理

对发明或实用新型,《专利法》第九条或《专利法实施细则》第四十一条中所述的"同样的发明创造"是指两件或两件以上申请(或专利)中存在的保护范围相同的权利要求。

《专利法》第九条规定,同样的发明创造只能授予一项专利权。两个以上的申请人分别就同样的发明创造申请专利的,专利权授予最先申请的人。

上述条款规定了不能重复授予专利权的原则。禁止对同样的发明创造授予多项专利权,是为了防止权利之间存在冲突。

在先申请构成抵触申请或已公开构成现有技术的,应根据《专利法》第二十二条第二、第三款,而不是根据《专利法》第九条对在后专利申请(或专利)进行审查。

4.2.5 判断原则

《专利法》第六十四条第一款规定,发明或者实用新型专利权的保护范围以其权利要求的内容为准,说明书及附图可以用于解释权利要求的内容。为了避免重复授权,在判断是否为同样的发明创造时,应当将两件发明或者实用新型专利申请或专利的权利要求书的内容进行比较,而不是将权利要求书与专利申请或专利文件的全部内容进行比较。

判断时,如果一件专利申请或专利的一项权利要求与另一件专利申请或专利的某一项权利要求保护范围相同,应当认为它们是同样的发明创造。

两件专利申请或专利说明书的内容相同,但其权利要求保护范围不同的,应当认为所要求保护的发明创造不同。例如,同一申请人提交的两件专利申请的说明书都记载了一种产品以及制造该产品的方法,其中一件专利申请的权利要求书要求保护的是该产品,另一件专利申请的权利要求书要求保护的是制造该产品的方法,应当认为要求保护的是不同的发明创造。应当注意的是,权利要求保护范围仅部分重叠的,不属于同样的发明创造。例如,权利要求中存在以连续的数值范围限定的技术特征的,其连续的数值范围与另一件发明或者实用新型专利申请或专利权利要求中的数值范围不完全相同的,不属于同样的发明创造。

4.2.6　处理方式

1.对两件专利申请的处理

1）申请人相同

在审查过程中,对同一申请人同日(指申请日,有优先权的指优先权日)就同样的发明创造提出两件专利申请,并且这两件申请符合授予专利权的其他条件的,应当就这两件申请分别通知申请人进行选择或者修改。申请人期满不答复的,相应的申请被视为驳回。经申请人陈述意见或者进行修改后仍不符合《专利法》第九条第一款规定的,两件申请均予以驳回。

2）申请人不同

在审查过程中,对不同的申请人同日(指申请日,有优先权的指优先权日)就同样的发明创造分别提出专利申请,并且这两件申请符合授予专利权的其他条件的,应当根据《专利法实施细则》第四十一条第一款的规定,通知申请人自行协商确定申请人。申请人期满不答复的,其申请被视为撤回;协商不成,或者经申请人陈述意见或进行修改后仍不符合《专利法》第九条第一款规定的,两件申请均予以驳回。

2.对一件专利申请和一项专利权的处理

在对一件专利申请进行审查的过程中,对同一申请人同日(指申请日,有优先权的指优先权日)就同样的发明创造提出的另一件专利申请已经被授予专利权,并且尚未授权的专利申请符合授予专利权的其他条件的,应当通知申请人进行修改。申请人期满不答复的,其申请被视为撤回。经申请人陈述意见或者进行修改后仍不符合《专利法》第九条第一款规定的,应当驳回其专利申请。

但是,同一申请人同日(仅指申请日)对同样的发明创造既申请实用新型又申请发明专利的,在先获得的实用新型专利权尚未终止,并且申请人在申请时分别作出说明的,除通过修改发明专利申请外,还可以通过放弃实用新型专利权避免重复授权。因此,在对上述发明专利申请进行审查的过程中,如果该发明专利申请符合授予专利权的其他条件,应当通知申请人进行选择或者修改,申请人选择放弃已经授予的实用新型专利权的,应当在答复审查意见通知书时附交放弃实用新型专利权的书面声明。此时,对那些符合授权条件、尚未授权的发明专利申请,应当发出授权通知书,并将放弃上述实用新型专利权的书面声明转至有关审查部门,由知识产权局予以登记和公告,公告上注明上述实用新型专利权自公告授予发明专利权之日起终止。

4.3 创 造 性

发明的创造性,是指与现有技术相比,该发明有突出的实质性特点和显著的进步。

1. 现有技术

《专利法》第二十二条第五款中所述,本法所称现有技术,是指申请日以前在国内外为公众所知的技术。

2. 突出的实质性特点

发明有突出的实质性特点,是指对所属技术领域的技术人员来说,发明相对于现有技术是非显而易见的。如果发明是所属技术领域的技术人员在现有技术的基础上仅通过合乎逻辑的分析、推理或者有限的实验可以得到的,则该发明是显而易见的,也就不具备突出的实质性特点。

3. 显著的进步

发明有显著的进步,是指发明与现有技术相比能够产生有益的技术效果。例如,发明克服了现有技术中存在的缺点和不足,或者为解决某一技术问题提供了一种不同构思的技术方案,或者代表某种新的技术发展趋势。

4. 所属技术领域的技术人员

发明是否具备创造性,应当基于所属技术领域的技术人员的知识和能力进行评价。所属技术领域的技术人员,也可称为本领域的技术人员,是指一种假设的"人",假定他知晓申请日或者优先权日之前发明所属技术领域所有的普通技术知识,能够获知该领域中所有的现有技术,并且具有应用该日期之前常规实验手段的能力,但他不具有创造能力。如果所要解决的技术问题能够促使本领域的技术人员在其他技术领域寻找技术手段,他也应具有从其他技术领域中获知该申请日或优先权日之前的相关现有技术、普通技术知识和常规实验手段的能力。

设定这一概念的目的,在于统一审查标准,尽量避免审查员主观因素的影响。

4.4 创造性的审查

一件发明专利申请是否具备创造性,只有在该发明具备新颖性的条件下才予以考虑。

4.4.1　审查原则

根据《专利法》第二十二条第三款的规定,审查发明是否具备创造性,应当审查发明是否具有突出的实质性特点,同时还应当审查发明是否具有显著的进步。在评价发明是否具备创造性时,审查员不仅要考虑发明的技术方案本身,还要考虑发明所属技术领域、所解决的技术问题和所产生的技术效果,将发明作为一个整体看待。

与新颖性"单独对比"的审查原则不同,审查创造性时,将一份或者多份现有技术中的不同的技术内容组合在一起对要求保护的发明进行评价。

如果一项独立权利要求具备创造性,则不再审查该独立权利要求的从属权利要求的创造性。

4.4.2　审查基准

评价发明有无创造性,应当以《专利法》第二十二条第三款为基准。为有助于正确掌握该基准,下面分别给出突出的实质性特点的一般性判断方法和显著的进步的判断标准。

1. 突出的实质性特点的判断

判断发明是否具有突出的实质性特点,就是要判断对本领域的技术人员来说,要求保护的发明相对于现有技术是否显而易见。

如果要求保护的发明相对现有技术是显而易见的,则不具有突出的实质性特点;反之,如果对比的结果表明要求保护的发明相对于现有技术是非显而易见的,则具有突出的实质性特点。

1）判断方法

判断要求保护的发明相对于现有技术是否显而易见,通常可按照以下三个步骤进行。

（1）**确定最接近的现有技术。** 最接近的现有技术,是指现有技术中与要求保护的发明最密切相关的一个技术方案,它是判断发明是否具有突出的实质性特点的基础。最接近的现有技术,例如可以是,与要求保护的发明技术领域相同,所要解决的技术问题、技术效果或者用途最接近和/或公开了发明的技术特征最多的现有技术,或者虽然与要求保护的发明技术领域不同,但能够实现发明的功能,并且公开发明的技术特征最多的现有技术。应当注意的是,在确定最接近的现有技术时,应首先考虑技术领域相同或相近的现有技术。

（2）**确定发明的区别特征和发明实际解决的技术问题。** 在审查中应当客观分析并确定发明实际解决的技术问题。为此,首先应当分析要求保护的发明与最接近的现有技术相比有哪些区别,然后根据该区别所能达到的技术效果确定发明实际解决的技术问题。从这个意义上说,发明实际解决的技术问题,是指为获得更好的技术效果而需对最接近的现有技术进行改进的技术任务。

审查过程中,由于审查员所认定的最接近的现有技术可能不同于申请人在说明书中所描述的现有技术,因此,应基于最接近的现有技术重新确定该发明实际解决的技术问题,可能不同于说明书中所描述的技术问题;在这种情况下,应当根据审查员所认定的最接近的现有技术重新确定发明实际解决的技术问题。

重新确定的技术问题可能要依据每项发明的具体情况而定。作为一个原则,发明的任何技术效果都可以作为重新确定技术问题的基础,本领域的技术人员从该申请说明书中所记载的内容能够得知该技术效果即可。

(3)判断要求保护的发明对本领域的技术人员来说是否显而易见。在该步骤中,要从最接近的现有技术和发明实际解决的技术问题出发,判断要求保护的发明对本领域的技术人员来说是否显而易见。判断过程中,要确定的是现有技术整体上是否存在某种技术启示,即现有技术中是否给出将上述区别特征应用到该最接近的现有技术以解决其存在的技术问题(即发明实际解决的技术问题)的启示,这种启示会使本领域的技术人员在面对所述技术问题时,有动机改进该最接近的现有技术并获得要求保护的发明。如果现有技术存在这种技术启示,则发明是显而易见的,不具有突出的实质性特点。

下述情况,通常认为现有技术中存在上述技术启示。

① 所述区别特征为公知常识,例如,本领域中解决该重新确定的技术问题的惯用手段,或教科书或者工具书等中披露的解决该重新确定的技术问题的技术手段。

【例】 要求保护的发明是一种用铝制造的建筑构件,其要解决的技术问题是减轻建筑构件的重量。一份对比文件公开了相同的建筑构件,同时说明建筑构件是轻质材料,但未提及使用铝材。而在建筑标准中,已明确指出铝作为一种轻质材料,可作为建筑构件。该要求保护的发明明显应用了铝材轻质的公知性质。因此可认为现有技术中存在上述技术启示。

② 所述区别特征为与最接近的现有技术相关的技术手段,例如,同一份对比文件其他部分披露的技术手段,该技术手段在该其他部分所起的作用与该区别特征在要求保护的发明中为解决该重新确定的技术问题所起的作用相同。

【例】 要求保护的发明是一种氦气检漏装置,其包括:检测真空箱是否有整体泄漏的整体泄漏检测装置;对泄漏氦气进行回收的回收装置;用于检测具体漏点的氦质谱检漏仪,所述氦质谱检漏仪包括一个真空吸枪。

对比文件 1 的某一部分公开了一种全自动氦气检漏系统,该系统包括:检测真空箱是否有整体泄漏的整体泄漏检测装置和对泄漏的氦气进行回收的回收装置。该对比文件 1 的另一部分公开了一种具有真空吸枪的氦气漏点检测装置,其中指明该漏点检测装置可以是检测具体漏点的氦质谱检漏仪,此处记载的氦质谱检漏仪与要求保护的发明中的氦质谱检漏仪的作用相同。根据对比文件 1 中另一部分的指导,本领域的技术人员能容易地将对比文件 1 中的两种技术方案结合成发明的技术方案。

因此可认为现有技术中存在上述技术启示。

③ 所述区别特征为另一份对比文件中披露的相关技术手段,该技术手段在该对比文件中所起的作用与该区别特征在要求保护的发明中为解决该重新确定的技术问题所起的作用相同。

【例】　要求保护的发明是设置有排水凹槽的石墨盘式制动器,所述凹槽用以排除为清洗制动器表面而使用的水。发明要解决的技术问题是如何清除制动器表面上因摩擦产生的妨碍制动的石墨屑。对比文件 1 记载了一种石墨盘式制动器。对比文件 2 公开了在金属盘式制动器上设有用于冲洗其表面上附着的灰尘而使用的排水凹槽。

要求保护的发明与对比文件 1 的区别在于发明在石墨盘式制动器表面上设置了凹槽,而该区别特征已被对比文件 2 所披露。由于对比文件 1 所述的石墨盘式制动器会因为摩擦而在制动器表面产生磨屑,从而妨碍制动。对比文件 2 所述的金属盘式制动器会因表面上附着灰尘而妨碍制动。为了解决妨碍制动的技术问题,前者必须清除磨屑,后者必须清除灰尘,这是性质相同的技术问题。为了解决石墨盘式制动器的制动问题,本领域的技术人员按照对比文件 2 的启示,容易想到用水冲洗,从而在石墨盘式制动器上设置凹槽,把冲洗磨屑的水从凹槽中排出。由于对比文件 2 中凹槽的作用与发明要保护的技术方案中凹槽的作用相同,因此本领域的技术人员有动机将对比文件 1 和对比文件 2 相结合,从而得到发明所述的技术方案。因此可认为现有技术中存在上述技术启示。

2）判断示例

专利申请的权利要求涉及一种改进的内燃机排气阀,该排气阀包括一个由耐热镍基合金 A 制成的主体,还包括一个阀头部分,其特征在于所述阀头部分涂覆了由镍基合金 B 制成的覆层,发明所要解决的是阀头部分耐腐蚀、耐高温的技术问题。

对比文件 1 公开了一种内燃机排气阀,所述的排气阀包括主体和阀头部分,主体由耐热镍基合金 A 制成,而阀头部分的覆层使用的是与主体所用合金不同的另一种合金。对比文件 1 进一步指出,为了适应高温和腐蚀性环境,所述的覆层可以选用具有耐高温和耐腐蚀特性的合金。

对比文件 2 公开的是有关镍基合金材料的技术内容。其中指出,镍基合金 B 对极其恶劣的腐蚀性环境和高温影响具有优异的耐受性,这种镍基合金 B 可用于发动机的排气阀。

在两份对比文件中,由于对比文件 1 与专利申请的技术领域相同,所解决的技术问题相同,且公开专利申请的技术特征最多,因此可以认为对比文件 1 是最接近的现有技术。将专利申请的权利要求与对比文件 1 对比之后可知,发明要求保护的技术方案与对比文件 1 的区别在于发明将阀头覆层的具体材料限定为镍基合金 B,以便更好地适应高温和腐蚀性环境。由此可以得出,发明实际解决的技术问题是如何使发动机的排气阀更好地适应高温和腐蚀性的工作环境。

根据对比文件 2,本领域的技术人员可以清楚地知道镍基合金 B 适用于发动机的排气阀,并且可以起到提高耐腐蚀性和耐高温的作用,这与该合金在本发明中所起的作用相同。由此,可以认为对比文件 2 给出了可将镍基合金 B 用作耐腐蚀和耐高温要求的阀头覆层的技术启示,进而使得本领域的技术人员有动机将对比文件 2 和对比文件 1 结合起来构成该专利申请权利要求的技术方案,故该专利申请要求保护的技术方案相对于现有技术是显而易见的。

2. 显著进步的判断

在评价发明是否具有显著的进步时,主要应当考虑发明是否具有有益的技术效果。以下情况,通常应当认为发明具有有益的技术效果,具有显著的进步。

(1)发明与现有技术相比具有更好的技术效果,例如,质量改善、产量提高、节约能源、防治环境污染等。

(2)发明提供了一种技术构思不同的技术方案,其技术效果能够基本上达到现有技术的水平。

(3)发明代表某种新技术发展趋势。

(4)尽管发明在某些方面有负面效果,但在其他方面具有明显积极的技术效果。

4.4.3　几种不同类型发明的创造性判断

应当注意的是,本节中发明类型的划分主要是依据发明与最接近的现有技术的区别特征的特点作出的,这种划分仅是参考性的,审查员在审查申请案时,不要生搬硬套,而要根据每项发明的具体情况,客观地作出判断。

以下就几种不同类型发明的创造性判断举例说明。

1. 开拓性发明

开拓性发明,是指一种全新的技术方案,在技术史上未曾有过先例,它为人类科学技术在某个时期的发展开创了新纪元。

开拓性发明同现有技术相比,具有突出的实质性特点和显著的进步,具备创造性。例如,中国的四大发明——指南针、造纸术、活字印刷术和火药。此外,作为开拓性发明的例子还有蒸汽机、白炽灯、收音机、雷达、激光器、利用计算机实现汉字输入等。

2. 组合发明

组合发明,是指将某些技术方案进行组合,构成一项新的技术方案,以解决现有技术客观存在的技术问题。

在进行组合发明创造性的判断时通常需要考虑组合后的各技术特征在功能上是否彼此相互支持、组合的难易程度、现有技术中是否存在组合的启示以及组合后的技术效果等。

1) 显而易见的组合

如果要求保护的发明仅仅是将某些已知产品或方法组合或连接在一起,各自以其常规的方式工作,而且总的技术效果是各组合部分效果之总和,组合后的各技术特征之间在功能上无相互作用关系,仅仅是一种简单的叠加,则这种组合发明不具备创造性。

【例】 一项带有电子表的圆珠笔的发明,发明的内容是将已知的电子表安装在已知的圆珠笔的笔身上。将电子表同圆珠笔组合后,两者仍各自以其常规的方式工作,在功能上没有相互作用关系,只是一种简单的叠加,因而这种组合发明不具备创造性。

此外,如果组合仅仅是公知结构的变形,或者组合处于常规技术继续发展的范围之内,而没有取得预料不到的技术效果,则这样的组合发明不具备创造性。

2) 非显而易见的组合

如果组合的各技术特征在功能上彼此支持,并取得了新的技术效果;或者说组合后的技术效果比每个技术特征效果的总和更优越,则这种组合具有突出的实质性特点和显著的进步,发明具备创造性。其中,组合发明的每个单独的技术特征本身是否完全或部分已知并不影响对该发明创造性的评价。

【例】 一项"深冷处理及化学镀镍-磷-稀土工艺"的发明,发明的内容是将公知的深冷处理和化学镀相互组合。现有技术在深冷处理后需要对工件采用非常规温度回火处理,以消除应力,稳定组织和性能。本发明在深冷处理后,对工件不进行回火或时效处理,而是在(80±10)℃的镀液中进行化学镀,这不但省去了所说的回火或时效处理,还使该工件仍具有稳定的基体组织以及耐磨、耐蚀并与基体结合良好的镀层,这种组合发明的技术效果,对本领域的技术人员来说,预先是难以想到的,因而,该发明具备创造性。

3. 选择发明

选择发明,是指从现有技术中公开的宽范围中,有目的地选出现有技术中未提到的窄范围或个体的发明。

在进行选择发明创造性的判断时,选择所带来的预料不到的技术效果是考虑的主要因素。

(1) 如果发明仅是从一些已知的可能性中进行选择,或者发明仅仅是从一些具有相同可能性的技术方案中选出一种,而选出的方案未能取得预料不到的技术效果,则该发明不具备创造性。

【例】 现有技术中存在很多加热方法,一项发明是在已知的采用加热的化学反应中选用一种公知的电加热法,该选择发明没有取得预料到的技术效果,因而,该发明不具备创造性。

(2) 如果发明是在可能的、有限的范围内选择具体的尺寸、温度范围或者其他参数,而这些选择可以由本领域的技术人员通过常规手段得到并且没有产生预料到的技术效果,则该发明不具备创造性。

【例】 一项已知反应方法的发明,其特征在于规定一种惰性气体的流速,而确定流速是本领域的技术人员能够通过常规计算得到的,因而该发明不具备创造性。

(3) 如果发明是可以从现有技术中直接推导出来的选择,则该发明不具备创造性。

【例】 一项改进组合物 Y 的热稳定性的发明,其特征在于确定了组合物 Y 中某组分 X 的最低含量,实际上,该含量可以从组分 X 的含量与组合物 Y 的热稳定性关系曲线中推导出来,因而该发明不具备创造性。

(4) 如果选择的技术方案使得发明取得了预料不到的技术效果,则该发明具有突出的实质性特点和显著的进步,具备创造性。

【例】 在一份制备硫代氯甲酸的现有技术对比文件中,催化剂羧酸酰胺和/或尿素相对于原料硫醇,其用量比大于 0%、小于或等于 100%(摩尔分数);在给出的例子中,催化剂用量比为 2%(摩尔分数)~13%(摩尔分数),并且指出催化剂用量比从 2%(摩尔分数)起,产率开始提高;此外,一般专业人员为提高产率,也总是采用提高催化剂用量比的办法。一项制备硫代氯甲酸方法的选择发明,采用了较小的催化剂用量比 [0.02%(摩尔分数)~0.2%(摩尔分数)],提高产率 11.6%~35.7%,大大超出了预料的产率范围,并且还简化了对反应物的处理工艺。这说明,该发明选择的技术方案,产生了预料不到的技术效果,因而该发明具备创造性。

4. 转用发明

转用发明,是指将某一技术领域的现有技术转用到其他技术领域中的发明。

在进行转用发明的创造性判断时通常需要考虑:转用的技术领域的远近、是否存在相应的技术启示、转用的难易程度、是否需要克服技术上的困难、转用所带来的技术效果等。

(1)如果转用是在类似的或者相近的技术领域之间进行的,并且未产生预料不到的技术效果,则这种转用发明不具备创造性。

【例】　将用于柜子的支撑结构转用到桌子的支撑,这种转用发明不具备创造性。

(2)如果这种转用能够产生预料不到的技术效果,或者克服了原技术领域中未曾遇到的困难,则这种转用发明具有突出的实质性特点和显著的进步,具备创造性。

【例】　一项潜艇副翼的发明,现有技术中潜艇在潜入水中时是靠自重和水对它产生的浮力相平衡停留在任意点上,上升时靠操纵水平舱产生浮力,而飞机在航行中完全是靠主翼产生的浮力浮在空中,发明借鉴了飞机中的技术手段,将飞机的主翼用于潜艇,使潜艇在起副翼作用的可动板作用下产生升浮力或沉降力,从而极大地改善了潜艇的升降性能。由于将空中技术运用到水中需克服许多技术上的困难,且该发明取得了极好的效果,所以该发明具备创造性。

5. 已知产品的新用途发明

已知产品的新用途发明,是指将已知产品用于新的目的的发明。

在进行已知产品新用途发明的创造性判断时通常需要考虑新用途与现有用途技术领域的远近、新用途所带来的技术效果等。

(1)如果新的用途仅仅是使用了已知材料的已知性质,则该用途发明不具备创造性。

【例】　将作为润滑油的已知组合物在同一技术领域中用作切削剂,这种用途发明不具备创造性。

(2)如果新的用途是利用了已知产品新发现的性质,并且产生了预料不到的技术效果,则这种用途发明具有突出的实质性特点和显著的进步,具备创造性。

【例】　将作为木材杀菌剂的五氯酚制剂用作除草剂而取得了预料不到的技术效果,该用途发明具备创造性。

6. 要素变更的发明

要素变更的发明,包括要素关系改变的发明、要素替代的发明和要素省略的发明。

在进行要素变更发明的创造性判断时通常需要考虑要素关系改变、要素替代和省略是否存在技术启示,其技术效果是否可以预料等。

1) **要素关系改变的发明**

要素关系改变的发明是指发明与现有技术相比,其形状、尺寸、比例、位置及作用关系等发生了变化。

(1) 如果要素关系的改变没有导致发明效果、功能及用途的变化,或者发明效果、功能及用途的变化是可预料到的,则发明不具备创造性。

【例】 现有技术公开了一种刻度盘固定不动、指针转动式的测量仪表,一项发明是指针不动而刻度盘转动的同类测量仪表,该发明与现有技术之间的区别仅是要素关系的调换,即"动静转换"。这种转换并未产生预料不到的技术效果,所以这种发明不具备创造性。

(2) 如果要素关系的改变导致发明产生了预料不到的技术效果,则发明具有突出的实质性特点和显著的进步,具备创造性。

【例】 一项有关剪草机的发明,其特征在于刀片斜角与公知的不同,其斜角可以保证刀片的自动研磨,而现有技术中所用刀片的角度没有自动研磨的效果。该发明通过改变要素关系,产生了预料不到的技术效果,因此具备创造性。

2) **要素替代的发明**

要素替代的发明,是指已知产品或方法的某一要素由其他已知要素替代的发明。

(1) 如果发明是相同功能的已知手段的等效替代,或者是为解决同一技术问题,用已知最新研制出的具有相同功能的材料替代公知产品中的相应材料,或者是用某一公知材料替代公知产品中的某材料,而这种公知材料的类似应用是已知的,且没有产生预料不到的技术效果,则该发明不具备创造性。

【例】 一项涉及泵的发明,与现有技术相比,该发明中的动力源是液压马达替代了现有技术中使用的电机,这种等效替代的发明不具备创造性。

(2) 如果要素的替代能使发明产生预料不到的技术效果,则该发明具有突出的实质性特点和显著的进步,具备创造性。

3) **要素省略的发明**

要素省略的发明,是指省去已知产品或者方法中的某一项或多项要素的发明。

(1) 如果发明省去一项或多项要素后其功能也相应地消失,则该发明不具备创造性。

【例】 一种涂料组合物发明,与现有技术的区别在于不含防冻剂。由于取消使用防冻剂,防冻效果也相应消失,因而该发明不具备创造性。

(2) 如果发明与现有技术相比,发明省去一项或多项要素(例如,一项产品发明省去了一个或多个零部件或者一项方法发明省去一步或多步工序)后,依然保持原有的全部功能,或者带来预料不到的技术效果,则具有突出的实质性特点和显著的进步,该发明具备创造性。

4.4.4　判断发明创造性时需考虑的其他因素

发明是否具备创造性,当申请属于以下情形时,审查员应当予以考虑,不应轻易作出发明不具备创造性的结论。

1. 发明解决了人们一直渴望解决但始终未能获得成功的技术难题

如果发明解决了人们一直渴望解决但始终未能获得成功的技术难题,这种发明具有突出的实质性特点和显著的进步,具备创造性。

【例】　自有农场以来,人们一直期望解决在农场牲畜(如奶牛)身上无痛而且不损坏畜表皮地打上永久性标记的技术问题,某发明人基于冷冻能使牲畜表皮着色这一发明而发明一项冷冻"烙印"的方法成功地解决了这个技术问题,该发明具备创造性。

2. 发明克服了技术偏见

技术偏见,是指在某段时间内、某个技术领域中,技术人员对某个技术问题普遍存在的、偏离客观事实的认识,它引导人们不去考虑其他方面的可能性,阻碍人们对该技术领域的研究和开发。如果发明克服了这种技术偏见,采用了人们由于技术偏见而舍弃的技术手段,从而解决了技术问题,则这种发明具有突出的实质性特点和显著的进步,具备创造性。

【例】　对于电动机的换向器与电刷间界面,通常认为越光滑接触越好,电流损耗也越小。一项发明将换向器表面制出一定粗糙度的细纹,其结果电流损耗更小,优于光滑表面。该发明克服了技术偏见,具备创造性。

3. 发明取得了预料不到的技术效果

发明取得了预料不到的技术效果,是指发明同现有技术相比,其技术效果产生"质"的变化,具有新的性能;或者产生"量"的变化,超出人们预期的想象。这种"质"的或者"量"的变化,对所属技术领域的技术人员来说,事先无法预测或者推理出来。当发明产生了预料不到的技术效果时,一方面说明发明具有显著的进步,同时另一方面也反映出发明的技术方案是非显而易见的,具有突出的实质性特点,该发明具备创造性。

4. 发明在商业上获得成功

当发明的产品在商业上获得成功时,如果这种成功是由于发明的技术特征直接导致的,则一方面反映了发明具有有益效果,另一方面也说明了发明是非显而易见的,因而这类发明具有突出的实质性特点和显著的进步,具备创造性。但是,如果商业上的成功是由于其他原因所致,例如,由于销售技术的改进或者广告宣传造成的,则不能作为判断创造性的依据。

5. 审查创造性时应当注意的问题

在审查发明的创造性时还应当注意以下问题。

1）创立发明的途径

不管发明者在创立发明的过程中是历尽艰辛,还是唾手而得,都不应当影响对该发明创造性的评价。绝大多数发明是发明者创造性劳动的结晶,是长期科学研究或者生产实践的总结。但是,也有一部分发明是偶然作出的。

【例】 公知的汽车轮胎具有很好的强度和耐磨性能,它曾经是由于一名工匠在准备黑色橡胶配料时,把决定加入 3% 的炭黑错用为 30% 而造成的。事实证明,加入 30% 炭黑生产出来的橡胶具有原先不曾预料到的高强度和耐磨性能,尽管它是由于操作者偶然的疏忽而造成的,但不影响该发明具备创造性。

2）避免"事后诸葛亮"

审查发明的创造性时,由于审查员是在了解了发明内容之后才作出判断,因而容易对发明的创造性估计偏低,从而犯"事后诸葛亮"的错误。审查员应当牢牢记住,对发明的创造性评价是由发明所属技术领域的技术人员依据申请日以前的现有技术与发明进行比较而作出的,以减少和避免主观因素的影响。

3）对预料不到的技术效果的考虑

在创造性的判断过程中,发明的技术效果有利于正确评价发明的创造性。如果发明与现有技术相比具有预料不到的技术效果,则不必再怀疑其技术方案是否具有突出的实质性特点,可以确定发明具备创造性。但是,应当注意的是,如果可以判断出发明的技术方案对本领域的技术人员来说是非显而易见的,且能够产生有益的技术效果,则发明具有突出的实质性特点和显著的进步,具备创造性,此种情况不应强调发明是否具有预料不到的技术效果。

4）对要求保护的发明进行审查

发明是否具备创造性是针对要求保护的发明而言的,因此,对发明创造性的评价应当针对权利要求限定的技术方案进行。发明对现有技术作出贡献的技术特征,例如,使发明产生预料不到的技术效果的技术特征,或者体现发明克服技术偏见的技术特征,应当写入权利要求中;否则,即使说明书中有记载,评价发明的创造性时也不予考虑。此外,创造性的判断,应当针对权利要求限定的技术方案整体进行评价,即评价技术方案是否具备创造性,而不是评价某一技术特征是否具备创造性。

4.5　实　用　性

4.5.1　实用性的概念

实用性，是指发明或者实用新型申请的主题必须能够在产业上制造或者使用，并且能够产生积极效果。

授予专利权的发明或者实用新型，必须是能够解决技术问题，并且能够应用的发明或者实用新型。换句话说，如果申请的是一种产品（包括发明和实用新型），那么该产品必须在产业中能够制造，并且能够解决技术问题；如果申请的是一种方法（仅限发明），那么这种方法必须在产业中能够使用，并且能够解决技术问题。只有满足上述条件的产品或者方法专利申请才可能被授予专利权。所谓产业，它包括工业、农业、林业、水产业、畜牧业、交通运输业以及文化体育、生活用品和医疗器械等行业。

在产业上能够制造或者使用的技术方案，是指符合自然规律、具有技术特征的任何可实施的技术方案。这些方案并不一定意味着使用机器设备，或者制造一种物品，还可以包括例如驱雾的方法，或者将能量由一种形式转换成另一种形式的方法。

能够产生积极效果，是指发明或者实用新型专利申请在提出申请之日，其产生的经济、技术和社会的效果是所属技术领域的技术人员可以预料到的。这些效果应当是积极的和有益的。

4.5.2　专利实用性的审查及审查原则

发明或者实用新型专利申请是否具备实用性，应当在新颖性和创造性审查之前首先进行判断。

审查发明或者实用新型专利申请的实用性时，应当遵循下列原则。

（1）以申请日提交的说明书（包括附图）和权利要求书所公开的整体技术内容为依据，而不仅局限于权利要求所记载的内容。

（2）实用性与所申请的发明或者实用新型是怎样创造出来的或者是否已经实施无关。

4.5.3　审查基准

《专利法》第二十二条第四款所说的"能够制造或者使用"是指发明或者实用新型的技

术方案具有在产业中被制造或使用的可能性。满足实用性要求的技术方案不能违背自然规律并且应当具有再现性。因不能制造或者使用而不具备实用性是由技术方案本身固有的缺陷引起的,与说明书公开的程度无关。

以下给出不具备实用性的几种主要情形。

1. 无再现性

具有实用性的发明或者实用新型专利申请主题,应当具有再现性。反之,无再现性的发明或者实用新型专利申请主题不具备实用性。

再现性,是指所属技术领域的技术人员,根据公开的技术内容,能够重复实施专利申请中为解决技术问题所采用的技术方案。这种重复实施不得依赖任何随机的因素,并且实施结果应该是相同的。

但是,审查员应当注意,申请发明或者实用新型专利的产品的成品率低与不具有再现性是有本质区别的。前者是能够重复实施,只是由于实施过程中未能确保某些技术条件(例如环境洁净度、温度等)而导致成品率低;后者则是在确保发明或者实用新型专利申请所需全部技术条件下,所属技术领域的技术人员仍不可能重复实现该技术方案所要求达到的结果。

2. 违背自然规律

具有实用性的发明或者实用新型专利申请应当符合自然规律。违背自然规律的发明或者实用新型专利申请是不能实施的,因此,不具备实用性。那些违背能量守恒定律的发明或者实用新型专利申请的主题,例如永动机,必然是不具备实用性的。

3. 利用独一无二的自然条件的产品

具备实用性的发明或者实用新型专利申请不得是由自然条件限定的独一无二的产品。利用特定的自然条件建造的自始至终都是不可移动的唯一产品不具备实用性。应当注意的是,上述利用独一无二的自然条件的产品不具备实用性,其构件本身也不具备实用性。

4. 人体或者动物体的非治疗目的的外科手术方法

外科手术方法包括治疗目的和非治疗目的的手术方法。以治疗为目的的外科手术方法属于不授予专利权的客体;非治疗目的的外科手术方法,由于是以有生命的人或者动物为实施对象,无法在产业上使用,因此不具备实用性。例如,为美容而实施的外科手术方法,或者采用外科手术从活牛身体上摘取牛黄的方法,以及为辅助诊断而采用的外科手术方法(例如实施冠状造影之前采用的外科手术方法)等。

5. 测量人体或者动物体在极限情况下的生理参数的方法

测量人体或动物体在极限情况下的生理参数需要将被测对象置于极限环境中,这会对人或动物的生命构成威胁,不同的人或动物个体可以耐受的极限条件是不同的,需要有经验的测试人员根据被测对象的情况来确定其可耐受的极限条件,因此这类方法无法在产业上使用,不具备实用性。

以下测量方法属于不具备实用性的情况。

(1)通过逐渐降低人或动物的体温,以测量人或动物对寒冷耐受程度的测量方法。

(2)利用降低吸入气体中氧气分压的方法逐级增加冠状动脉的负荷,并通过动脉血压的动态变化观察冠状动脉的代偿反应,以测量冠状动脉代谢机能的非侵入性的检查方法。

6. 无积极效果

具备实用性的发明或者实用新型专利申请的技术方案应当能够产生预期的积极效果。明显无益、脱离社会需要的发明或者实用新型专利申请的技术方案不具备实用性。

第 5 章　发明专利的审查

5.1　发明专利申请的初步审查

根据《专利法》第三十四条的规定,国务院专利行政部门收到发明专利申请后,经初步审查认为符合本法要求的,自申请日起满 18 个月,即行公布。国务院专利行政部门也可以根据申请人的请求早日公布其申请。因此,发明专利申请的初步审查是受理发明专利申请之后、公布该申请之前的一个必要程序。

专利申请公布时的说明书、权利要求书和说明书摘要的文字应当整齐清晰,不得涂改,行间不得加字。说明书附图、说明书摘要附图的线条(如轮廓线、点画线、剖面线、中心线、标引线等)应当清晰可辨。文字和线条应当是黑色,并且足够深,背景干净。文字和附图的版心四周不应有框线。各种文件的页码应当分别连续编写。

5.1.1　初步审查及事务处理的范围

初步审查及事务处理的范围如下。

(1) 申请文件的形式审查,包括专利申请是否包含《专利法》第二十六条规定的申请文件,以及这些文件格式上是否明显不符合《专利法实施细则》第十七条、第十八条、第十九条、第二十条、第二十四条的规定,或者不符合《专利法实施细则》第四条、第十六条第一款、第一百一十八条、第一百二十条的规定。

(2) 申请文件的明显实质性缺陷审查,包括专利申请是否明显属于《专利法》第五条、第二十五条的规定,或者不符合《专利法》第十八条、第十九条第一款的规定,或者明显不符合《专利法》第三十一条第一款、第三十三条或者《专利法实施细则》第二条第一款、第十八条、第二十条的规定。

(3) 其他文件的形式审查,包括与专利申请有关的其他手续和文件是否符合《专利法》第二十四条、第二十九条、第三十条以及《专利法实施细则》第七条、第八条、第十四条、第十六条第三款和第四款、第二十五条、第三十一条、第三十二条、第三十三条、第三十四条、第三十七条、第四十一条、第四十二条、第四十三条、第四十五条、第四十六条、第八十六条、第九十八条的规定。

（4）有关费用的审查，包括专利申请是否按照《专利法实施细则》第九十条、第九十二条、第九十三条、第九十七条的规定缴纳了相关费用。

5.1.2 发明专利申请初步审查的主要任务

发明专利申请初步审查的主要任务如下。

（1）审查申请人提交的申请文件是否符合《专利法》及其实施细则的规定，发现存在可以补正的缺陷时，通知申请人以补正的方式消除缺陷，使其符合公布的条件；发现存在不可克服的缺陷时，发出审查意见通知书，指明缺陷的性质，并通过驳回的方式结束审查程序。

（2）审查申请人在提出专利申请的同时或者随后提交的与专利申请有关的其他文件是否符合专利法及其实施细则的规定，发现文件存在缺陷时，根据缺陷的性质，通知申请人以补正的方式消除缺陷，或者直接作出文件视为未提交的决定。

（3）审查申请人提交的与专利申请有关的其他文件是否是在《专利法》及其实施细则规定的期限内或者知识产权局指定的期限内提交；期满未提交或者逾期提交的，根据情况作出申请视为撤回或者文件视为未提交的决定。

（4）审查申请人缴纳的有关费用的金额和期限是否符合《专利法》及其实施细则的规定，费用未缴纳或者未缴足或者逾期缴纳的，根据情况作出申请视为撤回或者请求视为未提出的决定。

5.1.3 初步审查和事务处理中应遵循的原则

初步审查程序中，审查员应当遵循以下审查原则。

1. 保密原则

审查员在专利申请的审批程序中，根据有关保密规定，对于尚未公布、公告的专利申请文件和与专利申请有关的其他内容，以及其他不适宜公开的信息负有保密责任。

2.书面审查原则

审查员应当以申请人提交的书面文件为基础进行审查，审查意见（包括补正通知）和审查结果应当以书面形式通知申请人。初步审查程序中，原则上不进行会晤。

3. 听证原则

审查员在作出驳回决定之前，应当将驳回所依据的事实、理由和证据通知申请人，至少给申请人一次陈述意见和/或修改申请文件的机会。审查员作出驳回决定时，驳回决定所依据的事实、理由和证据，应当是已经通知过申请人的，不得包含新的事实、理由和/或证据。

4. 程序节约原则

在符合规定的情况下,审查员应当尽可能提高审查效率,缩短审查过程。对存在可以通过补正克服的有缺陷的申请,审查员应当进行全面审查,并尽可能在一次补正通知书中指出全部缺陷。对存在不可能通过补正克服的有实质性缺陷的申请,审查员可以不对申请文件和其他文件的形式缺陷进行审查,在审查意见通知书中可以仅指出实质性缺陷。

5.1.4 发明专利申请的初步审查内容

发明专利申请的初步审查内容如下。

(1) 申请人的申请文件是否完备,撰写是否符合《专利法》及其实施细则的规定。

(2) 申请人的身份是否合法,各种证明文件是否齐全。申请人是外国人的,是否依法委托代理。

(3) 申请专利的发明创造是否属于违反国家法律、社会公德或者妨害公共利益及不授予专利权的对象。

(4) 申请人是否缴纳了申请费等。

5.1.5 发明专利申请文件的初步审查

重要部分的初步审查如下。

1. 发明名称

请求书中的发明名称和说明书中的发明名称应当一致。发明名称应当简短、准确地表明发明专利申请要求保护的主题和类型。发明名称中不得含有非技术词语,例如,人名、单位名称、商标、代号、型号等;也不得含有含糊的词语,例如"及其他""及其相似物"等;也不得仅使用笼统的词语,致使未给出任何发明信息,例如,仅用"方法""装置""组合物""化合物"等词作为发明名称。

发明名称一般不得超过 25 个字,特殊情况下,例如,化学领域的某些发明,可以允许最多到 40 个字。

2. 说明书撰写形式的审查

说明书第一页第一行应当写明发明名称,该名称应当与请求书中的名称一致,并左右居中。发明名称前面不得冠以"发明名称"或者"名称"等字样。发明名称与说明书正文之间应当空一行。

说明书的格式应当包括以下各部分,并在每一部分前面写明标题:技术领域,背景技术,发明内容,附图说明,具体实施方式。

说明书无附图的,说明书文字部分不包括附图说明及其相应的标题。

说明书文字部分可以有化学式、数学式或者表格,但不得有插图。

说明书文字部分写有附图说明的,说明书应当有附图。说明书有附图的,说明书文字部分应当有附图说明。

说明书文字部分写有附图说明但说明书无附图或者缺少相应附图的,应当通知申请人删除说明书文字部分的附图说明,或者在指定的期限内补交相应附图。申请人补交附图的,以向知识产权局提交或者邮寄补交附图之日为申请日,审查员应当发出重新确定申请书,并修改数据库中的申请日。申请人删除相应附图说明的,保留原申请日。

说明书应当用阿拉伯数字顺序编写页码。

3. 说明书附图的审查

说明书附图应当用制图工具和黑色墨水绘制,线条应当均匀清晰、足够深,不得着色和涂改,不得使用工程蓝图。

剖面图中的剖面线不得妨碍附图标记线和主线条的清楚识别。

几幅附图可以绘制在一张图纸上。一幅总体图可以绘制在几张图纸上,但应当保证每一张上的图都是独立的,而且当全部图纸组合起来构成一幅完整总体图时又不互相影响其清晰程度。附图的周围不得有与图无关的框线。附图总数在两幅以上的,应当使用阿拉伯数字顺序编号,并在编号前冠以"图"字,例如,图 1、图 2。该编号应当标注在相应附图的正下方。

附图应当尽量竖向绘制在图纸上,彼此明显分开。当零件横向尺寸明显大于竖向尺寸必须水平布置时,应当将附图的顶部置于图纸的左边。一页图纸上有两幅以上的附图,且有一幅已经水平布置时,该页上其他附图也应当水平布置。

附图标记应当使用阿拉伯数字编号。说明书文字部分中未提及的附图标记不得在附图中出现,附图中未出现的附图标记不得在说明书文字部分提及。申请文件中表示同一组成部分的附图标记应当一致。

附图的大小及清晰度,应当保证在该图缩小到三分之二时仍能清晰地分辨出图中各个细节,并适合用照相制版、静电复印、缩微等方式大量复制。

同一附图中应当采用相同比例绘制,为使其中某一组成部分清楚显示,可以另外增加一幅局部放大图。附图中除必需的词语外,不得含有其他注释。附图中的词语应当使用中文,必要时,可以在其后的括号里注明原文。

流程图、框图应当作为附图,并应当在其框内给出必要的文字和符号。一般情况不得使用照片作为附图,但特殊情况下,例如,显示金相结构或者组织细胞时,可以使用照片贴在图纸上作为附图。

说明书附图应当用阿拉伯数字顺序编写页码。

5.2　发明专利的实质审查程序

根据《专利法》第三十九条的规定,发明专利申请经实质审查没有发现驳回理由的,由国务院专利行政部门作出授予发明专利权的决定。

对发明专利申请进行实质审查的目的在于确定发明专利申请是否应当被授予专利权,特别是确定其是否符合专利法有关新颖性、创造性和实用性的规定。

实质审查程序的启动。根据《专利法》第三十五条第一款的规定,实质审查程序通常由申请人提出请求后启动。根据该条第二款的规定,实质审查程序也可以由国务院专利行政部门启动。

5.2.1　实质审查程序概要及若干基本原则

1. 实质审查程序概要

在发明专利申请的实质审查程序中可能发生的行为如下。

(1)对发明专利申请进行实质审查后,审查员认为该申请不符合《专利法》及其实施细则的有关规定的,应当通知申请人,要求其在指定的期限内陈述意见或者对其申请进行修改;审查员发出通知书(审查意见通知书、分案通知书或提交资料通知书等)答复可能反复多次,直到申请被授予专利权、被驳回、被撤回或者被视为撤回。

(2)对经实质审查没有发现驳回理由,或者经申请人陈述意见或修改后消除了原有缺陷的专利申请,审查员应当发出授予发明专利权的通知书。

(3)专利申请经申请人陈述意见或者修改后,仍然存在通知书中指出过的属于《专利法实施细则》第五十三条所列情形的缺陷的,审查员应当予以驳回。

(4)申请人无正当理由对审查意见通知书、分案通知书或者提交资料通知书等逾期不答复的,审查员应当发出申请被视为撤回通知书。

此外,根据需要,审查员还可以按照本指南的规定在实质审查程序中采用会晤、电话讨论和现场调查等辅助手段。

2. 实质审查程序中的基本原则

1)请求原则

除《专利法》及其实施细则另有规定外,实质审查程序只有在申请人提出实质审查请求的前提下才能启动。审查员只能根据申请人依法正式呈请审查(包括提出申请时、依法提出修改时或者答复审查意见通知书时)的申请文件进行审查。

2)听证原则

在实质审查过程中,审查员在作出驳回决定之前,应当给申请人提供至少一次针对驳回所依据的事实、理由和证据陈述意见和/或修改申请文件的机会,即审查员作出驳回决定时,驳回所依据的事实、理由和证据应当在之前的审查意见通知书中已经告知过申请人。

3)程序节约原则

在对发明专利申请进行实质审查时,审查员应当尽可能地缩短审查过程。换言之,审查员要设法尽早地结案,因此,除非确认申请根本没有被授权的前景,审查员应当在第一次审查意见通知书中,将申请中不符合《专利法》及其实施细则规定的所有问题通知申请人,要求其在指定期限内对所有问题给予答复,尽量减少与申请人通信的次数,以节约程序。

但是,审查员应当注意,不得以节约程序为理由而违反请求原则和听证原则。

5.2.2　实质审查的步骤

实质审查的步骤主要包括文本的审查、阅读和理解申请文件、检索、核实优先权、全面审查。

1. 申请文件的核查与实审准备

审查员应当查对申请文档中是否有实质审查请求书,其提交的时间是否在自申请日起三年之内,是否有发明专利申请公布及进入实质审查程序通知书;知识产权局决定自行对发明专利申请进行实质审查的,是否有经局长签署的通知书和已经通知申请人的记录。

审查员应当查对实质审查所需要的文件(包括原始申请文件及公布的申请文件,如果申请人对申请文件进行了主动修改或在初审期间应知识产权局的要求做过修改,还应当包括经修改的申请文件)是否齐全。

申请人要求外国优先权的,审查员应当查对申请文档中是否有要求优先权声明以及经受理在先申请的国家或者政府间组织的主管部门出具的在先申请文件的副本;申请人要求本国优先权的,审查员应当查对申请文档中是否有要求优先权声明以及在中国第一次提出的专利申请文件的副本。

2. 实质审查

1)审查的文本

审查员首次审查所针对的文本通常是申请人按照《专利法》及其实施细则规定提交的

原始申请文件或者应知识产权局初步审查部门要求补正后的文件。

申请人在提出实质审查请求时,或者在收到知识产权局发出的发明专利申请进入实质审查阶段通知书之日起的 3 个月内,对发明专利申请进行了主动修改的,无论修改的内容是否超出原说明书和权利要求书记载的范围,均应当以申请人提交的经过该主动修改的申请文件作为审查文本。

申请人在上述规定期间内多次对申请文件进行了主动修改的,应当以最后一次提交的申请文件为审查文本。申请人在上述规定以外的时间对申请文件进行的主动修改,一般不予接受,其提交的经修改的申请文件,不应作为审查文本。审查员应当在审查意见通知书中告知此修改文本不作为审查文本的理由,并以之前的能够接受的文本作为审查文本。如果申请人进行的修改不符合《专利法实施细则》第五十一条第一款的规定,但审查员在阅读该经修改的文件后认为其消除了原申请文件存在的应当消除的缺陷,又符合《专利法》第三十三条的规定,且在该修改文本的基础上进行审查将有利于节约审查程序,则可以接受该经修改的申请文件作为审查文本。

2) 阅读申请文件并理解发明

审查员在开始实质审查后,首先要仔细阅读申请文件,力求准确地理解发明。重点在于了解发明所要解决的技术问题,理解解决所述技术问题的技术方案,并且明确该技术方案的全部必要技术特征,特别是其中区别于背景技术的特征,还应了解该技术方案所能带来的技术效果。审查员在阅读和理解发明时,可以做必要的记录,便于进一步审查。

3) 对缺乏单一性申请的处理

专利申请缺乏单一性的缺陷有时是明显的,有时要通过检索与审查后才能确定。缺乏单一性的缺陷既可能存在于相互并列的独立权利要求之间,也可能因所引用的独立权利要求不具备新颖性或创造性而存在于相互并列的从属权利要求之间,还可能存在于一项权利要求的多个并列技术方案之间。

对于缺乏单一性的申请,审查员可以采用下述之一的方法进行处理。

(1) 通知申请人修改。审查员在阅读申请文件时,立即能判断出申请的主题之间明显缺乏单一性的,可以暂缓进行检索,先向申请人发出分案通知书,通知申请人在指定的两个月期限内对其申请进行修改。

(2) 检索后再通知申请人修改。检索后才能确定申请的主题之间缺乏单一性的,审查员可以视情况决定是暂缓进一步检索和审查还是继续进一步检索和审查。

审查员在阅读申请文件时,立即能判断出申请的主题之间明显缺乏单一性的,可以暂缓进行检索,先向申请人发出分案通知书,通知申请人在指定的两个月期限内对其申请进行修改。

（3）检索后再通知申请人修改。检索后才能确定申请的主题之间缺乏单一性的，审查员可以视情况决定是暂缓进一步检索和审查还是继续进一步检索和审查。

5.2.3　实质审查的内容

为节约程序，审查员通常应当在发出第一次审查意见通知书之前对专利申请进行全面审查，即审查申请是否符合《专利法》及其实施细则有关实质方面和形式方面的所有规定。

审查的重点是说明书和全部权利要求是否存在《专利法实施细则》第五十三条所列的情形。一般情况下，首先审查申请的主题是否属于《专利法》第五条、第二十五条规定的不授予专利权的情形；是否符合《专利法》第二条第二款的规定；是否具有《专利法》第二十二条第四款所规定的实用性；说明书是否按照《专利法》第二十六条第三款的要求充分公开了请求保护的主题。然后审查权利要求所限定的技术方案是否具备《专利法》第二十二条第二款和第三款规定的新颖性和创造性；权利要求书是否按照《专利法》第二十六条第四款的规定，以说明书为依据，清楚、简要地限定要求专利保护的范围；独立权利要求是否表述了一个解决技术问题的完整的技术方案。在进行上述审查的过程中，还应当审查权利要求书是否存在缺乏单一性的缺陷；申请的修改是否符合《专利法》第三十三条及《专利法实施细则》第五十一条的规定；分案申请是否符合《专利法实施细则》第四十三条第一款的规定；对于依赖遗传资源完成的发明创造，还需审查申请文件是否符合《专利法》第二十六条第五款的规定。

如果审查员有理由认为申请所涉及的发明是在中国完成，且向外国申请专利之前未报经知识产权局进行保密审查，应当审查申请是否符合《专利法》第二十条的规定。

申请不存在《专利法实施细则》第五十三条所列情形，或者虽然存在《专利法实施细则》第五十三条所列情形的实质性缺陷但经修改后仍有授权前景的，为节约程序，审查员应当一并审查其是否符合《专利法》及其实施细则的其他所有规定。

审查员在检索之后已经确切地理解了请求保护的主题及其对现有技术作出的贡献的，这一阶段的主要工作是根据检索结果对上述审查重点作出肯定或者否定的判断。

1. 审查权利要求书

根据《专利法》第二十六条第四款的规定，权利要求书应当以说明书为依据，清楚、简要地限定要求专利保护的范围。根据《专利法》第五十九条第一款的规定，专利权的保护范围以其权利要求的内容为准。因此，实质审查应当围绕权利要求书，特别是独立权利要求进行。

一般情况下,在确定申请的主题不属于《专利法》第五条、第二十五条规定的不授予专利权的情形,符合《专利法》第二条第二款的规定,具有《专利法》第二十二条第四款所规定的实用性,且说明书充分公开了请求保护的主题后,应当对权利要求书进行下述审查。

(1) 如果经审查认为独立权利要求不具备新颖性或创造性,则应当进一步审查从属权利要求是否具备新颖性和创造性。如果经审查认为全部独立权利要求和从属权利要求均不具备新颖性或创造性,则对权利要求书不必再继续进行审查。

如果经审查认为独立权利要求具备新颖性和创造性,或者虽然独立权利要求不具备新颖性或创造性,但是从属权利要求具备新颖性和创造性,则该申请有被授予专利权的前景,审查员应当遵循程序节约的原则,对权利要求书进行下述第(2)~(7)项的审查。

(2) 审查权利要求书中的全部权利要求是否得到说明书(及其附图)的支持,以及是否清楚、简要地限定要求专利保护的范围。

(3) 审查独立权利要求是否表述了一个针对发明所要解决的技术问题的完整的技术方案。判断独立权利要求的技术方案是否完整的关键,在于查看独立权利要求是否记载了解决上述技术问题的全部必要技术特征。

(4) 审查从属权利要求是否符合《专利法实施细则》第二十条第三款及第二十二条的规定。

(5) 审查一项发明是否只有一个独立权利要求,并且该独立权利要求写在同一发明的从属权利要求之前。

(6) 审查权利要求书中的技术语(科技术语)是否符合专利法实施细则第三条第一款的规定,是否与说明书中使用的技术语一致。

(7) 如果检索出任何单位或个人在同一申请日向知识产权局提交的属于同样的发明创造的对比文件,应当注意避免对相同权利要求的重复授权。如果两件或两件以上的发明专利申请涉及同样的发明创造,则应当由同一审查员进行审查,原则上由最先提出转案要求的审查员审查。

对于某些申请,由于存在例如权利要求不清楚等问题,而导致审查员无法先审查该申请权利要求的新颖性和创造性,则应当先就这些问题进行审查。同时审查员也可以根据对说明书的理解,就说明书中的技术方案给出有关新颖性或创造性的审查意见,供申请人参考。

2. 审查说明书和摘要

说明书(及其附图)应当清楚、完整地公开发明,使所属技术领域的技术人员能够实现。同时,说明书作为权利要求书的依据,在确定专利权的保护范围时,用于解释权利要求的内容。

对于说明书(及其附图),审查员应当审查下列内容。

(1) 说明书(及其附图)是否清楚、完整地公开了发明,使所属技术领域的技术人员能够实现;说明书中记载的技术方案能否解决发明的技术问题并取得预期的有益效果。

(2) 各权利要求的技术方案所表述的请求保护的范围能否在说明书中找到根据,且说明书中发明内容部分所述的技术方案与权利要求所限定的相应技术方案的表述是否一致。

(3) 说明书是否包含《专利法实施细则》第十七条规定的相关内容,是否按照规定的方式和顺序撰写,并且用词规范、语句清楚。

如果发明的性质使采用其他方式或者顺序撰写说明书能节约篇幅并有利于他人准确地理解发明,则根据《专利法实施细则》第十七条第二款的规定,这种撰写也是允许的。

专利申请包含一个或多个核苷酸或氨基酸序列的,应当审查说明书是否包括符合规定的序列表。

对于有附图的申请,应当审查附图是否符合《专利法实施细则》第十八条的规定。

在不需要附图的申请中,其说明书可以不包括《专利法实施细则》第十七条第一款第(四)项的内容。

3. 审查其他申请文件

对于依赖遗传资源完成的发明创造,审查员还应当审查申请人是否提交了知识产权局制定的遗传资源来源披露登记表,该遗传资源来源披露登记表中是否说明了该遗传资源的直接来源和原始来源;对于未说明原始来源的,是否说明了理由。

5.2.4　有关申请文件修改的审查

根据《专利法》第三十三条的规定,申请人可以对其专利申请文件进行修改,但是,对发明和实用新型专利申请文件的修改不得超出原说明书和权利要求书记载的范围。国际申请的申请人根据专利合作条约规定所提交的修改文件,同样应当符合《专利法》第三十三条的规定。

根据《专利法实施细则》第五十一条第一款的规定,发明专利申请人在提出实质审查请求时以及在收到知识产权局发出的发明专利申请进入实质审查阶段通知书之日起的三个月内,可以对发明专利申请主动提出修改。

根据《专利法实施细则》第五十一条第三款的规定,申请人在收到知识产权局发出的审查意见通知书后修改专利申请文件,应当针对通知书指出的缺陷进行修改。

1. 修改的要求

1) 修改的内容与范围

在实质审查程序中,为了使申请符合《专利法》及其实施细则的规定,对申请文件的修改可能会进行多次。审查员对申请人提交的修改文件进行审查时要严格掌握《专利法》第三十三条的规定。不论申请人对申请文件的修改属于主动修改还是针对通知书指出的缺陷进行的修改,都不得超出原说明书和权利要求书记载的范围。原说明书和权利要求书记载的范围包括原说明书和权利要求书文字记载的内容和根据原说明书和权利要求书文字记载的内容以及说明书附图能直接地、毫无疑义地确定的内容。申请人在申请日提交的原说明书和权利要求书记载的范围,是审查上述修改是否符合《专利法》第三十三条规定的依据,申请人向知识产权局提交的申请文件的外文本和优先权文件的内容,不能作为判断申请文件的修改是否符合《专利法》第三十三条规定的依据。但进入国家阶段的国际申请的原始提交的外文本除外。如果修改的内容与范围不符合《专利法》第三十三条的规定,则这样的修改不能被允许。

2) 主动修改的时机

申请人仅在下述两种情形下可对其发明专利申请文件进行主动修改。

(1) 在提出实质审查请求时。

(2) 在收到知识产权局发出的发明专利申请进入实质审查阶段通知书之日起的三个月内,在答知识产权局发出的审查意见通知书时,不得再进行主动修改。

2. 允许的修改

这里所说的"允许的修改",主要指符合《专利法》第三十三条规定的修改。

1) 对权利要求书的修改

对权利要求书的修改主要包括:通过增加或变更独立权利要求的技术特征,或者通过变更独立权利要求的主题类型或主题名称以及其相应的技术特征来改变该独立权利要求请求保护的范围;增加或者删除一项或多项权利要求;修改独立权利要求,使其相对于最接近的现有技术重新划界;修改从属权利要求的引用部分,改正其引用关系,或者修改从属权利要求的限定部分,以清楚地限定该从属权利要求请求保护的范围,对于上述修改,只要经修改后的权利要求的技术方案已清楚地记载在原说明书和权利要求书中,就应该允许。

允许的对权利要求书的修改,包括下述各种情形。

(1) 在独立权利要求中增加技术特征,对独立权利要求做进一步的限定,以克服原独立权利要求无新颖性或创造性、缺少解决技术问题的必要技术特征、未以说明书为依据或者未清楚地限定要求专利保护的范围等缺陷。只要增加了技术特征的独立权利要求所述的技术方案未超出原说明书和权利要求书记载的范围,这样的修改就应当被允许。

（2）变更独立权利要求中的技术特征,以克服原独立权利要求未以说明书为依据、未清楚地限定要求专利保护的范围或者无新颖性或创造性等缺陷。只要变更了技术特征的独立权利要求所述的技术方案未超出原说明书和权利要求书记载的范围,这种修改就应当被允许。

（3）变更独立权利要求的类型、主题名称及相应的技术特征,以克服原独立权利要求类型错误或者缺乏新颖性或创造性。

（4）删除一项或多项权利要求,以克服原第一独立权利要求和并列的独立权利要求之间缺乏单一性,或者两项权利要求具有相同的保护范围而使权利要求书不简要,或者权利要求未以说明书为依据等缺陷,这样的修改不会超出原权利要求书和说明书记载的范围,因此是允许的。

（5）将独立权利要求相对于最接近的现有技术正确划界。这样的修改不会超出原权利要求书和说明书记载的范围,因此是允许的。

（6）修改从属权利要求的引用部分,改正引用关系上的错误,使其准确地反映原说明书中所记载的实施方式或实施例。这样的修改不会超出原权利要求书和说明书记载的范围,因此是允许的。

（7）修改从属权利要求的限定部分,清楚地限定该从属权利要求的保护范围,使其准确地反映原说明书中所记载的实施方式或实施例,这样的修改不会超出原说明书和权利要求书记载的范围,因此是允许的。

2）对说明书及其摘要的修改

对于说明书的修改,主要有两种情况:一种是针对说明书中本身存在的不符合《专利法》及其实施细则规定的缺陷作出的修改;另一种是根据修改后的权利要求书作出的适应性修改。上述两种修改只要不超出原说明书和权利要求书记载的范围,则都是允许的。

允许的说明书及其摘要的修改包括下述各种情形。

（1）修改发明名称,使其准确、简要地反映要求保护的主题的名称。如果独立权利要求的类型包括产品、方法和用途,则这些请求保护的主题都应当在发明名称中反映出来。发明名称应当尽可能简短,一般不得超过 25 个字,特殊情况下,例如,化学领域的某些专利申请,可以允许最多到 40 个字。

（2）修改发明所属技术领域。该技术领域是指该发明在国际专利分类表中的分类位置所反映的技术领域。为便于公众和审查员清楚地理解发明和其相应的现有技术,应当允许修改发明所属技术领域,使其与国际专利分类表中最低分类位置涉及的领域相关。

(3)修改背景技术部分,使其与要求保护的主题相适应。

独立权利要求是按照《专利法实施细则》第二十一条的规定撰写的,说明书背景技术部分应当记载与该独立权利要求前序部分所述的现有技术相关的内容,并引证反映这些背景技术的文件。如果审查员通过检索发现了比申请人在原说明书中引用的现有技术更接近所要求保护的主题的对比文件,则应当允许申请人修改说明书,将该文件的内容补入这部分,并引证该文件,同时删除描述不相关的现有技术的内容。应当指出,这种修改实际上使说明书增加了原申请的权利要求书和说明书未曾记载的内容,但由于修改仅涉及背景技术而不涉及发明本身,且增加的内容是申请日前已经公知的现有技术,因此是允许的。

(4)修改发明内容部分中与该发明所解决的技术问题有关的内容,使其与要求保护的主题相适应,即反映该发明的技术方案相对于最接近的现有技术所解决的技术问题。当然,修改后的内容不应超出原说明书和权利要求书记载的范围。

(5)修改发明内容部分中与该发明技术方案有关的内容,使其与独立权利要求请求保护的主题相适应。如果独立权利要求进行了符合《专利法》及其实施细则规定的修改,则允许该部分作出相应的修改;如果独立权利要求未作出修改,则允许在不改变原技术方案的基础上,对该部分进行理顺文字、改正不规范用词、统一技术语等修改。

(6)修改发明内容部分中与该发明的有益效果有关的内容。

修改发明内容部分中与该发明的有益效果有关的内容。只有在某(些)技术特征在原始申请文件中已清楚地记载,而其有益效果没有被清楚地提及,但所属技术领域的技术人员可以直接地、毫无疑义地从原始申请文件中推断出这种效果的情况下,才允许对发明的有益效果作出合适的修改。

(7)修改附图说明。申请文件中有附图,但缺少附图说明的,允许补充所缺的附图说明不清楚的,允许根据上下文作出合适的修改。

(8)修改最佳实施方式或者实施例。这种修改中允许增加的内容一般限于补入原实施方式或者实施例中具体内容的出处以及已记载的反映发明的有益效果数据的标准测量方法(包括所使用的标准设备、器具)。如果由检索结果得知原申请要求保护的部分主题已成为现有技术的一部分,则申请人应当将反映这部分主题的内容删除,或者明确写明其为现有技术。

(9)修改附图。删除附图中不必要的词语和注释,可将其补入说明书文字部分之中,修改附图中的标记使之与说明书文字部分相一致；在文字说明清楚的情况下，为使局部结构清晰起见，允许增加局部放大图；修改附图的阿拉伯数字编号，使每幅图使用一个编号。

（10）修改摘要。通过修改使摘要写明发明的名称和所属技术领域，清楚地反映所要解决的技术问题、解决该问题的技术方案的要点以及主要用途；删除商业性宣传用语；更换摘要附图，使其最能反映发明技术方案的主要技术特征。

（11）修改由所属技术领域的技术人员能够识别出的明显错误，即语法错误、文字错误和打印错误。对这些错误的修改必须是所属技术领域的技术人员能从说明书的整体及上下文看出的唯一的正确答案。

3. 不允许的修改

原则：如果申请的内容通过增加、改变和/或删除其中的一部分，致使所属技术领域的技术人员看到的信息与原申请记载的信息不同，而且又不能从原申请记载的信息中直接地、毫无疑义地确定，那么，这种修改就是不允许的。这里所说的申请内容，是指原说明书（及其附图）和权利要求书记载的内容，不包括任何优先权文件的内容。

1）**不允许的增加**

（1）将某些不能从原说明书（包括附图）和/或权利要求书中直接明确认定的技术特征写入权利要求和/或说明书。

（2）为使公开的发明清楚或者使权利要求完整而补入不能从原说明书（包括附图）和/或权利要求书中直接地、毫无疑义地确定的信息。

（3）增加的内容是通过测量附图得出的尺寸参数技术特征。

（4）引入原申请文件中未提及的附加组分，导致出现原申请没有的特殊效果。

（5）补入了所属技术领域的技术人员不能直接从原始申请中导出的有益效果。

（6）补入实验数据以说明发明的有益效果和/或补入实施方式和实施例以说明在权利要求请求保护的范围内发明能够实施。

（7）增补原说明书中未提及的附图，一般是不允许的；如果增补背景技术的附图，或者将原附图中的公知技术附图更换为最接近现有技术的附图，则应当允许。

2）**不允许的改变**

（1）改变权利要求中的技术特征，超出了原权利要求书和说明书记载的范围。

【例 1】　原权利要求限定了一种在一边开口的唱片套。附图中也只给出了一幅三边胶接在一起、一边开口的套子视图。如果申请人后来把权利要求修改成"至少在一边开口的套子"，而原说明书中又没有任何地方提到过"一个以上的边可以开口"，那么，这种改变超出了原权利要求书和说明书记载的范围。

【例2】　原权利要求涉及制造橡胶的成分,不能将其改成制造弹性材料的成分,除非原说明书已经清楚地指明。

【例3】　原权利要求请求保护一种自行车闸,后来申请人把权利要求修改成一种车辆的闸,而从原权利要求书和说明书不能直接得到修改后的技术方案。这种修改也超出了原权利要求书和说明书记载的范围。

【例4】　用不能从原申请文件中直接得出的"功能性术语＋装置"的方式,来代替具有具体结构特征的零件或者部件。这种修改超出了原权利要求书和说明书记载的范围。

（2）由不明确的内容改成明确具体的内容而引入原申请文件中没有的新的内容。

【例】　一件有关合成高分子化合物的发明专利申请,原申请文件中只记载在"较高的温度"下进行聚合反应。当申请人看到审查员引证的一份对比文件中记载了在40℃下进行同样的聚合反应后,将原说明书中"较高的温度"改成"高于40℃的温度"。虽然"高于40℃的温度"的提法包括在"较高的温度"范围内,但是,所属技术领域的技术人员,并不能从原申请文件中理解到"较高的温度"是指"高于40℃的温度"。因此,这种修改引入了新内容。

（3）将原申请文件中的几个分离的特征,改变成一种新的组合,而原申请文件没有明确提及这些分离的特征彼此间的关联。

（4）改变说明书中的某些特征,使得改变后反映的技术内容不同于原申请文件记载的内容,超出了原说明书和权利要求书记载的范围。

【例1】　一件有关多层层压板的发明专利申请,其原申请文件中描述了几种不同的层状安排的实施方式,其中一种结构是外层为聚乙烯。如果申请人修改说明书,将外层的聚乙烯改变为聚丙烯,那么,这种修改是不允许的。因为修改后的层压板完全不同于原来记载的层压板。

【例2】　原申请文件中记载了"例如螺旋弹簧支持物"的内容,说明书经修改后改变为"弹性支持物",导致将一个具体的螺旋弹簧支持方式,扩大到一切可能的弹性支持方式使所反映的技术内容超出了原说明书和权利要求书记载的范围。

【例3】　原申请文件中限定温度条件为10℃或者300℃,后来说明书中修改为10～300℃,如果根据原申请文件记载的内容不能直接地、毫无疑义地得到该温度范围,则该修改超出了原说明书和权利要求书记载的范围。

【例4】　原申请文件中限定组合物的某成分的含量为5%或者45%～60%,后来说明书中修改为5%～60%,如果根据原申请文件记载的内容不能直接地、毫无疑义地得到该含量范围,则该修改超出了原说明书和权利要求书记载的范围。

3）不允许的删除

（1）从独立权利要求中删除在原申请中明确认定为发明的必要技术特征的那些技术特征即删除在原说明书中始终作为发明的必要技术特征加以描述的那些技术特征；或者从权利要求中删除一个与说明书记载的技术方案有关的技术语；或者从权利要求中删除在说明书中明确认定的关于具体应用范围的技术特征。

例如，将"有肋条的侧壁"改成"侧壁"。又例如，原权利要求是"用于泵的旋转轴密封……"，修改后的权利要求是"旋转轴密封"。上述修改都是不允许的，因为在原说明书中找不到依据。

（2）从说明书中删除某些内容而导致修改后的说明书超出了原说明书和权利要求书记载的范围。例如，一件有关多层层压板的发明专利申请，其说明书中描述了几种不同的层状安排的实施方式，其中一种结构是外层为聚乙烯。如果申请人修改说明书，将外层的聚乙烯这一层去掉，那么，这种修改是不允许的。因为修改后的层压板完全不同于原来记载的层压板。

（3）如果在原说明书和权利要求书中没有记载某特征的原数值范围的其他中间数值，而鉴于对比文件公开的内容影响发明的新颖性和创造性，或者鉴于当该特征取原数值范围的某部分时发明不可能实施，申请人采用具体"放弃"的方式，从上述原数值范围中排除该部分，使得要求保护的技术方案中的数值范围从整体上看来明显不包括该部分，由于这样的修改超出了原说明书和权利要求书记载的范围，因此除非申请人能够根据申请原始记载的内容证明该特征取被"放弃"的数值时，本发明不可能实施，或者该特征取经"放弃"后的数值时，本发明具有新颖性和创造性，否则这样的修改不能被允许。例如，要求保护的技术方案中某一数值范围为 $X_1＝600～10000$，对比文件公开的技术内容与该技术方案的区别仅在于其所述的数值范围为 $X_2＝240～1500$，因为 X_1 与 X_2 部分重叠，故该权利要求无新颖性。申请人采用具体"放弃"的方式对 X_1 进行修改，排除 X_1 中与 X_2 相重叠的部分，即 $600～1500$，将要求保护的技术方案中该数值范围修改为 $X_1＝1500～10000$。如果申请人不能根据原始记载的内容和现有技术证明本发明在 $X_1＝1500～10000$ 的数值范围相对于对比文件公开的 $X_2＝240～1500$ 具有创造性，也不能证明 X_1 取 $600～1500$ 时，本发明不能实施，则这样的修改不能被允许。

4. 修改的具体形式

1）提交替换页

根据《专利法实施细则》第五十二条的规定，说明书或者权利要求书的修改部分，应当按照规定格式提交替换页。替换页的提交有以下两种方式。

（1）提交重新打印的替换页和修改对照表。这种方式适用于修改内容较多的说明书、权利要求书以及所有做了修改的附图。申请人在提交替换页的同时，要提交一份修改前后的对照明细表。

（2）提交重新打印的替换页和在原文复制件上作出修改的对照页。这种方式适用于修改内容较少的说明书和权利要求书。申请人在提交重新打印的替换页的同时提交直接在原文复制件上修改的对照页，使审查员更容易察觉修改的内容。

2）审查员依职权修改

通常，对申请的修改必须由申请人以正式文件的形式提出。对于申请文件中个别文字、标记的修改或者增删及对发明名称或者摘要的明显错误的修改，审查员可以依职权进行，并通知申请人。此时，应当使用钢笔、签字笔或者圆珠笔作出清楚明显的修改，而不得使用铅笔进行修改。

5.2.5 驳回决定

1. 驳回申请的条件

审查员在作出驳回决定之前，应当将其经实质审查认定申请属于《专利法实施细则》第五十三条规定的应予驳回情形的事实、理由和证据通知申请人，并给申请人至少一次陈述意见和/或修改申请文件的机会。

驳回决定一般应当在第二次审查意见通知书之后才能作出。但是，如果申请人在第一次审查意见通知书指定的期限内未针对通知书指出的可驳回缺陷提出有说服力的意见陈述和/或证据，也未针对该缺陷对申请文件进行修改或者修改仅是改正了错别字或更换了表述方式而技术方案没有实质上的改变，则审查员可以直接作出驳回决定。如果申请人对申请文件进行了修改，即使修改后的申请文件仍然存在用已通知过申请人的理由和证据予以驳回的缺陷，但只要驳回所针对的事实改变，就应当给申请人再一次陈述意见和/或修改申请文件的机会。但对于此后再次修改涉及同类缺陷的，如果修改后的申请文件仍然存在足以用已通知过申请人的理由和证据予以驳回的缺陷，则审查员可以直接作出驳回决定，无须再次发出审查意见通知书，以兼顾听证原则与程序节约原则。

2. 驳回的种类

《专利法实施细则》第五十三条规定的驳回发明专利申请的情形如下。

（1）专利申请的主题违反法律、社会公德或者妨害公共利益，或者申请的主题是违反法律、行政法规的规定获取或者利用遗传资源，并依赖该遗传资源完成的，或者申请的主题属于《专利法》第二十五条规定的不授予发明专利权的客体。

（2）专利申请不是对产品、方法或者其改进所提出的新的技术方案。

（3）专利申请所涉及的发明在中国完成，且向外国申请专利前未报经知识产权局进行保密审查的。

（4）专利申请的发明不具备新颖性、创造性或实用性。

（5）专利申请没有充分公开请求保护的主题，或者权利要求未以说明书为依据，或者权利要求未清楚、简要地限定要求专利保护的范围。

（6）专利申请是依赖遗传资源完成的发明创造，申请人在专利申请文件中没有说明该遗传资源的直接来源和原始来源；对于无法说明原始来源的，也没有陈述理由。

（7）专利申请不符合专利法关于发明专利申请单一性的规定。

（8）专利申请的发明是依照专利法第九条规定不能取得专利权的。

（9）独立权利要求缺少解决技术问题的必要技术特征。

（10）申请的修改或者分案的申请超出原说明书和权利要求书记载的范围。

3. 驳回决定正文的撰写

驳回决定应当包括如下两部分。标准表格：标准表格中各项应当按照要求填写完整；申请人有两个以上的，应当填写所有申请人的姓名或者名称。驳回决定正文：驳回决定正文包括案由、驳回的理由以及决定三部分。

1）**案由**

案由部分应当简要陈述申请的审查过程，特别是与驳回决定有关的情况，即历次的审查意见（包括所采用的证据）和申请人的答复概要、申请所存在的导致被驳回的缺陷以及驳回决定所针对的申请文本。

2）**驳回的理由**

在驳回理由部分，审查员应当详细论述驳回决定所依据的事实、理由和证据，尤其应当注意下列各项要求。

（1）正确选用法律条款。当可以同时根据《专利法》及其实施细则的不同条款驳回申请时，应当选择其中最为适合、占主导地位的条款作为驳回的主要法律依据，同时简要地指出申请中存在的其他实质性缺陷。

（2）以令人信服的事实、理由和证据作为驳回的依据，而且对于这些事实、理由和证据的听证，已经符合驳回申请的条件。

（3）对于不符合《专利法》第二十二条规定并且即使经过修改也不可能被授予专利权的申请，应当逐一地对每项权利要求进行分析。

驳回的理由要充分完整、说理透彻、逻辑严密、措辞恰当，不能只援引法律条款或者只作出断言。审查员在驳回理由部分还应当对申请人的争辩意见进行简要的评述。

3）决定

在决定部分,审查员应当写明驳回的理由属于《专利法实施细则》第五十三条的哪一种情形,并根据《专利法》第三十八条的规定引出驳回该申请的结论。

5.2.6　授予专利权的通知

1. 发出授予专利权的通知书的条件

发明专利申请经实质审查没有发现驳回理由的,知识产权局应当作出授予专利权的决定。在作出授予专利权的决定之前,应当发出授予发明专利权的通知书。授权的文本,必须是经申请人以书面形式最后确认的文本。

2. 发出授予专利权的通知书时应做的工作

在发出授予专利权的通知书前,允许审查员对准备授权的文本依职权作如下修改。

1）说明书方面

修改明显不适当的发明名称和/或发明所属技术领域;改正错别字、错误的符号、标记等;修改明显不规范的用语;增补说明书各部分所遗漏的标题;删除附图中不必要的文字说明等。

2）权利要求书方面

改正错别字、错误的标点符号、错误的附图标记、附图标记增加括号。但是,可能引起保护范围变化的修改,不属于依职权修改的范围。

3）摘要方面

修改摘要中不适当的内容及明显的错误。审查员所作的上述修改应当通知申请人。

5.2.7　实质审查程序的终止、中止和恢复、继续审查

1. 程序的终止

发明专利申请的实质审查程序,因审查员作出驳回决定且决定生效,或者发出授予专利权的通知书,或者因申请人主动撤回申请,或者因申请被视为撤回而终止。

对于驳回或者授权的申请,审查员应当在其案卷封面上的"实审"一栏内写明"驳回"或者"授权"字样,并且盖章。

2. 程序的中止

实质审查程序可能因专利申请权归属纠纷的当事人根据《专利法实施细则》第八十六条第一款的规定提出请求而中止或因财产保全而中止。一旦审查员接到程序中止调回案

卷的通知,应当在规定的期限内将案卷返还流程管理部门。

对于因专利申请权归属纠纷当事人的请求而中止的实质审查程序,在知识产权局收到发生法律效力的调解书或判决书后,凡不涉及权利人变动的,应及时予以恢复;涉及权利人变动的,在办理相应的著录项目变更手续后予以恢复。若自上述请求中止之日起一年内,专利申请权归属纠纷未能结案,请求人又未请求延长中止的,知识产权局将自行恢复被中止的实质审查程序。审查员在接到流程管理部门送达的有关恢复审查程序的书面通知和专利申请案卷后,应当重新启动实质审查程序。

3. 前置审查与复审后的继续审查

根据《专利法实施细则》第六十二条的规定,审查员应当对专利复审委员会转送的复审请求书进行前置审查,并在收到转交的案卷之日起一个月内作出前置审查意见书,该前置审查意见书随案卷转送专利复审委员会,由专利复审委员会作出复审决定。

专利复审委员会作出撤销知识产权局的驳回决定的复审决定后,审查员应当对专利申请进行继续审查。对继续审查的要求适用本章的规定,但在继续审查过程中,审查员不得以同事实、理由和证据作出与该复审决定意见相反的驳回决定。

第6章 实用新型专利申请的初步审查

新型专利申请的初步审查是受理实用新型专利申请之后、授予专利权之前的一个必要程序。根据《专利法》第三条和第四十条的规定,知识产权局受理和审查实用新型专利申请,经初步审查没有发现驳回理由的,作出授予实用新型专利权的决定,发给相应的专利证书,同时予以登记和公告。

6.1 实用新型专利申请初步审查的范围

1. 申请文件的形式审查

包括专利申请是否包含《专利法》第二十六条规定的申请文件,以及这些文件是否符合《专利法实施细则》第四条、第十六条第一款、第十七条至第二十四条、第五十一条、第五十二条、第一百一十八条、第一百二十条的规定。

2. 申请文件的明显实质性缺陷审查

包括专利申请是否明显属于《专利法》第五条、第二十五条的规定,或者不符合《专利法》第十八条、第十九条第一款的规定,或者明显不符合《专利法》第二十六条第三款或第四款、第三十一条第一款、第三十三条或《专利法实施细则》第二条第二款、第十三条第一款、第十八条至第二十三条、第四十三条第一款的规定,或者依照《专利法》第九条规定不能取得专利权。

3. 其他文件的形式审查

包括与专利申请有关的其他手续和文件是否符合《专利法》第二十四条、第二十九条、第三十条以及《专利法实施细则》第七条、第十四条、第十六条第三款和第四款、第三十一条、第三十二条、第三十三条、第三十四条、第三十七条、第四十一条、第四十二条、第四十三条第二款和第三款、第四十五条、第八十六条、第九十八条的规定。

4. 有关费用的审查

包括专利申请是否按照《专利法实施细则》第九十条、第九十二条、第九十三条、第九十七条的规定缴纳了相关费用。

6.2　审　查　原　则

初步审查程序中,应当遵循以下审查原则。

1. 保密原则

审查员在专利申请的审批程序中,根据有关保密规定,对于尚未公布公告的专利申请文件和与专利申请有关的其他内容,以及其他不适宜公开的信息负有保密责任。

2. 书面审查原则

审查员应当以申请人提交的书面文件为基础进行审查,审查意见(包括补正通知)和审查结果应当以书面形式通知申请人。初步审查程序中,原则上不进行会晤。

3. 听证原则

审查员在作出驳回决定之前,应当将驳回所依据的事实、理由和证据通知申请人,至少给申请人一次陈述意见和/或修改申请文件的机会。审查员作出驳回决定时驳回决定所依据的事实、理由和证据,应当是已经通知过申请人的,不得包含新的事实、理由和/或证据。

4. 程序节约原则

在符合规定的情况下,审查员应当尽可能提高审查效率,缩短审查过程。对于存在可以通过补正克服的缺陷的申请,审查员应当进行全面审查,并尽可能在一次补正通知书中指出全部缺陷。对于存在不可能通过补正克服的实质性缺陷的申请,审查员可以不对申请文件和其他文件的形式缺陷进行审查,在审查意见通知书中可以仅指出实质性缺陷。

除遵循以上原则外,审查员在作出视为未提出、视为撤回、驳回等处分决定的同时,应当告知申请人可以启动的后续程序。

6.3　审　查　程　序

6.3.1　授予专利权通知

实用新型专利申请经初步审查没有发现驳回理由的,审查员应当作出授予实用新型专利权通知。能够授予专利权的实用新型专利申请包括不需要补正就符合初步审查要求的专利申请,以及经过补正符合初步审查要求的专利申请。

6.3.2 申请文件的补正

初步审查中,对申请文件存在可以通过补正克服的缺陷的专利申请,审查员应当进行全面审查,并发出补正通知书。经申请人补正后,申请文件仍然存在缺陷的,审查员应当再次发出补正通知书。

补正通知书除收件人信息、著录项目外,还应包括如下内容。

(1)指出补正通知书所针对的是申请人何时提交的何种文件。

(2)明确具体地指出申请文件中存在的缺陷,并指出其不符合《专利法》及其实施细则的有关条款。

(3)明确具体地说明审查员的倾向性意见和可能的建议,使申请人能够理解审查员的意图。

(4)指定申请人补正的期限。

(5)提示申请人补正时的文件种类和数量要求。

6.3.3 明显实质性缺陷的处理

初步审查中,对申请文件存在不可能通过补正方式克服的明显实质性缺陷的专利申请,审查员应当发出审查意见通知书。

审查意见通知书除收件人信息、著录项目外,还应包括如下内容。

(1)指出审查意见通知书所针对的是申请人何时提交的何种文件。

(2)明确具体地指出申请文件中存在的缺陷,并指出其不符合《专利法》及其实施细则的有关条款。

(3)说明审查员将根据《专利法》及其实施细则的有关规定准备驳回专利申请的倾向性意见。

(4)指定申请人陈述意见的期限。

6.3.4 通知书的答复

申请人在收到补正通知书或者审查意见通知书后,应当在指定的期限内补正或者陈述意见。申请人对专利申请进行补正的,应当提交补正书和相应修改文件替换页。申请文件的修改替换页应当一式两份,其他文件只需提交一份。对申请文件的修改,应当按照补正通知书的要求进行。修改的内容不得超出申请日提交的说明书和权利要求书记载的范围。

申请人期满未答复的，审查员应当根据情况发出视为撤回通知书或者其他通知书。申请人因正当理由难以在指定的期限内作出答复的，可以提出延长期限请求。

对因正当理由或者因不可抗拒事由耽误期限而导致专利申请被视为撤回的，申请人可以在规定的期限内向知识产权局提出恢复权利的请求。

6.3.5　申请的驳回

申请文件存在明显实质性缺陷，在审查员发出审查意见通知书后，经申请人陈述意见或者修改后仍然没有消除的，或者申请文件存在形式缺陷，审查员针对该缺陷已发出过两次补正通知书，经申请人陈述意见或者补正后仍然没有消除的，审查员可以作出驳回决定。

驳回决定正文包括案由、驳回的理由以及决定三部分。案由部分应当简述被驳回申请的审查过程，并对申请中需要驳回的事实进行认定。在驳回的理由部分，应当详细论述驳回决定所依据的事实、理由和证据，尤其应当注意下列各项要求。

（1）正确选用法律条款。当可以同时根据《专利法》及其实施细则的不同条款驳回专利申请时，应当选择其中最为适合、占主导地位的条款作为驳回的主要法律依据，同时简要地指出专利申请中存在的其他实质性缺陷。

（2）以令人信服的事实、理由和证据作为驳回的依据，而且对于这些事实、理由和证据的听证，应当已经通知过申请人，并且给申请人至少一次陈述意见／或修改申请文件机会。已经符合驳回申请的条件，审查员在驳回理由部分还应当对申请人的争辩意见进行简要的评述。

决定部分，应当明确指出该专利申请不符合《专利法》及其实施细则的相应条款，并说明根据《专利法实施细则》第四十四条的规定驳回该专利申请。

6.3.6　前置审查和复审后的处理

因不符合专利法及其实施细则的规定，专利申请被驳回，申请人对驳回决定不服的，可以在规定的期限内向专利复审委员会提出复审请求。

6.4　实用新型技术方案审查

根据《专利法实施细则》第二条第二款的规定，专利法所称实用新型，是指对产品的形状、构造或者其结合所提出的适于实用的新的技术方案。

6.4.1 实用新型专利只保护产品

根据《专利法实施细则》第二条第二款的规定,实用新型专利只保护产品。所述产品应当是经过产业方法制造的,有确定形状、构造且占据一定空间的实体。

一切方法以及未经人工制造的自然存在的物品不属于实用新型专利保护的客体。

上述方法包括产品的制造方法、使用方法、通信方法、处理方法、计算机程序以及将产品用于特定用途等。

例如,齿轮的制造方法、工作间的除尘方法或数据处理方法,自然存在的雨花石等不属于实用新型专利保护的客体。

一项发明创造可能既包括对产品形状、构造的改进,也包括对生产该产品的专用方法、工艺或构成该产品的材料本身等方面的改进。但是实用新型专利仅保护针对产品形状、构造提出的技术方案。

应当注意的是,如果权利要求中既包含形状、构造特征,又包含对方法本身提出的技术方案,则不属于实用新型专利保护的客体。例如,一种木质牙签,主体形状为圆柱形,端部为圆锥形,其特征在于:木质牙签加工成形后,浸泡于医用杀菌剂中 5～20min,然后取出晾干。由于该权利要求包含对方法本身提出的技术方案,因而不属于实用新型专利保护的客体。但是,以现有技术中已知方法的名称限定产品的形状、构造的,例如,以焊接、铆接等已知方法名称限定各部件连接关系的,不属于对方法本身提出的技术方案。

6.4.2 产品的形状

产品的形状是指产品所具有的、可以从外部观察到的确定的空间形状。

对产品形状所提出的技术方案可以是对产品的三维形态所提出的技术方案,例如,对凸轮形状、刀具形状作出的改进;也可以是对产品的二维形态所提出的技术方案,例如,对型材的断面形状的改进。

无确定形状的产品,例如,气态、液态、粉末状、颗粒状的物质或材料,其形状不能作为实用新型产品的形状特征。

应当注意的是:

(1)不能以生物的或者自然形成的形状作为产品的形状特征。例如,不能以植物盆景中植物生长所形成的形状作为产品的形状特征,也不能以自然形成的假山形状作为产品的形状特征。

(2)不能以摆放、堆积等方法获得的非确定的形状作为产品的形状特征。

（3）允许产品中的某个技术特征为无确定形状的物质,如气态、液态、粉末状、颗粒状物质,只要其在该产品中受该产品结构特征的限制即可。例如,对温度计的形状构造所提出的技术方案中允许写入无确定形状的酒精。

（4）产品的形状可以是在某种特定情况下所具有的确定的空间形状。例如,具有新颖形状的冰杯、降落伞等。又如,一种用于钢带运输和存放的钢带包装壳,由内钢圈、外钢圈捆带、外护板以及防水复合纸等构成,若其各部分按照技术方案所确定的相互关系将钢带包装起来后形成确定的空间形状,这样的空间形状不具有任意性,则钢带包装壳属于实用新型专利保护的客体。

6.4.3　产品的构造

产品的构造是指产品的各个组成部分的安排、组织和相互关系。

产品的构造可以是机械构造,也可以是线路构造。机械构造是指构成产品的零部件的相对位置关系、连接关系和必要的机械配合关系等;线路构造是指构成产品的元器件之间的确定的连接关系。

复合层可以认为是产品的构造,产品的渗碳层、氧化层等属于复合层结构。

物质的分子结构、组分、金相结构等不属于实用新型专利给予保护的产品的构造。例如,仅改变焊条药皮成分的电焊条不属于实用新型专利保护的客体。

应当注意的是,如果权利要求中既包含形状、构造特征,又包含对材料本身提出的技术方案,则不属于实用新型专利保护的客体。例如,一种菱形药片,其特征在于,该药片是由 20％的 A 组分、40％的 B 组分及 40％的 C 组分构成的。由于该权利要求包含对材料本身提出的技术方案,因而不属于实用新型专利保护的客体。但是将现有技术中已知的材料应用于具有形状、构造的产品上,例如,复合木地板、塑料杯、记忆合金制成的心脏导管支架等,不属于对材料本身提出的技术方案。

6.4.4　技术方案

技术方案是对要解决的技术问题所采取的利用了自然规律的技术手段的集合。技术手段通常是由技术特征来体现的。未采用技术手段解决技术问题,以获得符合自然规律的技术效果的方案,不属于实用新型专利保护的客体。

产品的形状以及表面的图案、色彩或者其结合的新方案,没有解决技术问题的,不属于实用新型专利保护的客体。产品表面的文字、符号、图表或者其结合的新方案,不属于实用新型专利保护的客体。例如,仅改变按键表面文字、符号的计算机或手机键盘;以十二生肖形状为装饰的开罐刀；建筑平面设计图仅以表面图案设计为区别特征的棋类、牌类，如古诗扑克等。

6.4.5　适于实用的新的技术方案

《专利法实施细则》第二条第二款是对可获得专利保护的实用新型的一般性定义，而不是判断新颖性、创造性、实用性的具体审查标准。

因此，在初步审查中，对于要求保护的技术方案是否满足"新的""适于实用"的一般性要求，审查员通常仅需根据申请文件的描述判断其相对于背景技术是否作出了改进以及能否在产业上应用并产生有用的效果。

6.5　申请文件的审查

除请求书外，实用新型专利的主要申请文件的审查如下。

6.5.1　说明书

初步审查中，对说明书是否明显不符合《专利法》第二十六条第三款以及《专利法实施细则》第十八条的规定进行审查。

说明书的审查包括下述内容。

(1) 说明书应当对实用新型作出清楚、完整的说明，以所属技术领域的技术人员能够实现为准；所属技术领域的技术人员能够实现，是指所属技术领域的技术人员按照说明书记载的内容，就能够实现该实用新型的技术方案，解决其技术问题，并且产生预期的技术效果。

(2) 说明书应当写明实用新型的名称，该名称应当与请求书中的名称一致，说明书还应当包括技术领域、背景技术、实用新型内容、附图说明和具体实施方式五部分，并且在每个部分前面写明标题。

(3) 说明书中实用新型内容部分应当描述实用新型所要解决的技术问题、解决其技术问题所采用的技术方案、对照背景技术写明实用新型的有益效果，并且所要解决的技术问题、所采用的技术方案和有益效果应当相互适应，不得出现相互矛盾或不相关联的情形。

(4) 说明书中记载的实用新型内容应当与权利要求所限定的相应技术方案的表述相一致。

(5) 说明书中应当写明各幅附图的图名，并且对图示的内容做简要说明。附图不止一幅的,应当对所有附图作出图面说明。

(6) 说明书中具体实施方式部分至少应给出一个实现该实用新型的优选方式,并且应当对照附图进行说明。

(7) 说明书应当用词规范、语句清楚,用技术语准确地表达实用新型的技术方案,并不得使用"如权利要求……所述的……"一类的引用语,也不得使用商业性宣传用语及贬低他人或者他人产品的词句。

(8) 说明书文字部分可以有化学式、数学式或者表格,但不得有插图,包括流程图、方框图、曲线图、相图等,它们只可以作为说明书的附图。

(9) 说明书文字部分写有附图说明但说明书无附图或者缺少相应附图的,应当通知申请人删除说明书文字部分的附图说明,或者在指定的期限内补交相应附图。申请人补交附图的,以向知识产权局提交或者邮寄补交附图之日为申请日,审查员应当发出重新确定申请日通知书,并修改数据库中的申请日。申请人删除相应附图说明的,保留原申请日。

(10) 说明书应当用阿拉伯数字顺序编写页码。

6.5.2　说明书附图

附图是说明书的一个组成部分。附图的作用在于用图形补充说明书文字部分的描述,使人能够直观地、形象地理解实用新型的每个技术特征和整体技术方案。因此,说明书附图应该清楚地反映实用新型的内容。

根据《专利法实施细则》第十七条第五款和第十八条的规定对说明书附图进行审查。说明书附图的审查包括下述内容。

(1) 附图不得使用工程蓝图、照片。

(2) 附图应当使用包括计算机在内的制图工具和黑色墨水绘制,线条应当均匀清晰,并不得着色和涂改;附图的周围不得有与图无关的框线。

(3) 附图应当用阿拉伯数字顺序编号,用图 1、图 2 等表示,并应当标注在相应附图的正下方。

(4) 附图应当尽量竖向绘制在图纸上,彼此明显分开。当零件横向尺寸明显大于竖向尺寸必须水平布置时,应当将附图的顶部置于图纸的左边。一页图纸上有两幅以上的附图,且有一幅已经水平布置时,该页上其他附图也应当水平布置。

(5) 附图的大小及清晰度,应当保证在该图缩小到三分之二时仍能清晰地分辨出图中的各个细节,以能够满足复印、扫描的要求为准。

(6) 一件专利申请有多幅附图时,在用于表示同一实施方式的各附图中,表示同一组成部分(同一技术特征或者同一对象)的附图标记应当一致。说明书中与附图中使用的相同的附图标记应当表示同一组成部分。说明书文字部分中未提及的附图标记不得在附图中出现,附图中未出现的附图标记也不得在说明书文字部分中提及。

(7) 附图中除必需的词语外,不得含有其他的注释,词语应当使用中文,必要时,可以在其后的括号里注明原文。

(8) 结构框图、逻辑框图、工艺流程图应当在其框内给出必要的文字和符号。

(9) 同一幅附图中应当采用相同比例绘制,为清楚显示其中某一组成部分时可增加一幅局部放大图。

(10) 说明书附图中,同一幅附图中应当采用相同比例绘制,为清楚显示其中某一组成部分时可增加一幅局部放大图。

(11) 说明书附图中应当有表示要求保护的产品的形状、构造或者其结合的附图,不得仅有表示现有技术的附图,也不得仅有表示产品效果、性能的附图,例如,温度变化曲线图等。

(12) 说明书附图应当用阿拉伯数字顺序编写页码。

6.5.3 权利要求书

初步审查中,对权利要求书是否明显不符合《专利法》第二十六条第四款以及《专利法实施细则》第十九条至第二十二条的规定进行审查。

权利要求书的审查包括下述内容。

(1) 权利要求书应当以说明书为依据,清楚、简要地限定要求专利保护的范围。

(2) 权利要求书应当记载实用新型的技术特征。

(3) 独立权利要求应当从整体上反映实用新型的技术方案:除必须用其他方式表达的以外,独立权利要求应当包括前序部分和特征部分,前序部分应写明要求保护的实用新型技术方案的主题名称和实用新型主题与最接近的现有技术共有的必要技术特征,特征部分使用"其特征是……"或者类似的用语,写明实用新型区别于最接近的现有技术的技术特征。

(4) 从属权利要求应当用附加技术特征,对引用的权利要求进行进一步的限定,其撰写应当包括引用部分和限定部分,引用部分写明引用的权利要求的编号及与独立权利要求一致的主题名称,限定部分写明实用新型附加的技术特征。

(5) 一项实用新型应当只有一个独立权利要求,并应写在同一项实用新型的从属权利要求之前。

（6）在权利要求中作出记载但未记载在说明书中的内容应当补入说明书中。

（7）权利要求中不得包含不产生技术效果的特征。

（8）权利要求中一般不得含有用图形表达的技术特征。

（9）权利要求中应当尽量避免使用功能或者效果特征来限定实用新型，特征部分不得单纯描述实用新型功能，只有在某一技术特征无法用结构特征来限定，或者技术特征用结构特征限定不如用功能或者效果特征来限定更为恰当，而且该功能或者效果在说明书中有充分说明时，使用功能或者效果特征来限定实用新型才可能是允许的。

（10）权利要求中不得使用技术概念模糊或含义不确定的用语。

（11）权利要求中不得使用与技术方案的内容无关的词句，例如，"请求保护该专利的生产、销售权"等，也不得使用商业性宣传用语及贬低他人或者他人产品的词句。

此外，权利要求书还应当符合下列形式要求。

（1）每项权利要求仅允许在权利要求的结尾处使用句号；一项权利要求可以用一个自然段表述，也可以在一个自然段中分行或者分小段表述，分行和分小段处只可用分号或逗号，必要时可在分行或小段前给出其排序的序号。

（2）权利要求书不得加标题。

（3）权利要求书中有几项权利要求的，应当用阿拉伯数字顺序编号。

（4）权利要求中可以有化学式或者数学式，但不得有插图，通常也不得有表格。除绝对必要外，不得使用"如说明书……部分所述"或者"如图……所示"的用语。

（5）权利要求中的技术特征可以引用说明书附图中相应的标记，以帮助理解权利要求所记载的技术方案。但是，这些标记应当用括号括起来，并放在相应的技术特征后面，权利要求中使用的附图标记，应当与说明书附图标记一致。

（6）从属权利要求只能引用在前的权利要求。引用两项以上权利要求的多项从属权利要求只能以择一方式引用在前的权利要求，并不得作为被另一项多项从属权利要求的基础，即在后的多项从属权利要求不得引用在前的多项从属权利要求。

（7）权利要求书应当用阿拉伯数字顺序编写页码。

6.5.4　说明书摘要

根据《专利法实施细则》第二十四条的规定，对说明书摘要进行审查。说明书摘要的审查包括下述内容。

（1）摘要应当写明实用新型的名称和所属的技术领域，清楚反映所要解决的技术问题、解决该问题的技术方案的要点以及主要用途，尤其应当写明反映该实用新型相对于背景技术在形状和构造上作出改进的技术特征,不得写成广告或者单纯功能性的产品介绍。

(2)摘要不得用实用新型名称作为标题。

(3)摘要可以有化学式或数学式。

(4)摘要文字部分(包括标点符号)不得超过 300 个字。

(5)说明书摘要应当有摘要附图,申请人应当提交一幅从说明书附图中选出的能够反映技术方案的附图作为摘要附图。

6.6　实用新型专利申请文件的修改

根据《专利法》第三十三条的规定,申请人可以对其实用新型专利申请文件进行修改,但是,对申请文件的修改不得超出原说明书和权利要求书记载的范围。

如果申请人对申请文件进行修改时,加入了所属技术领域的技术人员不能从原说明书和权利要求书中直接地、毫无疑义地确定的内容,这样的修改被认为超出了原说明书和权利要求书记载的范围。

申请人从申请中删掉某个或者某些特征,也有可能导致超出原说明书和权利要求书记载的范围。

说明书中补入原权利要求书中记载而原说明书中没有描述过的技术特征,并做了扩大其内容的描述的,被认为修改超出了原说明书和权利要求书记载的范围。

说明书中补入原说明书和权利要求书中没有记载的技术特征并且借助原说明书附图表示的内容不能毫无疑义地确定的,被认为修改超出了原说明书和权利要求书记载的范围。

应当注意的事项如下。

(1)对明显错误的更正,不能被认为超出了原说明书和权利要求书记载的范围。所谓明显错误,是指不正确的内容可以从原说明书、权利要求书的上下文中清楚地判断出来,没有做其他解释或者修改的可能。

(2)对于附图中明显可见并有唯一解释的结构,允许补入说明书并写入权利要求书中。根据《专利法实施细则》第五十一条的规定,申请人可以自申请日起两个月内对实用新型专利申请文件主动提出修改。此外,申请人在收到知识产权局的审查意见通知书或者补正通知书后,应当按照通知书的要求对专利申请文件进行修改。

6.6.1　申请人主动修改

对于申请人的主动修改,审查员应当首先核对提出修改的日期是否在自申请日起两个月内。对于超过两个月的修改，如果修改的文件消除了原申请文件存在的缺陷，并且具有被授权的前景，则该修改文件可以接受。对于不接受的修改文件，审查员应当发出视为未提出通知书。

对于在两个月内提出的主动修改，审查员应当审查其修改是否超出原说明书和权利要求书记载的范围。修改超出原说明书和权利要求书记载的范围的，审查员应当发出审查意见通知书，通知申请人该修改不符合《专利法》第三十三条的规定。申请人陈述意见或补正后仍然不符合规定的，审查员可以根据《专利法》第三十三条和《专利法实施细则》第四十四条的规定作出驳回决定。

6.6.2　按照通知书要求修改

对于按照通知书要求进行的修改，审查员应当审查该修改是否超出原说明书和权利要求书记载的范围以及是否按照通知书要求进行修改。申请人提交的修改文件超出了原说明书和权利要求书记载的范围的，审查员应当发出审查意见通知书，通知申请人该修改不符合《专利法》第三十三条的规定。申请人陈述意见或补正后仍然不符合规定的，审查员可以根据《专利法》第三十三条和《专利法实施细则》第四十四条的规定作出驳回决定。

6.6.3　审查员依职权修改

审查员在作出授予实用新型专利权通知前，可以对准备授权的文本依职权进行修改。依职权修改的内容如下。

1. 说明书方面

修改明显不适当的实用新型名称和/或所属技术领域；改正错别字、错误的符号、标记等；修改明显不规范的用语；增补说明书各部分所遗漏的标题；删除附图中不必要的文字说明等。

2. 权利要求书方面

改正错别字、错误的标点符号、错误的附图标记、附图标记增加括号。但是，可能引起保护范围变化的修改，不属于依职权修改的范围。

3. 摘要方面

修改摘要中不适当的内容及明显的错误，指定摘要附图。审查员依职权修改的内容，应当在案卷中记载并通知申请人。

第7章 外观设计专利申请的初步审查

外观设计专利申请的初步审查是受理外观设计专利申请之后、授予专利权之前的一个必要程序。根据《专利法》第三条和第四十条的规定,知识产权局受理和审查外观设计专利申请,经初步审查没有发现驳回理由的,作出授予外观设计专利权的决定,发给相应的专利证书,同时予以登记和公告。

7.1 外观设计专利申请初步审查的范围

1. 申请文件的形式审查

包括专利申请是否具备《专利法》第二十七条第一款规定的申请文件,以及这些文件是否符合《专利法实施细则》第二条、第三条第一款、第十六条、第二十七条、第二十八条、第二十九条、第三十五条第三款、第五十一条、第五十二条、第百一十九条、第一百二十一条的规定。

2. 申请文件的明显实质性缺陷审查

包括专利申请是否明显属于《专利法》第五条第一款、第二十五条第一款第(六)项规定的情形,或者不符合《专利法》第十八条、第十九条第一款的规定,或者明显不符合《专利法》第二条第四款、第二十三条第一款、第二十七条第二款、第三十一条第二款、第三十三条,以及《专利法实施细则》第四十三条第一款的规定,或者依照《专利法》第九条规定不能取得专利权。

3. 其他文件的形式审查

包括与专利申请有关的其他手续和文件是否符合《专利法》第二十四条、第二十九条第一款、第三十条,以及《专利法实施细则》第六条、第十五条第三款和第四款、第三十条、第三十一条、第三十二条第一款、第三十三条、第三十六条、第四十二条、第四十三条第二款和第三款、第四十五条、第八十六条、第一百条的规定。

4. 有关费用的审查

包括专利申请是否按照《专利法实施细则》第九十三条、第九十五条、第九十九条的规定缴纳了相关费用。

7.2 审查原则

初步审查程序中,应当遵循以下审查原则。

1. 保密原则

审查员在专利申请的审批程序中,根据有关保密规定,对于尚未公布公告的专利申请文件和与专利申请有关的其他内容,以及其他不适宜公开的信息负有保密责任。

2. 书面审查原则

审查员应当以申请人提交的书面文件为基础进行审查,审查意见(包括补正通知)和审查结果应当以书面形式通知申请人。初步审查程序中,原则上不进行会晤。

3. 听证原则

审查员在作出驳回决定之前,应当将驳回所依据的事实、理由和证据通知申请人,至少给申请人一次陈述意见和/或修改申请文件的机会。审查员作出驳回决定时,驳回决定所依据的事实、理由和证据,应当是已经通知过申请人的,不得包含新的事实、理由和/或证据。

4. 程序节约原则

在符合规定的情况下,审查员应当尽可能提高审查效率,缩短审查过程。对于存在可以通过补正克服的缺陷的申请,审查员应当进行全面审查,并尽可能在一次补正通知书中指出全部缺陷。对于存在不可能通过补正克服的实质性缺陷的申请,审查员可以不对申请文件和其他文件的形式缺陷进行审查,在审查意见通知书中可以仅指出实质性缺陷。除遵循以上原则外,审查员在作出视为未提出、视为撤回、驳回等处分决定的同时,应当告知申请人可以启动的后续程序。

7.3 审查程序

7.3.1 授予专利权通知

外观设计专利申请经初步审查没有发现驳回理由的,审查员应当作出授予外观设计专利权通知。能够授予专利权的外观设计专利申请包括不需要补正就符合初步审查要求的专利申请,以及经过补正符合初步审查要求的专利申请。

7.3.2　申请文件的补正

初步审查中,对于申请文件存在可以通过补正克服的缺陷的专利申请,审查员应当进行全面审查,并发出补正通知书。

经申请人补正后,申请文件仍然存在缺陷的,审查员应当再次发出补正通知书。补正通知书除收件人信息、著录项目外,还应包括如下内容。

(1)指出补正通知书所针对的是申请人何时提交的何种文件。

(2)明确、具体地指出申请文件中存在的缺陷,并指出其不符合《专利法》及其实施细则的有关条款。

(3)明确、具体地说明审员的倾向性意见和可能的建议,使申请人能够理解审查员的意图。

(4)指定申请人答复补正通知书的期限。

7.3.3　明显实质性缺陷的处理

初步审查中,对于申请文件存在不可能通过补正方式克服的明显实质性缺陷的专利申请,审查员应当发出审查意见通知书。审查意见通知书除收件人信息、著录项目外,还应包括如下内容。

(1)指出审查意见通知书所针对的是申请人何时提交的何种文件。

(2)明确、具体地指出申请文件中存在的缺陷,并指出其不符合《专利法》及其实施细则的有关条款,对申请文件存在明显实质性缺陷的事实,必要时还应结合有关证据进行分析。

(3)说明审查员将根据《专利法》及其实施细则的有关规定准备驳回专利申请的倾向性意见。

(4)指定申请人答复审查意见通知书的期限。

7.3.4　通知书的答复

申请人在收到补正通知书或者审查意见通知书后,应当在指定的期限内补正或者陈述意见。申请人对专利申请进行补正的,应当提交补正书和相应修改文件替换页。申请文件的修改替换页应当一式两份,其他文件只需提交一份。对申请文件的修改,应当针对通知书指出的缺陷进行。修改的内容不得超出申请日提交的图片或者照片表示的范围。

申请人期满未答复的,审查员应当根据情况发出视为撤回通知书或者其他通知书。

申请人因正当理由难以在指定的期限内作出答复的,可以提出延长期限请求。对于因不可抗拒事由或者因其他正当理由耽误期限而导致专利申请被视为撤回的,申请人可以在规定的期限内向知识产权局提出恢复权利的请求。

7.3.5　申请的驳回

申请文件存在明显的实质性缺陷,在审查员发出审查意见通知书后,经申请人陈述意见或者修改后仍然没有消除的,或者申请文件存在形式缺陷,审查员针对该缺陷已发出过两次补正通知书,经申请人陈述意见或者补正后仍然没有消除的,审查员可以作出驳回决定。

驳回决定正文应当包括案由、驳回的理由和决定三部分内容。

案由部分应当简述被驳回申请的审查过程,即历次的审查意见和申请人的答复概要、申请所存在的导致被驳回的缺陷以及驳回决定所针对的申请文本。

驳回的理由部分应当说明驳回的事实、理由和证据,并符合下列要求。

(1) 正确选用法律条款。当可以同时根据《专利法》及其实施细则的不同条款驳回专利申请时,应当选择其中最适合、占主导地位的条款作为驳回的主要法律依据,同时简要地指出专利申请中存在的其他缺陷。

(2) 以令人信服的事实、理由和证据作为驳回的依据,而且对于这些事实、理由和证据,应当已经通知过申请人,并已给申请人至少一次陈述意见和/或修改申请文件的机会。审查员在驳回理由部分还应当对申请人的争辩意见进行简要的评述。

决定部分应当明确指出该专利申请不符合专利法及其实施细则的相应条款,并说明根据《专利法实施细则》第四十四条第二款的规定驳回该专利申请。

7.3.6　前置审查与复审后的处理

因不符合《专利法》及其实施细则的规定,专利申请被驳回,申请人对驳回决定不服的,可以在规定的期限内向专利复审委员会提出复审请求。

7.4　申请文件的审查

根据《专利法》第二十七条的规定,申请外观设计专利的,应当提交请求书、该外观设计的图片或者照片以及对该外观设计的简要说明等文件;申请人提交的有关图片或者照片应当清楚地显示要求专利保护的产品的外观设计。

7.4.1　使用外观设计的产品名称

使用外观设计的产品名称对图片或者照片中表示的外观设计所应用的产品种类具有说明作用。使用外观设计的产品名称应当与外观设计图片或者照片中表示的外观设计相符合,准确、简明地表明要求保护的产品的外观设计。产品名称一般应当符合国际外观设计分类表中小类列举的名称。

产品名称一般不得超过 20 个字。

产品名称通常还应当避免下列情形。

(1) 含有人名、地名、国名、单位名称、商标、代号、型号或以历史时代命名的产品名称。

(2) 概括不当、过于抽象的名称,例如,"文具""炊具""乐器""建筑用物品"等。

(3) 描述技术效果、内部构造的名称,例如,"节油发动机""人体增高鞋垫""装有新型发动机的汽车"等。

(4) 附有产品规格、大小、规模、数量单位的名称,例如,"21 英寸电视机""中型书柜""一副手套"等。

(5) 以外国文字或无确定的中文意义的文字命名的名称,例如,"克莱斯酒瓶"。但已经众所周知并且含义确定的文字可以使用,例如,"DVD 播放机""LED 灯""USB 集线器"等。

7.4.2　外观设计图片或者照片

《专利法》第五十九条第二款规定,外观设计专利权的保护范围以表示在图片或者照片中该产品的外观设计为准,简要说明可以用于解释图片或者照片所表示的该产品的外观设计。《专利法》第二十七条第二款规定,申请人提交的有关图片或者照片应当清楚地显示要求专利保护的产品的外观设计。

就立体产品的外观设计而言,产品设计要点涉及六个面的,应当提交六面正投影视图;产品设计要点仅涉及一个或几个面的,应当至少提交所涉及面的正投影视图和立体图,并应当在简要说明中写明省略视图的原因。

就平面产品的外观设计而言,产品设计要点涉及一个面的,可以仅提交该面正投影视图;产品设计要点涉及两个面的,应当提交两面正投影视图。

必要时,申请人还应当提交该外观设计产品的展开图、剖视图、剖面图、放大图以及变化状态图。

此外,申请人可以提交参考图,参考图通常用于表明使用外观设计的产品的用途、使用方法或者使用场所等。

色彩包括黑白灰系列和彩色系列。对于简要说明中声明请求保护色彩的外观设计专利申请,图片的颜色应当着色牢固、不易褪色。

1. 视图名称及其标注

六面正投影视图的视图名称,是指主视图、后视图、左视图、右视图、俯视图和仰视图。其中,主视图所对应的面应当是使用时通常朝向消费者的面或者最大程度反映产品的整体设计的面。例如,带杯把的杯子的主视图应是杯把在侧边的视图。

各视图的视图名称应当标注在相应视图的正下方。

对于成套产品,应当在其中每件产品的视图名称前以阿拉伯数字顺序编号标注,并在编号前加"套件"字样。例如,对于成套产品中的第 4 套件的主视图,其视图名称为:套件 4 主视图。

对于同一产品的相似外观设计,应当在每个设计的视图名称前以阿拉伯数字顺序编号标注,并在编号前加"设计"字样。例如,"设计 1 主视图"。

组件产品,是指由多个构件相结合构成的一件产品。分为无组装关系、组装关系唯一或者组装关系不唯一的组件产品。

对于组装关系唯一的组件产品,应当提交组合状态的产品视图;对于无组装关系或者组装关系不唯一的组件产品,应当提交各构件的视图,并在每个构件的视图名称前以阿拉伯数字顺序编号标注,并在编号前加"组件"字样。例如,对于组件产品中的第 3 组件的左视图,其视图名称为:组件 3 左视图。对于有多种变化状态的产品的外观设计,应当在其显示变化状态的视图名称后,以阿拉伯数字顺序编号标注。

2. 图片的绘制

图片应当参照我国技术制图和机械制图国家标准中有关正投影关系、线条宽度以及剖切标记的规定绘制,并应当以粗细均匀的实线表达外观设计的形状。不得以阴影线、指示线虚线、中心线、尺寸线、点画线等线条表达外观设计的形状。可以用两条平行的双点画线或自然断裂线表示细长物品的省略部分。图面上可以用指示线表示剖切位置和方向、放大部位、透明部位等,但不得有不必要的线条或标记。图片应当清楚地表达外观设计。

图片可以使用包括计算机在内的制图工具绘制,但不得使用铅笔、蜡笔、圆珠笔绘制,也不得使用蓝图、草图、油印件。对于使用计算机绘制的外观设计图片,图面分辨率应当满足清晰的要求。

3. 照片的拍摄

(1)照片应当清晰,避免因对焦等原因导致产品的外观设计无法清楚地显示。

（2）照片背景应当单一，避免出现该外观设计产品以外的其他内容。产品和背景应有适当的明度差，以清楚地显示产品的外观设计。

（3）照片的拍摄通常应当遵循正投影规则，避免因透视产生的变形影响产品的外观设计的表达。

（4）照片应当避免因强光、反光、阴影、倒影等影响产品的外观设计的表达。

（5）照片中的产品通常应当避免包含内装物或者衬托物，但对于必须依靠内装物或者衬托物才能清楚地显示产品的外观设计时，则允许保留内装物或者衬托物。

4. 图片或者照片的缺陷

对于图片或者照片中的内容存在缺陷的专利申请，审查员应当向申请人发出补正通知书或者审查意见通知书。根据《专利法》第三十三条的规定，申请人对专利申请文件的修改不得超出原图片或者照片表示的范围。所述缺陷主要是指下列各项。

（1）视图投影关系有错误，例如，投影关系不符合正投影规则、视图之间的投影关系不对应或者视图方向颠倒等。

（2）外观设计图片或者照片不清晰，图片或者照片中显示的产品图形尺寸过小；或者虽然图形清晰，但因存在强光、反光、阴影、倒影、内装物或者衬托物等而影响产品外观设计的正确表达。

（3）外观设计图片中的产品绘制线条包含应删除或修改的线条，例如，视图中的阴影线、指示线、虚线、中心线、尺寸线、点画线等。

（4）表示立体产品的视图有下述情况的。

① 各视图比例不一致。

② 产品设计要点涉及六个面，而六面正投影视图不足，但下述情况除外：后视图与主视图相同或对称时可以省略后视图；左视图与右视图相同或对称时可以省略左视图（或右视图）；俯视图与仰视图相同或对称时可以省略俯视图（或仰视图）；大型或位置固定的设备和底面不常见的物品可以省略仰视图。

（5）表示平面产品的视图有下述情况的。

① 各视图比例不一致。

② 产品设计要点涉及两个面，而两面正投影视图不足，但后视图与主视图相同或对称的情况以及后视图无图案的情况除外。

（6）细长物品例如量尺、型材等，绘图时省略了中间一段长度，但没有使用两条平行的双点画线或自然断裂线断开的画法。

（7）剖视图或剖面图的剖面及剖切处的表示有下述情况的。

①缺少剖面线或剖面线不完全。

②表示剖切位置的剖切位置线、符号及方向不全或缺少上述内容(但可不给出表示从中心位置处剖切的标记)。

(8) 有局部放大图,但在有关视图中没有标出放大部位的。

(9) 组装关系唯一的组件产品缺少组合状态的视图;无组装关系或者组装关系不唯一的组件产品缺少必要的单个构件的视图。

(10) 透明产品的外观设计,外层与内层有两种以上形状、图案和色彩时,没有分别表示出来。

7.4.3　简要说明

《专利法》第五十九条第二款规定,外观设计专利权的保护范围以表示在图片或者照片中的该产品的外观设计为准,简要说明可以用于解释图片或者照片所表示的该产品的外观设计。

根据《专利法实施细则》第二十八条的规定,简要说明应当包括下列内容。

(1) 外观设计产品的名称。

简要说明中的产品名称应当与请求书中的产品名称一致。

(2) 外观设计产品的用途。

简要说明中应当写明有助于确定产品类别的用途。对于具有多种用途的产品,简要说明应当写明所述产品的多种用途。

(3) 外观设计的设计要点。

设计要点是指与现有设计相区别的产品的形状、图案及其结合,或者色彩与形状、图案的结合,或者部位。对设计要点的描述应当简明扼要。

(4) 指定一幅最能表明设计要点的图片或者照片。

指定的图片或者照片用于出版专利公报。

此外,下列情形应当在简要说明中写明。

(1) 请求保护色彩或者省略视图的情况。

如果外观设计专利申请请求保护色彩,应当在简要说明中声明。

如果外观设计专利申请省略了视图,申请人通常应当写明省略视图的具体原因,例如,因对称或者相同而省略;如果难以写明的,也可仅写明省略某视图,例如,大型设备缺少仰视图,可以写为"省略仰视图"。

(2) 对同一产品的多项相似外观设计提出一件外观设计专利申请的,应当在简要说明中指定其中一项作为基本设计。

（3）对花布、壁纸等平面产品，必要时应当描述平面产品中的单元图案两方连续或者四方连续等无限定边界的情况。

（4）对细长物品，必要时应当写明细长物品的长度，采用省略画法。

（5）如果产品的外观设计由透明材料或者具有特殊视觉效果的新材料制成，必要时应当在简要说明中写明。

（6）如果外观设计产品属于成套产品，必要时应当写明各套件所对应的产品名称。

简要说明不得使用商业性宣传用语，也不能用来说明产品的性能和内部结构。

7.5 外观设计专利申请要求优先权的审查

申请人要求享有优先权应当符合《专利法》第二十九条第一款、第三十条，《专利法实施细则》第三十一条、第三十二条第一款以及《巴黎公约》的有关规定。

根据《专利法》第二十九条第一款的规定，外观设计专利申请的优先权要求仅限于外国优先权，即申请人自外观设计在外国第一次提出专利申请之日起 6 个月内，又在中国就相同的主题提出外观设计专利申请的，依照该外国同中国签订的协议或者共同参加的国际条约或者依照相互承认优先权的原则，可以享有优先权。

根据《专利法实施细则》第三十一条第四款的规定，外观设计专利申请的申请人要求外国优先权，其在先申请未包括对外观设计的简要说明，申请人按照《专利法实施细则》第二十八条规定提交的简要说明未超出在先申请文件的图片或者照片表示的范围的，不影响其享有优先权。

根据《专利法实施细则》第三十二条第一款的规定，申请人在一件外观设计专利申请中，可以要求一项或者多项优先权。

初步审查中，对多项优先权的审查，应当审查每一项优先权是否符合本章的有关规定。

7.6 违反法律和主要起标识作用的外观设计专利的审查

7.6.1 申请专利的外观设计是否违反法律的审查

根据《专利法》第五条第一款的规定，对违反法律、社会公德或者妨害公共利益的发明创造,不授予专利权。

　　审查员应当对申请专利的外观设计是否明显违反法律、是否明显违反社会公德、是否明显妨害公共利益三方面进行审查。

　　1. 违反法律

　　违反法律,是指外观设计专利申请的内容违反了由全国人民代表大会或者全国人民代表大会常务委员会依照立法程序制定和颁布的法律。

　　例如,带有人民币图案的床单的外观设计,因违反《中国人民银行法》,不能被授予专利权。

　　2. 违反社会公德

　　社会公德,是指公众普遍认为是正当的并被接受的伦理道德观念和行为准则。它的内涵基于一定的文化背景,随着时间的推移和社会的进步不断地发生变化,而且因地域不同而各异。中国专利法中所称的社会公德限于中国境内。例如,带有暴力凶杀或者淫秽内容的图片或者照片的外观设计不能被授予专利权。

　　3. 妨害公共利益

　　妨害公共利益,是指外观设计的实施或使用会给公众或社会造成危害,或者会使国家和社会的正常秩序受到影响。

　　专利申请中外观设计的文字或者图案涉及国家重大政治事件、经济事件、文化事件,或者涉及宗教信仰,以致妨害公共利益或者伤害人民感情或民族感情的,或者宣扬封建迷信的,或者造成不良政治影响的,该专利申请不能被授予专利权。

　　以著名建筑物(如天安门)以及领袖肖像等为内容的外观设计不能被授予专利权。

　　以中国国旗、国徽作为图案内容的外观设计,不能被授予专利权。

7.6.2　主要起标识作用外观设计专利的审查

　　《专利法》第二十五条第一款第(六)项的规定,对平面印刷品的图案、色彩或者二者的结合作出的主要起标识作用的设计,不授予专利权。根据《专利法实施细则》第四十四条第一款第(三)项的规定,在外观设计专利申请的初步审中,应当对外观设计专利申请是否明显属于《专利法》第二十五条第一款第(六)项的情形进行审查。

　　如果一件外观设计专利申请同时满足下列三个条件,则认为所述申请属于《专利法》第十五条第一款第(六)项规定的不授予专利权的情形。

　　(1) 使用外观设计的产品属于平面印刷品。

　　(2) 该外观设计是针对图案、色彩或者二者的结合而作出的。

（3）该外观设计主要起标识作用。

在依据上述规定对外观设计专利申请进行审查时，审查员首先根据申请的图片或者照片以及简要说明，审查使用外观设计的产品是否属于平面印刷品。其次，审查所述外观设计是否是针对图案、色彩或者二者的结合而作出的。由于不考虑形状要素，所以任何二维产品的外观设计均可认为是针对图案、色彩或者二者的结合而作出的。最后，审查所述外观设计对于所使用的产品来说是否主要起标识作用。主要起标识作用是指所述外观设计的主要用途在于使公众识别所涉及的产品、服务的来源等。

壁纸、纺织品不属于本条款规定的对象。

7.7　外观设计专利的技术方案审查

根据《专利法》第二条第四款的规定，专利法所称外观设计，是指对产品的形状、图案或者其结合以及色彩与形状、图案的结合所作出的富有美感并适于工业应用的新设计。

7.7.1　外观设计必须以产品为载体

外观设计是产品的外观设计，其载体应当是产品。不能重复生产的手工艺品、农产品畜产品、自然物不能作为外观设计的载体。

7.7.2　可以构成外观设计的组合

产品的形状、图案或者其结合以及色彩与形状、图案的结合构成外观设计的是产品的外观设计要素或要素的结合，其中包括形状、图案或者其结合以及色彩与形状、图案的结合、产品的色彩不能独立构成外观设计，除非产品色彩变化的本身已形成一种图案。可以构成外观设计的组合有：产品的形状；产品的图案；产品的形状和图案；产品的形状和色彩；产品的图案和色彩；产品的形状、图案和色彩。

形状，是指对产品造型的设计，也就是指产品外部的点、线、面的移动、变化、组合而呈现的外表轮廓，即对产品的结构、外形等同时进行设计、制造的结果。

图案，是指由任何线条、文字、符号、色块的排列或组合而在产品的表面构成的图形图案可以通过绘图或其他能够体现设计者的图案设计构思的手段制作。产品的图案应当是固定、可见的，而不应是时有时无的或者需要在特定的条件下才能看见的。

色彩，是指用于产品上的颜色或者颜色的组合，制造该产品所用材料的本色不是外观设计的色彩。

外观设计要素,即形状、图案、色彩是相互依存的,有时其界限是难以界定的,例如,多种色块的搭配即成图案。

7.7.3　适于工业应用的富有美感的新设计

适于工业应用,是指该外观设计能应用于产业上并形成批量生产。富有美感,是指在判断是否属于外观设计专利权的保护客体时,关注的是产品的外观给人的视觉感受,而不是产品的功能特性或者技术效果。

《专利法》第二条第四款是对可获得专利保护的外观设计的一般性定义,而不是判断外观设计是否相同或实质相同的具体审查标准。因此,在审查中,对于要求保护的外观设计是否满足新设计的一般性要求,审查员通常仅需根据申请文件的内容及一般消费者的常识进行判断。

7.7.4　不授予外观设计专利权的情形

根据《专利法》第二条第四款的规定,以下属于不授予外观设计专利权的情形。

(1)取决于特定地理条件、不能重复再现的固定建筑物、桥梁等。例如,包括特定的山水在内的山水别墅。

(2)因其包含气体、液体及粉末状等无固定形状的物质而导致其形状、图案、色彩不固定的产品。

(3)产品的不能分割或者不能单独出售且不能单独使用的局部设计,例如,袜跟、帽檐、杯把等。

(4)对于由多个不同特定形状或者图案的构件组成的产品,如果构件本身不能单独出售且不能单独使用,则该构件不属于外观设计专利保护的客体。例如,一组由不同形状的插接块组成的拼图玩具,只有将所有插接块共同作为一项外观设计申请时,才属于外观设计专利保护的客体。

(5)不能作用于视觉或者肉眼难以确定,需要借助特定的工具才能分辨其形状、图案色彩的物品。例如,其图案是在紫外灯照射下才能显现的产品。

(6)要求保护的外观设计不是产品本身常规的形态,例如,手帕扎成动物形态的外观设计。

(7)以自然物原有形状、图案、色彩作为主体的设计,通常指两种情形,一种是自然物本身;另一种是自然物仿真设计。

(8)纯属美术、书法、摄影范畴的作品。

（9）仅以在其产品所属领域内司空见惯的几何形状和图案构成的外观设计。

（10）文字和数字的字音、字义不属于外观设计保护的内容。

（11）产品通电后显示的图案。例如，电子表表盘显示的图案、手机显示屏上显示的图案软件界面等。

7.8 外观设计专利的合案申请

《专利法》第三十一条第二款规定，一件外观设计专利申请应当限于一项外观设计。同一产品两项以上的相似外观设计，或者属于同一类别并且成套出售或者使用的产品的两项以上的外观设计，可以作为一件申请提出，简称合案申请。

7.8.1 同一产品的两项以上的相似外观设计

根据《专利法》第三十一条第二款的规定，同一产品两项以上的相似外观设计可以作为一件申请提出。一件外观设计专利申请中的相似外观设计不得超过 10 项。超过 10 项的，审查员应发出审查意见通知书，申请人修改后未克服缺陷的，驳回该专利申请。

1. 同一产品

根据《专利法》第三十一条第二款的规定，一件申请中的各项外观设计应当为同一产品的外观设计。例如，均为餐用盘的外观设计，如果各项外观设计分别为餐用盘、碟、杯、碗的外观设计，虽然各产品同属于国际外观设计分类表中的同一大类，但并不属于同一产品。

2. 相似外观设计

根据《专利法实施细则》第三十五条第一款的规定，同一产品的其他外观设计应当与简要说明中指定的基本外观设计相似。

判断相似外观设计时，应当将其他外观设计与基本外观设计单独进行对比。初步审查时，对涉及相似外观设计的申请，应当审查其是否明显不符合《专利法》第三十一条第二款的规定。一般情况下，经整体观察，如果其他外观设计和基本外观设计具有相同或者相似的设计特征，并且二者之间的区别点在于局部细微变化、该类产品的惯常设计、设计单元重复排列或者仅色彩要素的变化等情形，则通常认为二者属于相似的外观设计。

7.8.2 成套产品的外观设计

《专利法实施细则》第三十五条第二款规定，用于同一类别并且成套出售或者使用的产品并且具有相同设计构思的两项以上外观设计,可以作为一件申请提出。

成套产品是指由两件以上(含两件)属于同一大类、各自独立的产品组成,各产品的设计构思相同,其中每件产品具有独立的使用价值,而各件产品组合在一起又能体现出其组合使用价值的产品,例如,由咖啡杯、咖啡壶、牛奶壶和糖罐组成的咖啡器具。

1. 同一类别

根据《专利法》第三十一条第二款以及《专利法实施细则》第三十五条第二款的规定,两项以上(含两项)外观设计可以作为一件申请提出的条件之一是该两项以上外观设计的产品属于同一类别,即该两项以上外观设计的产品属于国际外观设计分类表中的同一大类。

产品属于同一大类并非是合案申请的充分条件,其还应当满足《专利法》第三十一条第二款有关成套出售或者使用以及属于相同设计构思的要求。

2. 成套出售或者使用

《专利法实施细则》第三十五条第二款所述的成套出售或者使用,指习惯上同时出售或者同时使用并具有组合使用价值。

1) 同时出售

同时出售,是指外观设计产品习惯上同时出售,例如,由床罩、床单和枕套等组成的多套件床上用品。为促销而随意搭配出售的产品,例如,书包和铅笔盒,虽然在销售书包时赠送铅笔盒,但是这不应认为是习惯上同时出售,不能作为成套产品提出申请。

2) 同时使用

同时使用,是指产品习惯上同时使用,也就是说,使用其中一件产品时,会产生使用联想,从而想到另一件或另几件产品的存在,而不是指在同一时刻同时使用这几件产品。例如,咖啡器具中的咖啡杯、咖啡壶、糖罐、牛奶壶等。

3. 各产品的设计构思相同

设计构思相同,是指各产品的设计风格是统一的,即对各产品的形状、图案或者其结合以及色彩与形状、图案的结合所作出的设计是统一的。

形状的统一,是指各个构成产品都以同一种特定的造型为特征,或者各构成产品之间以特定的造型构成组合关系,即认为符合形状统一。

图案的统一,是指各产品上图案设计的题材、构图、表现形式等方面应当统一。若其中有一方面不同,则认为图案不统一,例如,咖啡壶上的设计以兰花图案为设计题材,而咖啡杯上的设计图案为熊猫,由于图案所选设计题材不同,则认为图案不统一,不符合统一和谐的原则,因此不能作为成套产品合案申请。

对于色彩的统一,不能单独考虑,应当与各产品的形状、图案综合考虑。当各产品的形状、图案符合统一协调的原则时,在简要说明中没有写明请求保护色彩的情况下,设计构思相同;在简要说明中写明请求保护色彩的情况下,如果产品的色彩风格一致则设计构思相同;如果各产品的色彩变换较大,破坏了整体的和谐,则不能作为成套产品合案申请。

4. 成套产品中不应包含相似外观设计

成套产品外观设计专利申请中不应包含某一件或者几件产品的相似外观设计。例如,一项包含餐用杯和碟的成套产品外观设计专利申请中,不应再包括所述杯和碟的两项以上的相似外观设计。

对不符合上述规定的申请,审查员应当发出审查意见通知书要求申请人修改。

7.8.3 合案申请的外观设计应当分别具备授权条件

需要注意的是,无论是涉及同一产品的两项以上的相似外观设计,还是成套产品的外观设计专利申请,其中的每一项外观设计或者每件产品的外观设计除了应当满足上述合案申请的相关规定外,还应当分别具备其他授权条件;如果其中的一项外观设计或者一件产品的外观设计不具备授权条件,则应当删除该项外观设计或者该件产品的外观设计,否则该专利申请不能被授予专利权。

7.9 分案申请的审查与核实

分案申请的其他要求如下。

(1)原申请中包含两项以上外观设计的,分案申请应当是原申请中的一项或几项外观设计,并且不得超出原申请表示的范围。

(2)原申请为产品整体外观设计的,不允许将其中的一部分作为分案申请提出,例如,一件专利申请请求保护的是摩托车的外观设计,摩托车的零部件不能作为分案申请提出。

分案申请不符合上述第(1)项规定的,审查员应当发出审查意见通知书,通知申请人修改;期满未答复的,应当发出视为撤回通知书;申请人无充足理由而又坚持不做修改的,对该分案申请作出驳回决定。分案申请不符合上述第(2)项规定的,审查员应当发出审查意见通知书;期满未答复的,应当发出视为撤回通知书;申请人无充足理由而又坚持作为分案申请提出的,则对该分案申请作出驳回决定。

7.10　外观设计专利申请文件的修改审查

根据《专利法》第三十三条的规定,申请人对其外观设计专利申请文件的修改不得超出原图片或者照片表示范围。修改超出原图片或者照片表示的范围,是指修改后的外观设计与原始申请文件中表示的相应的外观设计相比,属于不相同的设计。

在判断申请人对其外观设计专利申请文件的修改是否超出原图片或者照片表示的范围时,如果修改后的内容在原图片或者照片中已有表示,或者可以直接地、毫无疑义地确定,则认为所述修改符合《专利法》第三十三条的规定。

申请人可以自申请日起两个月内对外观设计专利申请文件主动提出修改。此外,申请人在收到知识产权局的审查意见通知书或者补正通知书后,应当针对通知书指出的缺陷对专利申请文件进行修改。

7.10.1　申请人主动修改

对于申请人的主动修改,审查员应当首先核对提出修改的日期是否在自申请日起两个月内。对于超过两个月的修改,如果修改的文件消除了原申请文件存在的缺陷,并且具有被授权的前景,则该修改文件可以接受。对于不接受的修改文件,审查员应当发出视为未提出通知书。

对于在两个月内提出的主动修改,审查员应当审查其修改是否超出原图片或者照片表示范围。修改超出原图片或者照片表示范围的,审查员应当发出审查意见通知书,通知申请人该修改不符合《专利法》第三十三条的规定。申请人陈述意见或补正后仍然不符合规定的,审查员可以根据《专利法》第三十三条和《专利法实施细则》第四十四条第二款的规定作出驳回决定。

7.10.2　针对通知书指出的缺陷进行修改

对于针对通知书指出的缺陷进行的修改,审查员应当审查该修改是否超出原图片或者照片表示的范围以及是否是针对通知书指出的缺陷进行的修改。对于申请人提交的包含并非针对通知书所指出的缺陷进行修改的修改文件,如果其修改符合《专利法》第三十三条的规定,并消除了原申请文件存在的缺陷,且具有授权的前景,则该修改可以被视为针对通知书指出的缺陷进行的修改,经此修改的申请文件应当予以接受。申请人提交的修改文件超出了原图片或者照片表示范围的,审查员应当发出审查意见通知书,通知申请人该修改不符合《专利法》第三十三条的规定,申请人陈述意见或补正后仍然不符合规定的。审查员可以根据《专利法》第三十三条和《专利法实施细则》第四十四条第二款的规定作出驳回决定。

7.10.3　审查员依职权修改

初步审查中,审查员可以就申请文件中出现的明显错误依职权进行修改,并通知申请人。依职权修改的内容主要指以下几方面。

(1) 明显的产品名称错误。

(2) 明显的视图名称错误。

(3) 明显的视图方向错误。

(4) 外观设计图片中的产品绘制线条包含应删除的线条,例如,阴影线、指示线、中心线、尺寸线、点画线等。

(5) 简要说明中写有明显不属于简要说明可以写明的内容,例如,关于产品内部结构、技术效果的描述、产品推广宣传等用语。

(6) 申请人在简要说明中指定的最能表明设计要点的图片或者照片明显不恰当。

(7) 请求书中,申请人地址或联系人地址漏写、错写或者重复填写的省(自治区、直辖市)、市、邮政编码等信息。

审查员依职权修改的内容,应当在文档中记载并通知申请人。

7.11　雷同的外观设计专利申请的审查

《专利法》第九条第一款规定,同样的发明创造只能授予一项专利权。《专利法》第九条第二款规定,两个以上的申请人分别就同样的发明创造申请专利的,专利权授予最先申请的人。初步审查中,对外观设计专利申请是否能够取得专利权,一般不通过检索进行审查。但审查员已经得知有申请人就同样的外观设计提出了专利申请的,应当进行审查。

在判断是否构成《专利法》第九条所述的同样的发明创造时,应当以表示在两件外观设计专利申请或专利的图片或者照片中的产品的外观设计为准。同样的外观设计是指两项外观设计相同或者实质相同。

第8章 专利撰写思路与申请实例

  提出一个问题往往比解决一个问题更重要,因为解决问题也许仅是一个数学上或实验上的技能而已。而提出新的问题、新的可能性,从新的角度去看旧的问题,都需要有创造性的想象力,而且标志着科学的真正进步。

——爱因斯坦

  专利创新涵盖的技术领域众多,本章从教学角度出发,对专利案例所属领域进行粗略分类,大致分为:机械(或接近机械)结构领域、服装与控制交叉领域、教育教学与控制交叉领域、医疗卫生健康与控制交叉领域、公共安全与控制交叉领域、车辆交通与控制交叉领域、计算机软件应用相关领域等,旨在分门别类进行介绍,希望能在教学中起到抛砖引玉的作用。

8.1 机械(或接近机械)结构领域篇

  谈到机械(或接近机械)结构类专利,人们并不陌生,从申请的角度来看可以申请发明专利、实用新型专利和外观专利。其中,发明专利/实用新型专利都涉及产品的结构描述、连接关系描述以及独特的功能描述。但要想在规定时间内以专利法规定的方式条理清楚地描述出来,并不是一件容易的事。首先应该广泛查阅相关资料,了解拟申报专利的专利背景,了解现有产品的不足,确定专利需要解决的技术问题;其次要构建拟申报专利的技术架构,撰写专利文稿;最后申报者(或配合专利代理机构)进一步完善技术方案。

  本篇列举一种自适应抗震式吊架、一种无人机农药喷洒设备和基于自行车紧急刹车的防前翻控制系统 3 项专利案例,为类似专利提供了一些撰写思路及方法,希望能在教学中起到举一反三、事半功倍的效果。

8.1.1 实例 8.1(实用新型专利)一种自适应抗震式吊架

1. 专利撰写的创新思路

本专利创意从"三根火柴"的杠杆支撑原理中受到启发,意基于力学原理,凭借精巧独特的物理结构,以最少的钢材耗费实现最大的吊架承重。相比于市面上常见的吊架类型及其结构,无论是空间占用率,或是载重性能,皆具有较强的技术优势,独具一格。同时,在面对地震等自然灾害时,自适应抗震吊架,可实现横向和纵向抗震的功能,有效降低其所承载的管道发生坠落的风险,最大限度减轻建筑物在地震中产生的破坏,将事故的经济损失和人员伤亡降至最低。因此,提出一种自适应抗震式吊架。

2. 摘要

本实用新型公开了一种自适应抗震式吊架,包括吊架,所述吊架为钢架支撑的钢丝绳结构,吊架顶部通过左右两侧的两个膨胀螺丝固定在建筑体各层顶部,膨胀螺丝下方安装有一块钢制平板,平板上两侧各焊接有一根第一钢架,钢丝绳固定在第一钢架靠近平板的位置。在第一钢架下方,两根钢丝绳中间固定横置的第二钢架,横置的第二钢架通过 L 形绳夹连接在两根钢丝绳中间。第三钢架通过钢套固定在第一钢架尾端和第二钢架中间位置。由三根钢架形成一个平衡系统,来吊起下面的承载管道的 U 形支架。在 U 形支架两侧安装有防止管道左右位移的支架,来固定管道。

3. 权利要求书

① 一种自适应抗震式吊架,包括综合吊架,其特征在于:所述综合吊架为钢架支撑的钢丝绳结构设置,吊架顶部打有两颗膨胀螺丝(4),膨胀螺丝之间固定有钢制平板(3),平板上两侧各焊接有钢制的第一钢架(9),钢丝绳(5)固定在第一钢架(9)靠近平板(3)的位置。在第一钢架(9)下方,两根钢丝绳(5)中间固定横置有第二钢架(10),横置的第二钢架(10)通过绳夹(13)连接在两根钢丝绳(5)中间。第三钢架(11)固定在第一钢架(9)尾端和第二钢架(10)中间位置。三根钢架通过杠杆原理形成一个平衡系统,使得钢丝绳(5)吊起下方的 U 形支架(7)。在 U 形支架两侧安装有防止左右位移的固定支架(6)。

② 根据权利要求①所述的一种自适应抗震式吊架,其特征在于:所述绳夹(13)由两个相同且相互交错的 L 形绳夹组成,分别设置在第二钢架(10)的两端,使第二钢架(10)与两端的钢丝绳连接。

③ 根据权利要求②所述的一种自适应抗震式吊架,其特征在于:所述绳夹(13)与第二钢架(10)通过螺纹连接。

④ 根据权利要求③所述的一种自适应抗震式吊架,其特征在于:所述第一钢架(9)长度为 80cm,第二钢架(10)长度为 30cm,第三钢架(11)长度为 30cm。

⑤ 根据权利要求④所述的一种自适应抗震式吊架，其特征在于：所述第三钢架
（11）通过钢套（15）与第一钢架、第二钢架连接，所述钢套（15）与第一钢架（9）和第二钢
架（10）为套筒连接，钢套与第三钢架（11）为螺纹连接。

⑥ 根据权利要求⑤所述的一种自适应抗震式吊架，其特征在于：所述第一钢架
（9）与钢制平板（3）的固定方式为焊接。

4. 说明书

一种自适应抗震式吊架

【技术领域】

本实用新型涉及抗震式吊架技术领域，具体是一种承重大、可抗震的自适应吊架。

【背景技术】

我国是一个地震灾害比较频繁的国家，根据相关的调查表明，很多地震都会造成
经济的损失和人员的伤亡，这些主要还是由于建筑物的倒塌和破坏造成的，所以要最
大限度地来减轻建筑物在地震的时候产生的破坏。而建筑物内管道在地震情况下，往
往会发生损坏的情况，从而造成其所承载的管线发生坠落以至于破损的情况发生，造
成较大的经济损失，而且极有可能造成人员伤亡，容易进一步连锁引发各种问题，安全
隐患较大。

【实用新型内容】

针对现有技术的不足，本实用新型提供了一种自适应抗震式吊架，通过钢丝绳来
实现横向和纵向抗震，解决了上述背景技术提出的问题。

为了实现上述目的，本实用新型采用了如下技术方案。

一种自适应抗震式吊架，包括综合吊架，所述综合吊架为钢架支撑的钢丝绳结构
设置，吊架顶部打有两颗膨胀螺丝，膨胀螺丝之间固定有钢制平板，平板上两侧各焊接
有钢制的第一钢架，钢丝绳固定在第一钢架靠近平板的位置。在第一钢架下方，两根
钢丝绳中间固定横置有第二钢架，横置的第二钢架通过绳夹连接在两根钢丝绳中间。
第三钢架固定在第一钢架尾端和第二钢架中间位置。三根钢架通过杠杆原理形成一
个平衡系统，使得钢丝绳吊起下方的 U 形支架。在 U 形支架两侧安装有防止左右位
移的固定支架。

所述绳夹由两个相同且相互交错的 L 形绳夹组成，分别设置在第二钢架的两端，
使第二钢架与两端的钢丝绳连接。

所述绳夹与第二钢架通过螺纹连接。

所述第一钢架长度为80cm,第二钢架长度为30cm,第三钢架长度为30cm。

所述钢套与第一钢架和第二钢架为套筒连接,钢套与第三钢架为螺纹连接。

所述第一钢架与钢制平板的固定方式为焊接。

与现有技术相比,本实用新型的有益效果是:

(1) 该自适应抗震式吊架能够在不破坏既有土建结构的基础上,实现吊架的抗震,使其具备抗震功能。

(2) 该自适应抗震式吊架采用钢丝绳来作为主要承重部件,对比传统抗震支架在纵向和横向抗震方面有明显的优势。

(3) 该自适应抗震式吊架所采用的钢丝绳承重力远大于同重量同体积的钢架,在地震来临时能更好地抗震,自适应应对载荷的变化。

【附图说明】

图8.1为本实用新型结构示意图一。

图8.2为本实用新型结构示意图二。

图8.3为平板上部结构示意图。

图8.4为左部L形绳夹结构示意图。

图8.5为右部L形绳夹结构示意图。

图8.6为上部钢套结构示意图。

图8.7为下部钢套结构示意图。

图中,1-建筑体各层顶部,2-焊接点,3-平板,4-膨胀螺丝,5-钢丝绳,6-固定钢架,7-U形支架,8-管道,9-第一钢架,10-第二钢架,11-第三钢架,12-螺纹,13-L形绳夹。

【具体实施方式】

下面将结合本实用新型实施例中的附图,对本实用新型实施例中的技术方案进行清楚、完整地描述。显然,所描述的实施例仅仅是本实用新型一部分实施例,而不是全部的实施例。基于本实用新型中的实施例,本领域普通技术人员在没有作出创造性劳动前提下所获得的所有其他实施例,都属于本实用新型保护的范围。

一种自适应抗震式吊架,包括综合吊架,所述综合吊架由四根钢丝绳、至少两根固定支架和两组三根支撑钢架构成的支架组合构成,钢丝绳连接顶部膨胀螺丝固定的平板和承载管线的支架,固定支架使得管线不会左右摆动,支架组合来保证整个吊架系统的受力平衡,确保稳定。

所述支架组合包括横向的第一钢架(9)、管线方向的第二钢架(10)和连接第一钢架(9)末端和第二钢架(10)中间的第三钢架(11)。第一钢架(9)通过焊接点(2)固定在顶部平板(3)平面上,第二钢架(10)撑在一侧两根钢丝绳(5)之间,通过 L 形绳夹(13)连接在钢丝绳(5)之间,L 形绳夹(13)与第二钢架(10)通过螺纹(12)连接。第三钢架(11)通过钢套(15)连接第一、第二钢架(9,10)。第一钢架(9)末端直径较大,防止钢套(15)脱落,钢套(15)与第二钢架(10)通过螺纹连接。

所述 L 形绳夹,由两个 L 形绳夹构成,通过螺纹相互咬合在一起,钢丝绳穿过其中,使其不易脱落。

所述钢套,是一个 T 形结构的钢制部件,上部套筒可套在支架上,下部通过螺纹来连接第三钢架。

优选的,所述第一钢架为 80cm 的圆柱形钢制支架,第二钢架和第三钢架均为 30cm 的圆柱形钢制支架。

优选的,所述钢丝绳选用 6×19 的规格,直径为 9.5mm,最小破断拉力为 53.4kN。

优选的,所述钢架均采用 42CrMo 钢材,该种钢材经过淬火加高温回火的调质热处理,使钢材具备较高的强韧性,不脆断且抗弯。

【实施例一】

请参照图 8.1～图 8.7,包括综合吊架,一种自适应抗震式吊架,包括综合吊架,其特征在于:所述综合吊架为钢架支撑的钢丝绳结构设置,建筑体各层顶部(1)打有两颗膨胀螺丝(4),膨胀螺丝(4)之间固定有钢制平板(3),平板(3)上通过焊接点(2)连接有钢制的第一钢架(9),钢丝绳(5)固定在第一钢架(9)之上。在第一钢架(9)下方,两根钢丝绳(5)中间固定横置的第二钢架(10),横置的第二钢架(10)通过 L 形绳夹(13)连接在两根钢丝绳(5)中间。第三钢架(11)固定在第一钢架(9)尾端和第二钢架(10)中间位置。由三根钢架形成一个平衡系统,通过钢丝绳(5)来吊起下面的承载管道(8)的 U 形支架(7)。U 形支架(7)两侧还有两个连接在顶部的倾斜固定支架(6),防止管道侧移。

【实施例二】

请参照图 8.1～图 8.7,包括综合支架,第一钢架(9)和顶部钢制平板(3)通过焊接点(2)固定,第一钢架(9)和第三钢架(11)通过钢套(15)相连,钢套套筒套在第一钢架(9)上,钢套螺纹端(16)与第三钢架(11)相连;第二钢架(10)与第三钢架(11)也同样通过钢套(15)连接,钢套套筒套在第二钢架(10)上,钢套螺纹端(16)与第三钢架(11)相连;第二钢架(10)与钢丝绳(5)通过 L 形绳夹(13)连接,L 形绳夹(13)与第二钢架(10)通过螺纹(12)相连。

本实用新型的工作原理如下。

所述吊架在第一、第二和第三钢架的作用下,利用杠杆原理构成一个稳定的平衡系统,在第一钢架不弯折、第二钢架不移动的情况下就是稳定的受力平衡系统,即使受到震动,所有部件停止震动,整个系统又会恢复到平衡状态,所以钢架均采用韧性好、不易弯折的 42CrMo 钢材。钢丝绳在承重方面有着良好的性能,并且在抗震方面比起传统钢架更不易损坏,来维持管线和建筑的完好。

需要说明的是,在本文中,诸如第一和第二等之类的关系术语仅仅用来将一个实体或者操作与另一个实体或操作区分开来,而不一定要求或者暗示这些实体或操作之间存在任何这种实际的关系或者顺序。而且,术语"包括""包含"或者其任何其他变体意在涵盖非排他性的包含,从而使得包括一系列要素的过程、方法、物品或者设备不仅包括那些要素,而且还包括没有明确列出的其他要素,或者是还包括为这种过程、方法、物品或者设备所固有的要素。

5. 说明书附图

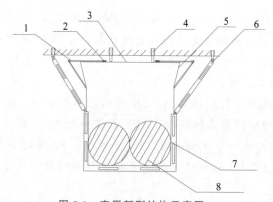

图 8.1　实用新型结构示意图一

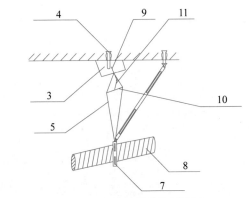

图 8.2　实用新型结构示意图二

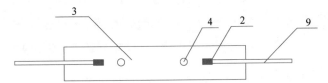

图 8.3　平板上部结构示意图

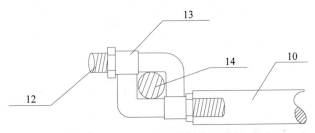

图 8.4　左部 L 形绳夹结构示意图

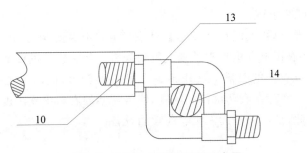

图 8.5　右部 L 形绳夹结构示意图

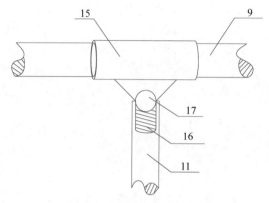

图 8.6　上部钢套结构示意图

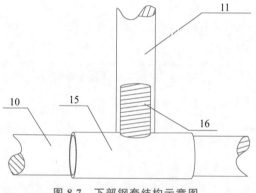

图 8.7　下部钢套结构示意图

8.1.2　实例 8.2（实用新型专利）一种无人机农药喷洒设备

1.专利撰写的创新思路

自从无人机出现以后，人们都在绞尽脑汁发挥它的作用。除了用于拍摄和配送外卖之外，在农村的许多农田上方也出现了无人机的身影。从它连接的喷洒系统就能看出，有人在使用无人机实行农药的喷洒。这让不少农民感到新鲜，同时又觉得确实方便快捷。但无人机农药喷洒经常存在农药沉淀的问题，使得喷洒的农药出现浓度不均匀的情况，造成农药的浪费。因此，提出一种无人机农药喷洒设备。

2. 摘要

本实用新型公开了一种无人机农药喷洒设备,包括药水箱,所述药水箱内底部中央设置有液泵,所述液泵左右两侧分别连接有出液管,所述出液管前后两侧分别连接一个导管悬臂,每个导管悬臂另一端连接一个喷头,所述药水箱前表面中央位置穿设有转动杆,所述转动杆外端设置有风车,依次向后设置有搅拌器一和搅拌器二。本实用新型提出的一种无人机农药喷洒设备仅使用机械设备便可在农药喷洒前均匀混合农药和水,避免农药沉淀导致所喷洒农药浓度的不均匀,同时还可以不额外增加无人机的用电负荷,从而增加无人机的续航能力。

3. 权利要求书

① 一种无人机农药喷洒设备,其特征在于:包括药水箱(1),所述药水箱(1)设置在无人机的起落架(7)上方的底架(2)上,所述药水箱(1)上侧设置有药水进出口(8),所述药水箱(1)内底部中央设置有液泵(3),所述液泵(3)左右两侧分别连接有出液管(4),所述出液管(4)前后两侧分别连接一个导管悬臂(5),所述导管悬臂(5)的另一端连接有喷头(6),所述药水箱(1)前表面中央位置穿设有转动杆(11),所述转动杆(11)外端设置有风车(10),药水箱(1)内部的转动杆(11)上依次向后焊接有搅拌器一(12)和搅拌器二(13)。

② 根据权利要求①所述的一种无人机农药喷洒设备,其特征在于:所述药水进出口(8)处设有过滤网,所述药水进出口(8)上设置有药水箱盖(9)。

③ 根据权利要求②所述的一种无人机农药喷洒设备,其特征在于:所述喷头(6)为雾化喷头。

④ 根据权利要求③所述的一种无人机农药喷洒设备,其特征在于:所述风车(10)的叶片为扭曲形。

⑤ 根据权利要求④所述的一种无人机农药喷洒设备,其特征在于:所述搅拌器一(12)和搅拌器二(13)的三片桨叶为交错焊接,所述桨叶形状为扭曲形。

⑥ 根据权利要求⑤所述的一种无人机农药喷洒设备,其特征在于:所述搅拌器一(12)位于药水箱(1)内前半部分,所述搅拌器二(13)位于药水箱(1)内后半部分。

4. 说明书

一种无人机农药喷洒设备

【技术领域】

本实用新型涉及农药喷洒装置技术领域,尤其涉及一种无人机农药喷洒设备。

【背景技术】

农药喷洒,是防治爆发性病虫害的有效手段。长期以来人们都是利用背负式喷雾机对农作物进行喷洒农药,这种喷洒手段会对人畜造成不容小觑的伤害,而且这种农药喷洒手段费时费力。无人机农药喷洒不仅能够更快速更高效地完成病虫害防治,而且能够进行远程遥控,省时省力,更能避免使操作人员暴露在农药环境中,安全系数高。但是,无人机农药喷洒也存在农药沉淀的问题,使得喷洒的农药出现浓度不均匀的情况,造成农药的浪费。因此,提出一种无人机农药喷洒设备。

【发明内容】

针对现有技术的不足,本实用新型提供了一种无人机农药喷洒设备,解决了上述背景技术提出的问题。

为了实现上述目的,本实用新型采用了如下技术方案。

一种无人机农药喷洒设备,包括药水箱,所述药水箱设置在无人机的起落架上方的底架上,所述药水箱上侧设置有药水进出口,所述药水箱内底部中央设置有液泵,所述液泵左右两侧分别连接有出液管,所述出液管前后两侧分别连接一个导管悬臂,所述导管悬臂的另一端连接有喷头,所述药水箱前表面中央位置穿设有转动杆,所述转动杆外端设置有风车,药水箱内部的转动杆上依次向后焊接有搅拌器一和搅拌器二。

所述药水进出口处设有过滤网,所述药水进出口上设置有药水箱盖。

所述喷头为雾化喷头。

所述风车的叶片为扭曲形。

所述搅拌器一和搅拌器二的三片桨叶为交错焊接,所述桨叶形状为扭曲形。

所述搅拌器一位于药水箱内前半部分,所述搅拌器二位于药水箱内后半部分。

与现有技术相比,本实用新型的有益效果是:

(1)该种无人机农药喷洒设备,通过在药水箱前表面外侧安装扭曲形风车,药水箱内前后部分各设有一个搅拌器,将风车和搅拌器通过转动杆连接起来,无人机飞行时产生风,利用遇风转动的风车带动搅拌器对药水箱内药水搅拌,使得药水箱内农药浓度均匀,进而使喷洒出的农药浓度均匀。

（2）该种无人机农药喷洒设备，仅通过风车、搅拌器、转动杆等机械设备使得农药混合均匀，没有增添其他电气设备，即不额外增加无人机的用电负荷，从而增加无人机的续航能力。

【附图说明】

图 8.8 为本实用新型提出的一种无人机农药喷洒设备的结构示意图。

图 8.9 为本实用新型提出的一种无人机农药喷洒设备的俯视局部结构示意图。

图 8.10 为本实用新型提出的一种无人机农药喷洒设备的侧面局部结构示意图。

图 8.11 为本实用新型提出的一种无人机农药喷洒设备的风车和搅拌器连接示意图。

图中，1-药水箱，2-底架，3-液泵，4-出液管，5-导管悬臂，6-喷头，7-起落架，8-药水进出口，9-药水箱盖，10-风车，11-转动杆，12-搅拌器一，13-搅拌器二，14-无人机本体，15-连接杆，16-电机，17-旋翼，18-微处理器。

【具体实施方式】

为使本实用新型实现的技术手段、创作特征、达成目的与功效易于明白了解，下面结合具体实施方式，进一步阐述本实用新型。

参照图 8.8～图 8.11，本实用新型提供一种技术方案，一种无人机农药喷洒设备，包括药水箱（1），所述药水箱（1）设置在无人机的起落架（7）上方的底架（2）上，所述药水箱（1）上侧设置有药水进出口（8），所述药水进出口（8）处设有过滤网，所述药水进出口（8）上设置有药水箱盖（9），所述药水箱（1）内底部中央设置有液泵（3），所述液泵（3）左右两侧分别连接有出液管（4），所述出液管（4）前后两侧分别连接一个导管悬臂（5），所述导管悬臂（5）的另一端连接有喷头（6），所述喷头（6）为雾化喷头，所述药水箱（1）前表面中央位置穿设有转动杆（11），所述转动杆（11）外端设置有风车（10），所述风车（10）的叶片为扭曲形，药水箱（1）内部的转动杆（11）上依次向后焊接有搅拌器一（12）和搅拌器二（13），所述搅拌器一（12）和搅拌器二（13）的三片桨叶为交错焊接，所述桨叶形状为扭曲形，所述搅拌器一（12）位于药水箱（1）内前半部分，所述搅拌器二（13）位于药水箱（1）内后半部分。

所述底架（2）连接在无人机本体（14）下方，所述无人机本体（14）四侧各连接到连接杆（15）一端，所述连接杆（15）另一端连接有电机（16），所述电机（16）上方连接有旋翼（17），所述无人机本体（14）前安装有微处理器（18）。

本实用新型的工作原理如下。

在农药喷洒前,对农药进行稀释和搅拌,然后打开药水箱盖(9),通过药水进出口(8)和过滤网向药水箱(1)内添加水和农药稀释液,盖上药水箱盖(9)。通过远程遥控器操作无人机,利用无人机本体(14)前方安装的微处理器(18)启动四个电机(16),四个电机(16)带动四个旋翼(17)旋转,从而带动整个无人机喷洒设备起飞,此时,药水箱(1)前表面外侧设置的风车(10)遇到无人机飞行产生的风开始转动,风车(10)带动转动杆(11)旋转,在药水箱(1)内,转动杆(11)上焊接的搅拌器一(12)和搅拌器二(13)分别搅拌药水箱(1)内前后半部分的药水,由于搅拌器一(12)和搅拌器二(13)的桨叶交错焊接,进而搅拌整个药水箱(1)内的药水,使得药水箱(1)内农药浓度均匀,利用微处理器(18)打开液泵(3),液泵(3)将充分搅拌的农药导入出液管(4)中,农药流动到导管悬臂(5)中,最后通过导管悬臂(5)端部的雾化喷头喷洒出来,无人机按照指定路线进行农药喷洒,最后完成病害虫防治。

5. 说明书附图

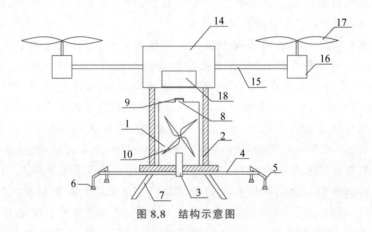

图8.8 结构示意图

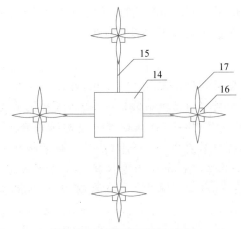

图 8.9 俯视局部结构示意图

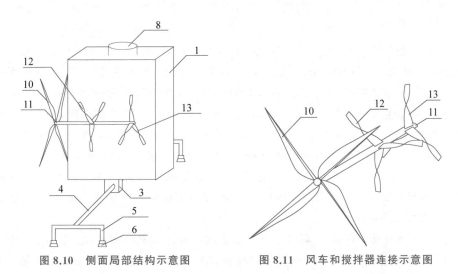

图 8.10 侧面局部结构示意图　　　　**图 8.11 风车和搅拌器连接示意图**

8.1.3 实例 8.3(发明专利)一种基于自行车紧急刹车的防前翻控制系统

1. 专利撰写的创新思路

本专利创意来源于"一位朋友因骑自行车捏前闸摔成脑震荡住院"而产生。我们知道,快速行驶的自行车,如果突然把前轮刹住,后轮就会跳起来,这是因为前轮受到阻力而突然停止运动,但车上的人和后轮没有受到阻力,由于惯性,人和后轮要保持继续向前的运动状态,所以后轮会跳起来。不能单独用自行车的前闸刹车,否则会出现翻车事故! 因此,提出一种基于自行车紧急刹车的防前翻控制系统。

2. 摘要

一种基于自行车紧急刹车的防前翻控制系统,包括设置在自行车车把滑动轨道上的刹车滑动控制装置二和刹车滑动控制装置一,刹车滑动控制装置二通过闸线一连接后刹车闸把,刹车滑动控制装置一通过闸线二连接前刹车闸把,在自行车前轮的两侧设置有通过弹簧一连接的刹车闸片一和刹车闸片二,刹车闸片一通过闸线三连接刹车滑动控制装置二,刹车闸片二通过闸线四连接刹车滑动控制装置二,在自行车后轮的两侧设置有通过弹簧二连接的刹车闸片三和刹车闸片四,刹车闸片三通过闸线五连接后刹车闸把,刹车闸片四通过闸线六连接后刹车闸把,本发明能避免自行车前进过程中突然捏合前刹车闸把导致自行车前翻,具有结构简单、预防效果好的特点。

3. 权利要求书

① 一种基于自行车紧急刹车的防前翻控制系统,其特征在于:包括设置在自行车车把滑动轨道上的刹车滑动控制装置二(15)和刹车滑动控制装置一(14),刹车滑动控制装置二(15)通过闸线一(18)连接后刹车闸把(1),刹车滑动控制装置一(14)通过闸线二(22)连接前刹车闸把(2),在自行车前轮(6)的两侧设置有通过弹簧一(12)连接的刹车闸片一(4)和刹车闸片二(8),刹车闸片一(4)通过闸线三(3)连接刹车滑动控制装置二(15),刹车闸片二(8)通过闸线四(19)连接刹车滑动控制装置二(15),在自行车后轮(7)的两侧设置有通过弹簧二(26)连接的刹车闸片三(9)和刹车闸片四(10),刹车闸片三(9)通过闸线五(21)连接后刹车闸把(1),刹车闸片四(10)通过闸线六(20)连接后刹车闸把(1)。

② 根据权利要求①所述基于自行车紧急刹车的防前翻控制系统,其特征在于:所述刹车滑动控制装置二(15)和刹车滑动控制装置一(14)均为由水平条和竖直条连接组成的L形结构,刹车滑动控制装置一(14)的水平条的一端连接闸线二(22),另一端通过弹簧四(24)连接在轨道上且该端的下方连接竖直条,刹车滑动控制装置二(15)的水平条的一端通过弹簧三(23)连接在轨道上,另一端的上方连接竖直条,刹车滑动控制装置二(15)的水平条的中央部位上方通过弹簧五(25)连接闸线一(18),刹车滑动控制装置一(14)的竖直条与刹车滑动控制装置二(15)的竖直条在竖直面上相交错。

③ 根据权利要求②所述基于自行车紧急刹车的防前翻控制系统,其特征在于:在所述闸线一(18)的路线上设置有用于改变闸线一(18)拉力方向的定滑轮一(16),在所述闸线四(19)的路线上设置有用于改变闸线四(19)拉力方向的定滑轮二(17)。

④ 根据权利要求①所述基于自行车紧急刹车的防前翻控制系统,其特征在于:所述刹车闸片一(4)和刹车闸片二(8)通过圆轴一(11)与自行车前叉(5)连接且刹车闸片一(4)和刹车闸片二(8)能在垂直面内以圆轴一(11)为轴旋转,所述刹车闸片三(9)和刹车闸片四(10)通过圆轴二与自行车后叉(13)连接且刹车闸片三(9)和刹车闸片四(10)能在垂直面内以圆轴二为轴旋转。

4. 说明书

一种基于自行车紧急刹车的防前翻控制系统

【技术领域】

本发明涉及机械结构领域,特别涉及一种基于自行车紧急刹车的防前翻控制系统。

【背景技术】

随着国家、社会对低碳生活、低碳出行的大力提倡,越来越多的人选择自行车出行。而自行车的安全问题尤其是紧急情况下只捏前刹车闸把的情况下,非常容易发生前翻,对驾驶人的人身安全造成伤害。因此,设计一种防止自行车前翻的系统是十分重要的。

【发明内容】

为了克服上述现有技术的缺点,本发明的目的在于提供一种基于自行车紧急刹车的防前翻控制系统,能避免自行车在前进过程中突然捏合前刹车闸把导致自行车前翻,具有结构简单、预防效果好的特点。

为了实现上述目的,本发明采用的技术方案如下。

一种基于自行车紧急刹车的防前翻控制系统,包括设置在自行车车把滑动轨道上的刹车滑动控制装置二(15)和刹车滑动控制装置一(14),刹车滑动控制装置二(15)通过闸线一(18)连接后刹车闸把(1),刹车滑动控制装置一(14)通过闸线二(22)连接前刹车闸把(2),在自行车前轮(6)的两侧设置有通过弹簧一(12)连接的刹车闸片一(4)和刹车闸片二(8),刹车闸片一(4)通过闸线三(3)连接刹车滑动控制装置二(15),刹车闸片二(8)通过闸线四(19)连接刹车滑动控制装置二(15),在自行车后轮(7)的两侧设置有通过弹簧二(26)连接的刹车闸片三(9)和刹车闸片四(10),刹车闸片三(9)通过闸线五(21)连接后刹车闸把(1),刹车闸片四(10)通过闸线六(20)连接后刹车闸把(1)。

所述刹车滑动控制装置二(15)和刹车滑动控制装置一(14)均为由水平条和竖直条连接组成的L形结构,刹车滑动控制装置一(14)的水平条的一端连接闸线二(22,另一端通过弹簧四(24)连接在轨道上且该端的下方连接竖直条,刹车滑动控制装置二(15)的水平条的一端通过弹簧三(23)连接在轨道上,另一端的上方连接竖直条,刹车滑动控制装置二(15)的水平条的中央部位上方通过弹簧五(25)连接闸线一(18),刹车滑动控制装置一(14)的竖直条与刹车滑动控制装置二(15)的竖直条在竖直面上相交错。

在所述闸线一(18)的路线上设置有用于改变闸线一(18)拉力方向的定滑轮一(16),在所述闸线四(19)的路线上设置有用于改变闸线四(19)拉力方向的定滑轮二(17)。

所述刹车闸片一(4)和刹车闸片二(8)通过圆轴一(11)与自行车前叉(5)连接且刹车闸片-(4)和刹车闸片二(8)能在垂直面内以圆轴一(11)为轴旋转,所述刹车闸片三(9)和刹车闸片四(10)通过圆轴二与自行车后叉(13)连接且刹车闸片三(9)和刹车闸片四(10)能在垂直面内以圆轴二为轴旋转。

与现有技术相比,本发明为纯机械机构,所涉及器件具有结实耐用,不易损坏的特点,只有驾驶人同时捏合前后两个刹车闸把时前刹车才能产生刹车作用,从而避免了单独捏合前刹车时自行车容易发生前翻的情况。具有结构简单、预防效果好的特点。

【附图说明】

图8.12为本发明的硬件系统示意图。

图8.13为本发明的自行车车把部分硬件示意图。

图8.14为本发明的刹车部分硬件示意图。

图8.15为本发明的刹车闸片一的三视图。

图8.16为本发明的刹车滑动控制装置的三视图及其轨道的示意图。

图8.17为本发明的工作流程图。

【具体实施方式】

下面结合附图和实施例详细说明本发明的实施方式。

如图8.12所示,一种基于自行车紧急刹车的防前翻控制系统,包括设置在自行车车把滑动轨道上的刹车滑动控制装置二(15)和刹车滑动控制装置一(14),刹车滑动控制装置二(15)通过闸线一(18)连接后刹车闸把(1),刹车滑动控制装置一(14)通过闸线二(22)连接前刹车闸把(2),在前叉(5)位于自行车前轮(6)的两侧设置有通过弹簧一(12)连接的刹车闸片一(4)和刹车闸片二(8),刹车闸片一(4)和刹车闸片二(8)分别通过闸线三(3)和闸线四(19)连接刹车滑动控制装置二(15)。在后叉(13)位于自行车后轮(7)的两侧设置有通过弹簧二(26)连接的刹车闸片三(9)和刹车闸片四(10),刹车闸片三(9)和刹车闸片四(10)分别通过闸线五(21)和闸线六(20)连接后刹车闸把(1)。

如图 8.13 所示,刹车滑动控制装置二(15)和刹车滑动控制装置一(14)均为由水平条和竖直条连接组成的 L 形结构,刹车滑动控制装置一(14)的水平条的一端连接闸线二(22),另一端通过弹簧四(24)连接在轨道上且该端的下方连接竖直条,刹车滑动控制装置二(15)的水平条的一端通过弹簧三(23)连接在轨道上,另一端的上方连接竖直条,刹车滑动控制装置二(15)的水平条的中央部位上方通过弹簧五(25)连接闸线一(18),刹车滑动控制装置一(14)的竖直条与刹车滑动控制装置二(15)的竖直条在竖直面上相交错。在闸线一(18)的路线上设置有用于改变闸线一(18)拉力方向的定滑轮一(16),在闸线四(19)的路线上设置有用于改变闸线四(19)拉力方向的定滑轮二(17)。

如图 8.14 和图 8.15 所示,刹车闸片一(4)和刹车闸片二(8)通过圆轴一(11)与自行车前叉(5)连接且刹车闸片一(4)和刹车闸片二(8)能在垂直面内以圆轴一(11)为轴旋转,刹车闸片三(9)和刹车闸片四(10)通过圆轴二与自行车后叉(13)连接且刹车闸片三(9)和刹车闸片四(10)能在垂直面内以圆轴二为轴旋转。

如图 8.16 所示,刹车滑动控制装置一(14)安装在轨道 A 中,刹车滑动控制装置二(15)安装在轨道 B 中,轨道 A 为直线轨道,而轨道 B 可以有一个弯折,例如图示的 L 形轨道。

本发明通过刹车闸片一(4)和刹车闸片二(8)挤压前轮(6)产生摩擦力,刹车闸片三(9)和刹车闸片四(10)挤压后轮(7)产生摩擦力,达到刹车效果。

如图 8.17 所示,驾驶人骑行过程中遇到突发事件时:如果单独捏合后刹车闸把(1),则闸线一(18)、闸线五(21)和闸线六(20)动作,刹车闸片三(9)和刹车闸片四(10)挤压后轮(7)产生摩擦力,达到刹车效果。松开后刹车闸把(1)后,刹车闸片三(9)和刹车闸片四(10)在弹簧二(26)作用下松开。

如果后刹车闸把(1)和前刹车闸把(2)先后捏合,则在上述刹车闸片三(9)和刹车闸片四(10)工作的基础上,刹车滑动控制装置二(15)和刹车滑动控制装置一(14)相互咬合,闸线三(3)和闸线四(19)分别带动刹车闸片一(4)和刹车闸片二(8),挤压前轮(6)产生摩擦力,前后轮一起制动,达到更好的刹车效果。松开前刹车闸把(2)后,刹车闸片一(4)和刹车闸片二(8)在弹簧一(12)作用下松开。

如果单独捏合前刹车闸把(2),则只有闸线二(22)动作,刹车滑动控制装置二(15)和刹车滑动控制装置一(14)无法咬合,此时,前刹车闸把(2)无法拉动闸线三(3)和闸线四(19),前轮(6)不产生刹车效果。

松开后刹车闸把(1)和前刹车闸把(2)后,刹车滑动控制装置二(15)和刹车滑动控制装置一(14),由弹簧三(23)拉动恢复正常状态。

综上,当驾驶人仅捏合自行车前刹车闸把(2)时自行车不会发生前翻的现象。而当驾驶人先后捏合自行车后刹车闸把(1)、前刹车闸把(2)时,闸线一(18)拉动刹车滑动控制装置二(15)上移与刹车滑动控制装置一(14)咬合,此时,前刹车闸把(2)通过闸线三(3)和闸线四(19)拉动刹车闸片一(4)和刹车闸片二(8)同时紧紧挤压前轮(6),前轮(6)所受摩擦力很大,此时前轮(6)产生较大的减速效果。同时,刹车闸片三(9)和刹车闸片四(10)由于闸线五(21)和闸线六(20)拉动也同时紧紧挤压后轮(7),同样对后轮(7)产生较大的加速度。因为前后轮此时都有方向一致、大小相差不大的加速度,故可以起到刹车作用。

5. 说明书附图

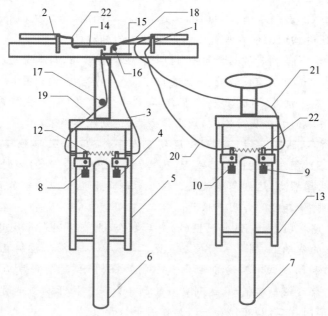

图 8.12　硬件系统示意图

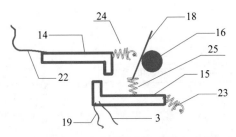

图 8.13 自行车车把部分硬件示意图

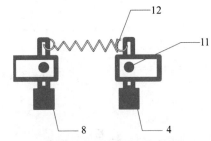

图 8.14 刹车部分硬件示意图

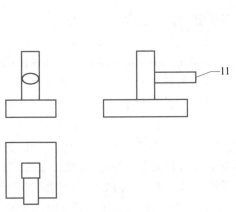

图 8.15 刹车闸片一的三视图

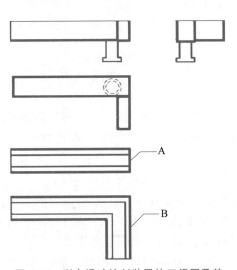

图 8.16 刹车滑动控制装置的三视图及其
轨道的示意图

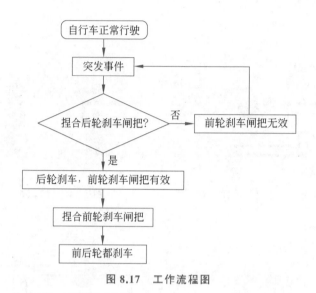

图 8.17 工作流程图

8.2 功能服装与控制交叉领域篇

服装是一种流行产品,它的传播本身就是一个复制的过程,这与技术性产品在使用中流传有很大的不同。通过不断地复制,不断地变异,新的款式就形成了。从实践上看,实际上没有两件衣服是完全相同的,因此,专利并不能保护此类发明者。例如,你的外观设计用红色镶嵌,我用绿色可不可以?如果一定要严格制止复制,那么,大师们的许多奇思妙想就不会进入人们的生活,人们的生活就不会多姿多彩。从某种意义上说,大师的流行发布,其实就是公布了一个流行的源代码,许多细节设计就是让普通设计师参考的,如果绝对禁止借鉴,那么服装就不是一个时尚产业,而是技术产业了。但如果让衣服附加上特殊材料或电子控制装置形成功能服装,那就增加了它的新颖性、实用性和创造性,就可以申报专利。

本篇列举一种远程救助自动报警服装、一种防静电耐老化型报警服、一种具有吸汗功能的警报服和一种能显示游飞字幕及绚丽图案的摆裙 4 项专利案例,为类似专利提供了一些撰写思路及方法,希望能在教学中起到闻一知十、触类旁通的效果。

8.2.1　实例 8.4(发明专利)一种远程救助自动报警服装

1. 专利撰写的创新思路

每个人都有需要帮助的时候,今天我们还年轻,跌倒了,可以自己爬起来,但总有一天我们会老去,当我们摔倒了爬不起来的时候,别人对我们视而不见,那时我们会怎么想?这个"扶不扶"的话题在当今成为热点。如果设计一种服装,在判断"摔倒"时,能自动拨打急救电话,那岂不是减弱了这种热点的热度? 更重要的是使摔倒者得以急救,本专利的创意由此而发。因此,提出一种远程救助自动报警服装。

2. 摘要

一种远程救助自动报警服装,包括服装本体,还包括:脉搏传感器,采集佩戴者的脉搏及心率信号;温度传感器,采集佩戴者的体温信号;佩戴于手腕部的微控制器,温度传感器安装在微控制器上,微控制器与脉搏传感器和温度传感器连接接收二者所采集的信号,与预设的阈值比较,判断是否异常,当判断为异常时,向专用手机发送救助报警触发信号;嵌入服装本体内的专用手机,内置紧急联系号码,当接收到微控制器发送的救助报警触发信号后,触发拨号功能,向所述紧急联系号码发出语音求助电话,本发明可判断佩戴者身体异常,并通过手机向预先设定的亲友号码或者急救号码发出语音求助,帮助病患解决个人出行时遇到的突发状况问题。

3. 权利要求书

① 一种远程救助自动报警服装,包括服装本体,还包括:脉搏传感器(3),采集佩戴者的脉搏及心率信号;温度传感器(4),采集佩戴者的体温信号;佩戴于手腕部的微控制器(2),温度传感器(4)安装在微控制器(2)上,微控制器(2)与脉搏传感器(3)和温度传感器(4)连接接收二者所采集的信号,与预设的阈值比较,判断是否异常,当判断为异常时,向专用手机(1)发送救助报警触发信号;嵌入服装本体内的专用手机(1),内置紧急联系号码,当接收到微控制器(2)发送的救助报警触发信号后,触发拨号功能,向所述紧急联系号码发出语音求助电话。

② 根据权利要求①所述远程救助自动报警服装,其特征在于:所述脉搏传感器(3)为指夹式,佩戴于手指上,采集佩戴者的脉搏及心率信号。

③ 根据权利要求①所述远程救助自动报警服装,其特征在于:所述脉搏传感器(3)

为穿戴式,通过具有伸缩功能的导线连接微控制器(2)。

④ 根据权利要求①所述远程救助自动报警服装,其特征在于:所述微控制器(2)为LPC2103。

⑤ 根据权利要求①所述远程救助自动报警服装,其特征在于:所述语音求助电话为事先录制好的语音片段,该语音片段存储于专用手机(1)的存储卡中,在触发拨号功能时,根据存储路径调用该语音片段。

⑥ 根据权利要求①所述远程救助自动报警服装,其特征在于:所述专用手机(1)内置GPS定位装置,在其语音电话中包含当前的GPS定位信息。

⑦ 根据权利要求①所述远程救助自动报警服装,其特征在于:在所述服装本体前胸位置嵌入装有柔性可弯曲太阳能电池一(5),后背位置嵌入装有与柔性可弯曲太阳能电池一(5)通过柔性导线的柔性可弯曲太阳能电池二(6),柔性可弯曲太阳能电池一(5)和柔性可弯曲太阳能电池二(6)均通过充放电控制器(10)给充电电池(11)充电,充电电池(11)给专用手机(1)及手腕部的微控制器(2)供电。

⑧ 根据权利要求①所述远程救助自动报警服装,其特征在于:所述微控制器(2)依据生理参数智能判断服装是否处于穿戴状态,非穿戴情况下,关闭充电电池(11)的供电。

4. 说明书

<h4 align="center">一种远程救助自动报警服装</h4>

【技术领域】

本发明涉及服装领域,特别涉及一种远程救助自动报警服装。

【背景技术】

随着生活水平的不断提高,人们对紧急救助越来越重视。而且随着社会老龄化的不断加剧,老年人的紧急救助问题也成为深受社会关注的问题,尤其是外出独行老人或患有潜在病症的外出独行人群。因此,研究一种具有紧急救助自动报警功能的服装势在必行。

【发明内容】

为了克服上述现有技术的缺点,本发明的目的在于提供一种远程救助自动报警服装,以此解决外出独行老人或患有潜在病症的外出独行人群的紧急救助自动报警问题；本发明采用穿戴式服装监测其身体的生理参数，当判断出现生理参数异常时，自动触发语音救助报警系统进行实时救助报警，以便于救助人员(尤其是医护人员)快速到达现场，及时采取救助措施。

为了实现上述目的，本发明采用的技术方案如下。

一种远程救助自动报警服装，包括服装本体，还包括：脉搏传感器(3)，采集佩戴者的脉搏及心率信号；温度传感器(4)，采集佩戴者的体温信号；佩戴于手腕部的微控制器(2)，温度传感器(4)安装在微控制器(2)上，微控制器(2)与脉搏传感器(3)和温度传感器(4)连接接收二者所采集的信号，与预设的阈值比较，判断是否异常，当判断为异常时，向专用手机(1)发送救助报警触发信号；嵌入服装本体内的专用手机(1)，内置紧急联系号码，当接收到微控制器(2)发送的救助报警触发信号后，触发拨号功能，向所述紧急联系号码发出语音求助电话。

所述脉搏传感器(3)为指夹式，佩戴于手指上，采集佩戴者的脉搏及心率信号。

所述脉搏传感器(3)为穿戴式，通过具有伸缩功能的导线连接微控制器(2)。

所述微控制器(2)为 LPC2103。

所述语音求助电话为事先录制好的语音片段，该语音片段存储于专用手机(1)的存储卡中，在触发拨号功能时，根据存储路径调用该语音片段。

所述专用手机(1)内置 GPS 定位装置，在其语音电话中包含当前的 GPS 定位信息。在所述服装本体前胸位置嵌入装有柔性可弯曲太阳能电池一(5)，后背位置嵌入装有与柔性可弯曲太阳能电池一(5)通过柔性导线连接的柔性可弯曲太阳能电池二(6)，柔性可弯曲太阳能电池一(5)和柔性可弯曲太阳能电池二(6)均通过充放电控制器(10)给充电电池(11)充电，充电电池(11)给专用手机(1)及手腕部的微控制器(2)供电。

所述微控制器(2)依据生理参数智能判断服装是否处于穿戴状态，非穿戴情况下，关闭充电电池(11)的供电。

与现有技术相比，本发明可判断佩戴者身体异常，并通过手机向预先设定的亲友号码或者急救号码发出语音求助，帮助病患解决个人出行时遇到突发状况问题。

【附图说明】

图 8.18 是本发明结构示意图。

图 8.19 是本发明充放电控制结构示意图。

图 8.20 是本发明专用手机工作流程图。

图 8.21 是本发明手机自动拨号原理示意图。

【具体实施方式】

下面结合附图和实施例详细说明本发明的实施方式。

一种远程救助自动报警服装,如图 8.18 所示,包括服装本体,还包括:脉搏传感器(3),采集佩戴者的脉搏及心率信号。脉搏传感器(3)为指夹式,佩戴于手指上,采集佩戴者的脉搏及心率信号;或者为穿戴式,通过具有伸缩功能的导线连接微控制器(2)。温度传感器(4),采集佩戴者的体温信号。佩戴于手腕部的微控制器(2),为 LPC2103。温度传感器(4)安装在微控制器(2)上,微控制器(2)与脉搏传感器(3)和温度传感器(4)连接接收二者所采集的信号,与预设的阈值比较,判断是否异常,当判断为异常时,向专用手机(1)发送救助报警触发信号。嵌入服装本体内的专用手机(1),内置紧急联系号码,如亲友号码或者 120 等。当接收到微控制器(2)发送的救助报警触发信号后,触发拨号功能,向所述紧急联系号码发出语音求助电话。语音求助电话为事先录制好的语音片段,该语音片段存储于专用手机(1)的存储卡中,在触发拨号功能时,根据存储路径调用该语音片段。专用手机(1)内置 GPS 定位装置,在其语音电话中包含当前的 GPS 定位信息。

如图 8.19 所示,本发明的服装本体前胸位置嵌入装有柔性可弯曲太阳能电池一(5),后背位置嵌入装有与柔性可弯曲太阳能电池一(5)通过柔性导线连接的柔性可弯曲太阳能电池二(6),柔性可弯曲太阳能电池一(5)和柔性可弯曲太阳能电池二(6)均通过充放电控制器(10)给充电电池(11)充电,充电电池(11)给专用手机(1)及手腕部的微控制器(2)供电。微控制器(2)依据生理参数智能判断服装是否处于穿戴状态,非穿戴情况下,关闭充电电池(11)的供电。

如图 8.20 所示,系统开始工作,当微控制器(2)判断出异常,向专用手机(1)发送救助指令,即报警触发信号。专用手机(1)收到该指令后,首先基于内置的 GPS 定位装置读取当前的位置信息,然后读取救助号码即内置的紧急联系号码进行拨号,当接收到拨通信号,调用预先存储的语音片段和所读取的当前位置信息,一起发送至通话输入端。

具体地,本发明自动拨号原理如图 8.21 所示。手机自动拨号时,将事先存入的紧急联系号码读出,先发出触发脉冲作用于三极管 Q3,让专用手机(1)处于"摘机"状态,然后将事先存储的电话号码以此拨出,例如,拨号数字"0"时,微处理器 U1 发出"高电平"控制信号作用于三极管 Q1 的基极,Q1 导通,如同人为按下"0"键,然后,微处理器

U1 再发出"低电平"控制信号作用于三极管 Q1 的基极,Q1 关断,如同人为释放"0"键。

与现有技术相比,本发明可判断佩戴者身体异常,并通过手机向预先设定的亲友号码或者急救号码发出语音求助,帮助病患解决个人出行时遇到突发状况问题。

5. 说明书附图

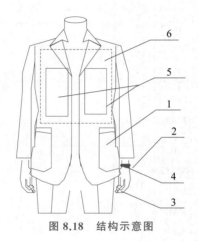

图 8.18　结构示意图

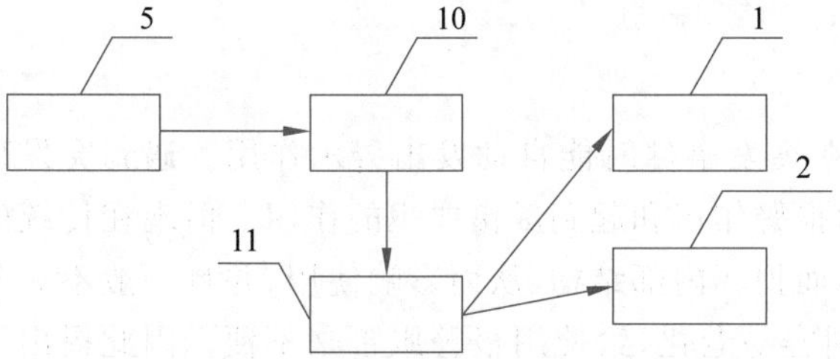

图 8.19　充放电控制结构示意图

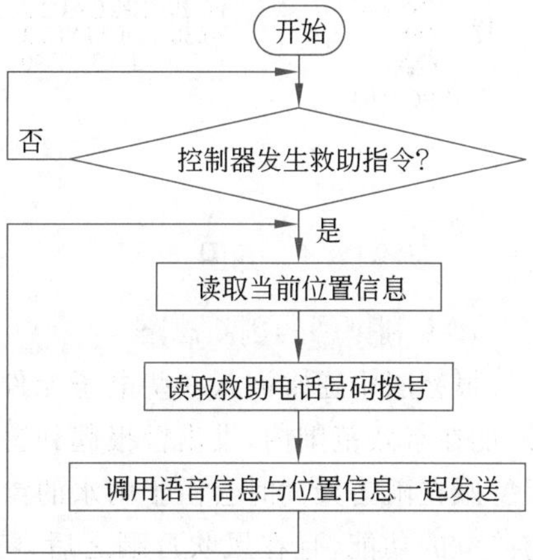

图 8.20　专用手机工作流程图

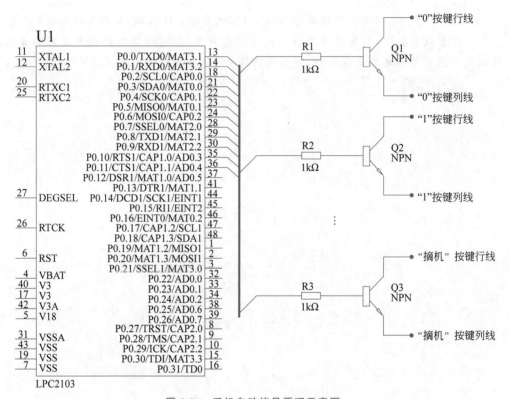

图 8.21 手机自动拨号原理示意图

8.2.2 实例 8.5(实用新型专利)一种防静电耐老化型报警服

1. 专利撰写的创新思路

报警服中通常嵌入一些电子元件,在突发事件时能自动发出警示作用。遇到突发事件,能在有效范围内,发出警报起到警示报警作用和起到威慑罪犯的作用。但现在传统的报警服在雨雪天气时会由于雨水的渗透而损坏内部结构,从而影响使用,并且一般不具备防静电的功能,且在风吹日晒之后,特别容易老化,给使用报警服带来不便。因此提出一种防静电耐老化型报警服。

2. 摘要

本实用新型适用于报警服技术领域,提供了一种防静电耐老化型报警服,包括壳体组件、报警组件和防静电耐老化组件。所述壳体组件包括报警服本体、领口和袖口，所述领口与所述报警服本体固定连接，且位于所述报警服本体的顶部，所述袖口的数量为两个，分别与所述报警服本体固定连接。通过设置感应式中和器使得该报警服可以消除静电，从而起到防静电的效果；还设置有防水尼龙布和绝缘布，增加了该报警服的安全性，即使是雨雪天气，也不会损坏内部的电器结构，从而影响使用，并且防水尼龙布具有很好的透气性，增加了报警服的舒适性；还设置有吸水布袋使得该报警服始终处于干燥状态，防止其被氧化之后老化。

3. 权利要求书

① 一种防静电耐老化型报警服，其特征在于：包括壳体组件(1)、报警组件(2)和防静电耐老化组件(3)。

所述壳体组件(1)包括报警服本体(11)、领口(12)和袖口(13)。所述领口(12)与所述报警服本体(11)固定连接，且位于所述报警服本体(11)的顶部。所述袖口(13)的数量为两个，分别与所述报警服本体(11)固定连接，且对称位于所述袖口(13)的两侧。

所述报警组件(2)包括报警器(21)、干电池盒(22)和干电池组(23)。所述报警器(21)与所述报警服本体(11)固定连接，且位于所述报警服本体(11)的前表面上。所述干电池盒(22)与所述报警服本体(11)固定连接，且位于所述报警器(21)的下方。所述干电池组(23)与所述干电池盒(22)可拆卸连接，且位于所述干电池盒(22)的内部。

所述防静电耐老化组件(3)包括感应式中和器(31)、防水尼龙布(32)、绝缘布(33)和吸水布袋(34)。所述感应式中和器(31)与所述报警服本体(11)固定连接，且位于所述报警器(21)的一侧。所述防水尼龙布(32)至少为一个，与所述感应式中和器(31)黏合固定，且位于所述感应式中和器(31)的内部。所述绝缘布(33)至少为一个，与所述防水尼龙布(32)黏合固定，且位于所述防水尼龙布(32)远离所述感应式中和器(31)的一侧。所述吸水布袋(34)与所述报警服本体(11)可拆卸连接，且位于所述绝缘布(33)与远离所述防水尼龙布(32)的一侧。

② 如权利要求①所述的一种防静电耐老化型报警服，其特征在于：所述报警服本体(11)开设有夹层。

③ 如权利要求①所述的一种防静电耐老化型报警服，其特征在于：所述壳体组件(1)还包括第一布袋(14)。所述第一布袋(14)与所述报警服本体(11)固定连接，且位

于所述感应式中和器(31)的外部。

④ 如权利要求①所述的一种防静电耐老化型报警服,其特征在于:所述壳体组件(1)还包括第二布袋(15)。所述第二布袋(15)与所述报警服本体(11)固定连接,且位于所述报警器(21)的外部。

⑤ 如权利要求①所述的一种防静电耐老化型报警服,其特征在于:所述壳体组件(1)还包括按扣(16)、魔术贴(17)和尼龙搭扣(18)。所述按扣(16)与所述领口(12)固定连接,且位于所述领口(12)的端口处。所述魔术贴(17)与报警服本体(11)固定连接,且位于所述报警服本体(11)的一端。所述尼龙搭扣(18)与所述报警服本体(11)固定连接,且位于所述报警服本体(11)的夹层内。

⑥ 如权利要求①所述的一种防静电耐老化型报警服,其特征在于:所述壳体组件(1)还包括连接带(19),每个所述袖口(13)的下端均固定连接有一个所述连接带(19)。

4. 说明书

一种防静电耐老化型报警服

【技术领域】

本实用新型属于报警服技术领域,尤其涉及一种防静电耐老化型报警服。

【背景技术】

随着社会的发展,人们将一些电子元件应用到衣服中发明出了一种在突发事件时,能自动发出警示作用的报警服。报警服的用途是及时发现罪犯、及时报警,保护人民的生命安全和国家的财产安全。工作人员穿着这种报警服后,遇到突发事件,都能在有效范围内发出警报,起到警示报警作用和威慑罪犯的作用。

原有的报警服在雨雪天气时会由于雨水的渗透而损坏内部结构,从而影响使用,并且一般不具备防静电的功能,且在风吹日晒之后,特别容易老化,给使用报警服带来不便。

【实用新型内容】

本实用新型提供一种防静电耐老化型报警服,旨在解决原有的报警服在雨雪天气时会由于雨水的渗透而损坏内部结构,从而影响使用,并且一般不具备防静电的功能,且在风吹日晒之后,特别容易老化,给使用报警服带来不便的问题。

本实用新型是这样实现的：一种防静电耐老化型报警服，包括壳体组件、报警组件和防静电耐老化组件。所述壳体组件包括报警服本体、领口和袖口。所述领口与所述报警服本体固定连接，且位于所述报警服本体的顶部。所述袖口的数量为两个，分别与所述报警服本体固定连接，且对称位于所述袖口的两侧。所述报警组件包括报警器、干电池盒和干电池组。所述报警器与所述报警服本体固定连接，且位于所述报警服本体的前表面上。所述干电池盒与所述报警服本体固定连接，且位于所述报警器的下方。所述干电池组与所述干电池盒可拆卸连接，且位于所述干电池盒的内部。所述防静电耐老化组件包括感应式中和器、防水尼龙布、绝缘布和吸水布袋。所述感应式中和器与所述报警服本体固定连接，且位于所述报警器的一侧。所述防水尼龙布至少为一个，与所述感应式中和器黏合固定，且位于所述感应式中和器的内部。所述绝缘布至少为一个，与所述防水尼龙布黏合固定，且位于所述防水尼龙布远离所述感应式中和器的一侧。所述吸水布袋与所述报警服本体可拆卸连接，且位于所述绝缘布与远离所述防水尼龙布的一侧。

本实用新型还提供优选的，所述报警服本体开设有夹层。

本实用新型还提供优选的，所述壳体组件还包括第一布袋，所述第一布袋与所述报警服本体固定连接，且位于所述感应式中和器的外部。

本实用新型还提供优选的，所述壳体组件还包括第二布袋，所述第二布袋与所述报警服本体固定连接，且位于所述报警器的外部。

本实用新型还提供优选的，所述壳体组件还包括按扣、魔术贴和尼龙搭扣。所述按扣与所述领口固定连接，且位于所述领口的端口处。所述魔术贴与报警服本体固定连接，且位于所述报警服本体的一端。所述尼龙搭扣与所述报警服本体固定连接，且位于所述报警服本体的夹层内。

本实用新型还提供优选的，所述壳体组件还包括连接带，每个所述袖口的下端均固定连接有一个所述连接带。

与现有技术相比，本实用新型的有益效果是：本实用新型的一种防静电耐老化型报警服，通过设置感应式中和器使得该报警服可以消除静电，从而起到防静电的效果；还设置有防水尼龙布和绝缘布，增加了该报警服的安全性，即使是雨雪天气，也不会损坏内部的电器结构，从而影响使用，并且防水尼龙布具有很好的透气性，增加了报警服的舒适性；还设置有吸水布袋，使得该报警服始终处于干燥状态，防止其被氧化之后老化。

【附图说明】

图 8.22 为本实用新型的内部结构示意图。

图 8.23 为本实用新型的正视图。

图 8.24 为本实用新型中报警服本体的剖视图。

图中，1-壳体组件，11-报警服本体，12-领口，13-袖口，14-第一布袋，15-第二布袋，16-按扣，17-魔术贴，18-尼龙搭扣，19-连接带，2-报警组件，21-报警器，22-干电池盒，23-干电池组，3-防静电耐老化组件，31-感应式中和器，32-防水尼龙布，33-绝缘布，34-吸水布袋。

【具体实施方式】

为了使本实用新型的目的、技术方案及优点更加清楚明白，以下结合附图及实施例，对本实用新型进行进一步详细说明。应当理解，此处所描述的具体实施例仅用以解释本实用新型，并不用于限定本实用新型。

请参阅图 8.22～图 8.24，本实用新型提供一种防静电耐老化型报警服技术方案，包括壳体组件（1）、报警组件（2）和防静电耐老化组件（3）。

壳体组件（1）包括报警服本体（11）、领口（12）和袖口（13），领口（12）与报警服本体（11）固定连接，且位于报警服本体（11）的顶部，袖口（13）的数量为两个，分别与报警服本体（11）固定连接，且对称位于袖口（13）的两侧。

在本实施方式中，壳体组件（1）包括报警服本体（11）、领口（12）和袖口（13），分别对应使用者的上身部分、脖颈部分和手臂部分。

报警组件（2）包括报警器（21）、干电池盒（22）和干电池组（23）。报警器（21）与报警服本体（11）固定连接，且位于报警服本体（11）的前表面上。干电池盒（22）与报警服本体（11）固定连接，且位于报警器（21）的下方。干电池组（23）与干电池盒（22）可拆卸连接，且位于干电池盒（22）的内部。

在本实施方式中，报警组件（2）包括用于发出报警声的报警器（21）和作为报警器（21）电源的干电池盒（22）和干电池组（23）。

防静电耐老化组件（3）包括感应式中和器（31）、防水尼龙布（32）、绝缘布（33）和吸水布袋（34）。感应式中和器（31）与报警服本体（11）固定连接，且位于报警器（21）的一侧。防水尼龙布（32）至少为一个，与感应式中和器（31）黏合固定，且位于感应式中和器（31）的内部。绝缘布（33）至少为一个，与防水尼龙布（32）黏合固定，且位于防水尼龙布（32）远离感应式中和器（31）的一侧。吸水布袋（34）与报警服本体（11）可拆卸连接,且位于绝缘布(33)与远离防水尼龙布(32)的一侧。

在本实施方式中,防静电耐老化组件(3)包括用于消除静电的感应式中和器(31)、防水透气且可以保护内部结构受到雨水侵害的防水尼龙布(32)、增加安全性的绝缘布(33)和用于吸收汗液从而达到耐老化目的的吸水布袋(34)。

进一步的,报警服本体(11)开设有夹层。

在本实施方式中,报警服本体(11)开设有夹层,以便于添加其他的功能性布料,从而改善报警服的性能。

进一步的,壳体组件(1)还包括第一布袋(14)。第一布袋(14)与报警服本体(11)固定连接,且位于感应式中和器(31)的外部。

在本实施方式中,壳体组件(1)还包括第一布袋(14)。第一布袋(14)的内表面依次黏合固定有防水尼龙布(32)和绝缘布(33),从而起到保护感应式中和器(31)的作用。

进一步的,壳体组件(1)还包括第二布袋(15)。第二布袋(15)与报警服本体(11)固定连接,且位于报警器(21)的外部。

在本实施方式中,壳体组件(1)还包括第二布袋(15)。第二布袋(15)位于报警器(21)、干电池盒(22)和干电池组(23)的外部。第二布袋(15)的内表面依次黏合固定有防水尼龙布(32)和绝缘布(33)起到保护作用。

进一步的,壳体组件(1)还包括按扣(16)、魔术贴(17)和尼龙搭扣(18)。按扣(16)与领口(12)固定连接,且位于领口(12)的端口处。魔术贴(17)与报警服本体(11)固定连接,且位于报警服本体(11)的一端。尼龙搭扣(18)与报警服本体(11)固定连接,且位于报警服本体(11)的夹层内。

在本实施方式中,壳体组件(1)还包括按扣(16)、魔术贴(17)和尼龙搭扣(18)。按扣(16)用于将领口(12)固定。魔术贴(17)用于固定报警服本体(11)。尼龙搭扣(18)用于将吸水布袋(34)固定在报警服本体(11)的夹层中。

进一步的,壳体组件(1)还包括连接带(19)。每个袖口(13)的下端均固定连接有一个连接带(19)。

在本实施方式中,壳体组件(1)还包括连接带(19)。连接带(19)包裹在袖口(13)的外部,从而将最易被磨坏的袖口(13)给保护起来。

本实用新型的工作原理及使用流程:本实用新型安装好过后,将该报警服传到身上,报警服本体(11)、领口(12)和袖口(13)依次对应使用者的上身部分、脖颈部分和手臂部分。将按扣(16)和魔术贴(17)扣上,当有静电产生时,位于第一布袋(14)内部的感应式中和器(31)的放电尖端在带电体的感应下会出现异性电荷,以中和外部的带电离子,消除静电。当使用者流汗时,吸水布袋(34)会将开始吸汗,吸水布袋(34)是可以更换的,更换时只需要扯开尼龙搭扣(18),将吸水布袋(34)拿出即可。防水尼龙布(32)可以防止外部的雨水等损坏第二布袋(15)内的报警器(21)、干电池盒(22)和干电池组(23),从而影响使用,并且防水尼龙布(32)具有良好的透气性,穿着更加舒适。绝缘布(33)使得使用者在穿着该报警服时更加安全,完成了一种防静电耐老化型报警服的使用流程。

以上所述仅为本实用新型的较佳实施例而已,并不用以限制本实用新型,凡在本实用新型的精神和原则之内所做的任何修改、等同替换和改进等,均应包含在本实用新型的保护范围之内。

5. 说明书附图

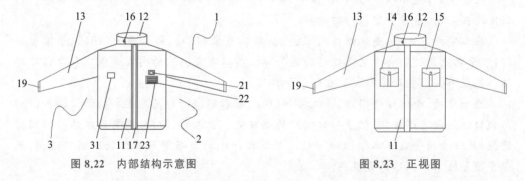

图 8.22 内部结构示意图   图 8.23 正视图

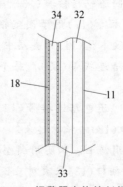

图 8.24 报警服本体的剖视图

8.2.3 实例8.6(实用新型专利)一种具有吸汗功能的警报服

1. 专利撰写的创新思路

警报服是一种具有警示报警功能的衣服,由于现在老龄化严重,年轻人给予老人的关注越来越少,对于老人的出行造成极大的不便,针对这种需求,警报服应运而生。但是现有的警报服存在以下的缺陷:衣服选取的面料不利于提升吸汗效果;不利于防静电;吸汗效果差,无法吸取身体上的汗液。针对这种缺陷,提出一种具有吸汗功能的警报服。

2. 摘要

本实用新型公开了一种具有吸汗功能的警报服,包括衣身、衣袖、报警器、吸汗组件、荧光条和口袋。所述衣身的内侧安装有吸汗组件;所述衣身包括第一棉布层、第一防静电层、醋酯纤维层、化纤织物层、透气层、第二防静电层和第二棉布层。所述第一棉布层的顶部缝接有第一防静电层。所述第一防静电层的顶部缝接有醋酯纤维层,且醋酯纤维层的顶部缝接有化纤织物层。所述化纤织物层的顶部缝接有透气层。所述透气层的顶部缝接有第二防静电层,且第二防静电层的顶部缝接有第二棉布层。所述吸汗组件包括包装袋、透气孔、碳酸镁层、发泡聚苯乙烯层和吸水棉。本实用新型,有利于防静电;提高吸汗效果,有助于吸取身体上的汗液。

3. 权利要求书

① 一种具有吸汗功能的警报服,包括:衣身(1)、衣袖(2)、报警器(3)、吸汗组件(4)、荧光条(5)和口袋(6)。其特征在于:所述衣身(1)的内侧安装有吸汗组件(4)。

所述衣身(1)包括第一棉布层(11)、第一防静电层(12)、醋酯纤维层(13)、化纤织物层(14)、透气层(15)、第二防静电层(16)和第二棉布层(17)。所述第一棉布层(11)的顶部缝接有第一防静电层(12)。所述第一防静电层(12)的顶部缝接有醋酯纤维层(13),且醋酯纤维层(13)的顶部缝接有化纤织物层(14)。所述化纤织物层(14)的顶部缝接有透气层(15)。所述透气层(15)的顶部缝接有第二防静电层(16),且第二防静电层(16)的顶部缝接有第二棉布层(17)。

所述吸汗组件(4)包括包装袋(41)、透气孔(42)、碳酸镁层(43)、发泡聚苯乙烯层(44)和吸水棉(45)。所述包装袋(41)缝接在衣身(1)的内侧,且包装袋(41)的外侧开设有若干个透气孔(42)。所述包装袋(41)的内侧贴合有吸水棉(45)。所述包装袋(41)的内部填充有碳酸镁层(43)和发泡聚苯乙烯层(44)。

② 根据权利要求①所述的一种具有吸汗功能的警报服,其特征在于:所述第一棉布层(11)与第二棉布层(17)上均开设有通孔。

③ 根据权利要求①所述的一种具有吸汗功能的警报服,其特征在于:所述衣身(1)的一侧缝接有口袋(6),且口袋(6)内放置有报警器(3)。

④ 根据权利要求①所述的一种具有吸汗功能的警报服,其特征在于:所述衣身(1)的两侧对称缝接有衣袖(2)。

⑤ 根据权利要求①所述的一种具有吸汗功能的警报服,其特征在于:所述衣身(1)的背面缝接有荧光条(5),且荧光条(5)设置有两条。

4. 说明书

一种具有吸汗功能的警报服

【技术领域】

本实用新型涉及衣服技术领域,具体为一种具有吸汗功能的警报服。

【背景技术】

警报服是一种具有警示报警功能的衣服,由于现在老龄化严重,年轻人给予老人的关注越来越少,对于老人的出行造成极大的不便,针对这种需求,警报服应运而生。

但是现有的警报服存在以下的缺陷:衣服选取的面料不利于提升吸汗效果;不利于防静电;吸汗效果差,无法吸取身体上的汗液;针对这种缺陷,设计一种具有吸汗功能的警报服是很有必要的。

【实用新型内容】

本实用新型的目的在于提供一种具有吸汗功能的警报服,以解决上述背景技术中提出的问题。

为了解决上述技术问题,本实用新型提供如下技术方案:一种具有吸汗功能的警报服,包括衣身、衣袖、报警器、吸汗组件、荧光条和口袋。所述衣身的内侧安装有吸汗组件。

所述衣身包括第一棉布层、第一防静电层、醋酯纤维层、化纤织物层、透气层、第二防静电层和第二棉布层。所述第一棉布层的顶部缝接有第一防静电层。所述第一防静电层的顶部缝接有醋酯纤维层,且醋酯纤维层的顶部缝接有化纤织物层。所述化纤织物层的顶部缝接有透气层。所述透气层的顶部缝接有第二防静电层,且第二防静电层的顶部缝接有第二棉布层。

所述吸汗组件包括包装袋、透气孔、碳酸镁层、发泡聚苯乙烯层和吸水棉。所述包装袋缝接在衣身的内侧，且包装袋的外侧开设有若干个透气孔。所述包装袋的内侧贴合有吸水棉。所述包装袋的内部填充有碳酸镁层和发泡聚苯乙烯层。

进一步的，所述第一棉布层与第二棉布层上均开设有通孔。

进一步的，所述衣身的一侧缝接有口袋，且口袋内放置有报警器。

进一步的，所述衣身的两侧对称缝接有衣袖。

进一步的，所述衣身的背面缝接有荧光条，且荧光条设置有两条。

与现有技术相比，本实用新型所达到的有益效果是：

（1）第一棉布层和第二棉布层的设置，有利于提升吸汗效果。

（2）第一防静电层和第二防静电层的设置，有利于防静电。

（3）碳酸镁层和发泡聚苯乙烯层相互混合填充在包装袋的内部，包装袋贴合于身体时，吸水棉起到吸汗的作用，同时碳酸镁层和发泡聚苯乙烯层吸汗能力强，提高吸汗效果，有助于吸取身体上的汗液。

【附图说明】

附图用来提供对本实用新型的进一步理解，并且构成说明书的一部分，与本实用新型的实施例一起用于解释本实用新型，并不构成对本实用新型的限制。

图 8.25 是本实用新型的整体正视图。

图 8.26 是本实用新型的衣身内侧结构示意图。

图 8.27 是本实用新型的吸汗组件结构示意图。

图 8.28 是本实用新型的整体后视图。

图 8.29 是本实用新型的衣身内部结构示意图。

图 8.30 是本实用新型的警报组件结构示意图。

图中，1-衣身，11-第一棉布层，12-第一防静电层，13-醋酯纤维层，14-化纤织物层，15-透气层，16-第二防静电层，17-第二棉布层，2-衣袖，3-报警器，4-吸汗组件，41-包装袋，42-透气孔，43-碳酸镁层，44-发泡聚苯乙烯层，45-吸水棉，5-荧光条，6-口袋。

【具体实施方式】

下面将结合本实用新型实施例中的附图，对本实用新型实施例中的技术方案进行清楚、完整地描述。显然，所描述的实施例仅是本实用新型一部分实施例，而不是全部的实施例。基于本实用新型中的实施例，本领域普通技术人员在没有作出创造性劳动前提下所获得的所有其他实施例，都属本实用新型保护的范围。

请参阅图 8.25～图 8.30。本实用新型提供一种技术方案：一种具有吸汗功能的警报服，包括衣身(1)、衣袖(2)、报警器(3)、吸汗组件(4)、荧光条(5)和口袋(6)。衣身(1)的两侧对称缝接有衣袖(2)，有利于穿戴。衣身(1)的背面缝接有荧光条(5)，且荧光条(5)设置有两条，有利于反光，警示别人。衣身(1)的内侧安装有吸汗组件(4)。衣身(1)包括第一棉布层(11)、第一防静电层(12)、醋酯纤维层(13)、化纤织物层(14)、透气层(15)、第二防静电层(16)和第二棉布层(17)。第一棉布层(11)的顶部缝接有第一防静电层(12)。第一防静电层(12)的顶部缝接有醋酯纤维层(13)，且醋酯纤维层(13)的顶部缝接有化纤织物层(14)。化纤织物层(14)的顶部缝接有透气层(15)。透气层(15)为一种 PTFE 膜材料，透气层(15)的顶部缝接有第二防静电层(16)，且第二防静电层(16)的顶部缝接有第二棉布层(17)。第一棉布层(11)与第二棉布层(17)上均开设有通孔，有利于透气。第一防静电层(12)与第二防静电层(16)均为一种导电纤维材料构件，有利于防静电。吸汗组件(4)包括包装袋(41)、透气孔(42)、碳酸镁层(43)、发泡聚苯乙烯层(44)和吸水棉(45)。包装袋(41)缝接在衣身(1)的内侧，且包装袋(41)的外侧开设有若干个透气孔(42)。包装袋(41)的内侧贴合有吸水棉(45)，包装袋(41)的内部填充有碳酸镁层(43)和发泡聚苯乙烯层(44)。第一棉布层(11)和第二棉布层(17)的设置，有利于提升吸汗效果。衣身(1)的一侧缝接有口袋(6)，且口袋(6)内放置有报警器(3)，通过按压报警器(3)开关，有利于报警。第一防静电层(12)和第二防静电层(16)的设置，有利于防静电。透气层(15)的设置，有利于提升透气效果。碳酸镁层(43)和发泡聚苯乙烯层(44)相互混合填充在包装袋(41)的内部。包装袋(41)贴合于身体时，吸水棉(45)起到吸汗的作用，同时碳酸镁层(43)和发泡聚苯乙烯层(44)吸汗能力强，提高吸汗效果，有助于吸取身体上的汗液。

需要说明的是，在本文中，诸如第一和第二等之类的关系术语仅用来将一个实体或者操作与另一个实体或操作区分开来，而不一定要求或者暗示这些实体或操作之间存在任何这种实际的关系或者顺序。而且，术语"包括""包含"或者其任何其他变体意在涵盖非排他性的包含，从而使得包括一系列要素的过程、方法、物品或者设备不仅包括那些要素，而且还包括没有明确列出的其他要素，或者是还包括为这种过程、方法、物品或者设备所固有的要素。

最后应说明的是：以上所述仅为本实用新型的优选实施例而已，并不用于限制本实用新型，尽管参照前述实施例对本实用新型进行了详细的说明，对于本领域的技术人员来说，其依然可以对前述各实施例所记载的技术方案进行修改，或者对其中部分技术特征进行等同替换。凡在本实用新型的精神和原则之内，所做的任何修改、等同替换、改进等，均应包含在本实用新型的保护范围之内。

5. 说明书附图

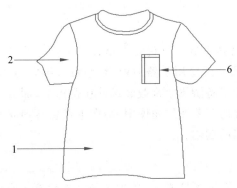

图 8.25 整体正视图

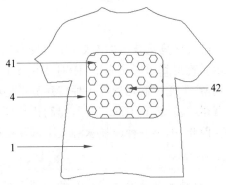

图 8.26 衣身内侧结构示意图

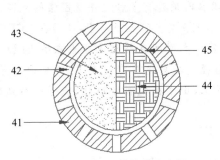

图 8.27 吸汗组件结构示意图

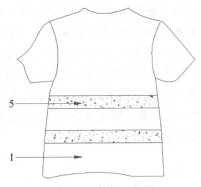

图 8.28 整体后视图

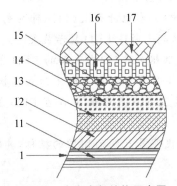

图 8.29 衣身内部结构示意图

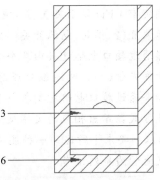

图 8.30 警报组件结构示意图

8.2.4 实例8.7(发明专利)一种能显示游飞字幕及绚丽图案的摆裙

1. 专利撰写的创新思路

随着计算机技术的发展,显示技术也得以迅猛发展。以智能显示技术为核心的各类显示系统得到了广泛应用,特别是游飞字幕显示广泛应用于路演剪彩、项目宣讲启动、游乐场所、工业控制现场等各种特殊显示场合。如果将游飞字幕改装设计在摆裙上,那么随着摆裙的转动,其上的控制器控制让其显示环绕的字幕及绚丽图案,会产生意想不到的效果。因此,提出一种能显示游飞字幕及绚丽图案的摆裙。

2. 摘要

一种能显示游飞字幕及绚丽图案的摆裙,包括摆裙主体,摆裙主体上固定有LED显示装置、充电电源和电源开关。充电电源为LED显示装置供电,电源开关控制通断。LED显示装置包括微处理器,微处理器通过接口电路连接由多个分布于摆裙内表面的LED发光管组成的LED显示发光管。微处理器内预存有多种文字及图案的点阵状态控制指令,该控制指令通过接口电路控制各个LED发光管点亮与否,从而在LED显示发光管上以点亮方式显示出相应的文字及图案。本发明在裙摆主体上点缀LED显示装置,利用微处理器将文字及图案的点阵状态经过接口电路发送至LED显示发光管,将要显示的字幕及图案显示在LED显示装置上,由于视觉暂留现象,使得观察到的是连续的文字及图案。

3. 权利要求书

① 一种能显示游飞字幕及绚丽图案的摆裙,包括摆裙主体(1),其特征在于:摆裙主体(1)上固定有LED显示装置(2)、充电电源(5)和电源开关(4)。所述充电电源(5)为LED显示装置(2)供电,电源开关(4)控制通断。所述LED显示装置(2)包括微处理器,微处理器通过接口电路连接由多个分布于摆裙主体(1)内表面的LED发光管组成的LED显示发光管(3)。所述微处理器内预存有多种文字及图案的点阵状态控制指令,该控制指令通过接口电路控制各个LED发光管点亮与否,从而在LED显示发光管(3)上以点亮方式显示出相应的文字及图案。

② 根据权利要求①所述的一种能显示游飞字幕及绚丽图案的摆裙,其特征在于:所述LED发光管为单列排布。

③ 根据权利要求①所述的一种能显示游飞字幕及绚丽图案的摆裙,其特征在于:所述多种文字及图案预先存储在微处理器内的存储器里,显示时通过预先设定的显示次序依次进行显示。

④ 根据权利要求③所述的一种能显示游飞字幕及绚丽图案的摆裙,其特征在于:将所述多种文字及图案转换成点阵数据,然后将此点阵数据按照文字及图案的显示顺序嵌入程序中,采用程序控制将此点阵数据显示于 LED 发光管上,各个发光管的发光时间间隔为 $20\mu m \sim 80ms$。

4. 说明书

一种能显示游飞字幕及绚丽图案的摆裙

【技术领域】

本发明属于服装领域,特别涉及一种能显示游飞字幕及绚丽图案的摆裙。

【背景技术】

裙子是上天送给女人最特别的礼物,穿上它不但能秀出自己的身材,而且能立刻散发出女性的光芒。摆裙是近年时尚界里永不褪色的经典元素,不经意间的旋转透露出性感和优雅的知性风格,让女性看起来迷人又有高贵感。然而,目前的摆裙较为单调,停留在布料和形式以及图案上,缺乏令人耳目一新的设计,并且在旋转过程中,图案单一,显示时间短,效果不佳。

【发明内容】

为了克服上述现有技术的缺点,本发明的目的在于提供一种能显示游飞字幕及绚丽图案的摆裙,在摆裙旋转过程中能显示游飞字幕及绚丽图案,特别适宜服装模特进行服装走秀。

为了实现上述目的,本发明采用的技术方案是:

一种能显示游飞字幕及绚丽图案的摆裙,包括摆裙主体(1),摆裙主体(1)上固定有 LED 显示装置(2)、充电电源(5)和电源开关(4)。所述充电电源(5)为 LED 显示装置(2)供电,电源开关(4)控制通断。所述 LED 显示装置(2)包括微处理器,微处理器通过接口电路连接由多个分布于摆裙主体(1)内表面的 LED 发光管组成的 LED 显示发光管(3)。所述微处理器内预存有多种文字及图案的点阵状态控制指令,该控制指令通过接口电路控制各个 LED 发光管点亮与否,从而在 LED 显示发光管(3)上以点亮方式显示出相应的文字及图案。

所述 LED 发光管为单列排布。

所述多种文字及图案预先存储在微处理器内的存储器里,显示时通过预先设定的显示次序依次进行显示。

将所述多种文字及图案转换成点阵数据,然后将此点阵数据按照文字及图案的显示顺序嵌入程序中,采用程序控制将此点阵数据显示于 LED 发光管上,各个发光管的发光时间间隔为 $20\mu s \sim 80ms$,具体时间数值由模特旋转速度确定。

与现有技术相比,本发明的有益效果是:

本发明通过在摆裙上点缀 LED 显示装置,利用微处理器将文字及图案的点阵状态经过接口电路发送至 LED 显示发光管,将要显示的字幕及图案显示在 LED 显示装置上,由于人的视觉暂留现象,使得观众观察到的是连续的文字及图案。

【附图说明】

图 8.31 是本发明结构示意图。

图 8.32 是本发明实施例一的控制流程图。

图 8.33 是本发明实施例二的控制流程图。

【具体实施方式】

下面结合附图和实施例详细说明本发明的实施方式。

参见图 8.31,一种能显示游飞字幕及绚丽图案的摆裙包括以下步骤。

固定于裙摆主体(1)上的 LED 显示装置(2),在 LED 显示装置(2)上焊接有微处理器及 LED 显示发光管(3)。另外,在摆裙主体(1)的腰间放置有充电电池(5)及电源开关(4)。

第一,当服装模特旋转摆裙主体(1)至一定速度时,模特通过启动腰间的电源开关(4)启动 LED 显示装置(2)开始工作。

第二,LED 显示装置(2)开始工作时,微处理器将文字及图案的点阵状态经过接口电路发送至 LED 显示发光管,由于人的视觉暂留现象,周围观众观察到的是连续的文字及图案。

本发明的实施例一，要显示的为文字，文字为"欢迎光临"，其控制流程如下。

　　先用转换软件转换成点阵数据如下。

欢（0）迎（1）光（2）临（3）
{0xFF, 0xFF, 0xFF, 0xFF, 0xFF, 0xFF, 0xFF, 0xFF, 0xFD, 0xFF, 0xFF, 0xFF, 0xFD, 0xFF,
0xFF, 0xFF, 0xFD, 0xFF, 0xFF, 0xFF, 0xFD, 0xFF, 0xFF, 0xFF, 0xFD, 0xFF, 0xFF, 0xFF,
0xFD, 0xFF, 0xFF, 0xFF},
{0xFD, 0xFF, 0x5F, 0xFF, 0xFD, 0xFE, 0xDF, 0xFF, 0xFD, 0xF7, 0xEF, 0xFF, 0xFD, 0xBF,
0xF3, 0xFF, 0xFD, 0xFF, 0xFC, 0x7F, 0xFF, 0xFF, 0xFF, 0xFF, 0xFF, 0xFF, 0xFF, 0xFF,
0xFF, 0xFF, 0xFF, 0xFF},
{0xFF, 0xFF, 0xFF, 0xFF, 0xFF, 0xBF, 0xFF, 0x7F, 0xF9, 0xBF, 0xFD, 0xFF, 0xEF, 0xBF,
0xFF, 0xFF, 0xFF, 0xBE, 0xFF, 0xFF, 0xFF, 0xB7, 0xFF, 0xFF, 0xFF, 0xBF, 0xFF, 0xFF,
0xFF, 0xBF, 0xFF, 0xFF},
{0xFF, 0xBF, 0xFF, 0x7F, 0xFF, 0xBF, 0xFF, 0xFF, 0xFF, 0xBF, 0xFF, 0xEF, 0xFF, 0xBF,
0xFF, 0xE7, 0xFF, 0x9F, 0xFF, 0xF7, 0xFF, 0xFF, 0xFF, 0xFF, 0xFF, 0xFF, 0xFF, 0xFF,
0xFF, 0xFF, 0xFF, 0xFF}, /* "欢", 0 */

{0xFF, 0xFF, 0xFF, 0xFF, 0xFF, 0xFF, 0xFF, 0xDF, 0xFF, 0xFB, 0xFF, 0x8F, 0xFF, 0xFB,
0xFF, 0x9F, 0xEF, 0xFB, 0xFF, 0x3F, 0xF3, 0xFB, 0xFF, 0x7F, 0xF0, 0xF0, 0x00, 0xFF,
0xF8, 0xF0, 0x00, 0xFF},
{0xFF, 0xFF, 0xFF, 0x7F, 0xFF, 0xFF, 0xFF, 0xBF, 0xFF, 0xFF, 0xFF, 0xDF, 0xFF, 0xFF,
0xFF, 0xCF, 0xF8, 0x00, 0x03, 0xEF, 0xFC, 0x00, 0x03, 0xEF, 0xFB, 0xFF, 0xE7, 0xE7,
0xFB, 0xFF, 0xCF, 0xE7},
{0xF7, 0xFF, 0xDF, 0xE7, 0xF7, 0xFF, 0xDF, 0xE7, 0xE7, 0xFF, 0xBF, 0xE7, 0xEF, 0xFF,
0xFF, 0xE7, 0xFC, 0x00, 0x00, 0x27, 0xFE, 0x00, 0x00, 0x67, 0xFE, 0xFF, 0xFF, 0xE7,
0xFE, 0xFF, 0xFF, 0xE7},
{0xFE, 0xFF, 0xF7, 0xE7, 0xFE, 0xFF, 0xF7, 0xE7, 0xFE, 0xFF, 0xF3, 0xE7, 0xF8, 0x00,
0x03, 0xE7, 0xFD, 0xFF, 0xFF, 0xE7, 0xFF, 0xFF, 0xFF, 0xEF, 0xFF, 0xFF, 0xFF, 0xFF,
0xFF, 0xFF, 0xFF, 0xFF}, /* "迎", 1 */

{0xFF, 0xFF, 0xFF, 0xFF, 0xFF, 0xFF, 0xFF, 0xFF, 0xFF, 0xFD, 0xFF, 0xFD, 0xFF, 0xFC,
0xFF, 0xFD, 0xFF, 0xFD, 0xFF, 0xFB, 0xFF, 0xFD, 0xFF, 0xFB, 0xFF, 0xFD, 0xFF, 0xF7,
0xFD, 0xFD, 0xFF, 0xEF},
{0xFE, 0xFD, 0xFF, 0xCF, 0xFE, 0x3D, 0xFF, 0x1F, 0xFF, 0x05, 0xF8, 0x3F, 0xFF, 0x8C,
0x00, 0xFF, 0xFF, 0xFC, 0x0F, 0xFF, 0xFF, 0xFD, 0xFF, 0xFF, 0xFF, 0xFD, 0xFF, 0xFF,
0xC0, 0x01, 0xFF, 0xFF},
{0xE0, 0x01, 0xFF, 0xFF, 0xEF, 0xFD, 0xFF, 0xFF, 0xFF, 0xFC, 0x00, 0x07, 0xFF, 0xFC,
0x00, 0x03, 0xFF, 0xF1, 0xFF, 0xF3, 0xFF, 0xCD, 0xFF, 0xF3, 0xFE, 0x1D, 0xFF, 0xF3,
0xFC, 0x3D, 0xFF, 0xF3},

```
{0xFC, 0xFD, 0xFF, 0xF3, 0xFE, 0xFD, 0xFF, 0xF3, 0xFF, 0xFD, 0xFF, 0xF3, 0xFF, 0xF9,
0xFF, 0xF3, 0xFF, 0xFD, 0xFC, 0x03, 0xFF, 0xFF, 0xFF, 0xE7, 0xFF, 0xFF, 0xFF, 0xFF,
0xFF, 0xFF, 0xFF, 0xFF}, /* "光",2 */

{0xFF, 0xFF, 0xFF, 0xFF, 0xFF, 0xFF, 0xFF, 0xFF, 0xFF, 0xFF, 0xFF, 0xFF, 0xFC, 0x00,
0x00, 0x3F, 0xFE, 0x00, 0x00, 0x7F, 0xFE, 0xFF, 0xFF, 0xFF, 0xFF, 0xFF, 0xFF, 0xFF,
0xFF, 0xFF, 0xFF, 0xFF},
{0xC0, 0x00, 0x00, 0x01, 0xC0, 0x00, 0x00, 0x01, 0xEF, 0xFF, 0xFF, 0xFF, 0xFF, 0xFE,
0xFF, 0xFF, 0xFF, 0xFD, 0xFF, 0xFF, 0xFF, 0xF3, 0xFF, 0xFF, 0xFF, 0xC7, 0x80, 0x01,
0xFF, 0x1F, 0x80, 0x03},
{0xF8, 0x3F, 0xBF, 0xEF, 0xC1, 0x7F, 0xBF, 0xEF, 0xC7, 0x5F, 0xBF, 0xEF, 0xEF, 0x6F,
0xBF, 0xEF, 0xFF, 0x67, 0x80, 0x0F, 0xFF, 0x73, 0x80, 0x0F, 0xFF, 0x70, 0xBF, 0xEF,
0xFF, 0x78, 0xBF, 0xEF},
{0xFF, 0x7F, 0xBF, 0xEF, 0xFF, 0x7F, 0xBF, 0xEF, 0xFE, 0x7F, 0x80, 0x01, 0xFE, 0x7F,
0x00, 0x03, 0xFF, 0x7F, 0xBF, 0xFF, 0xFF, 0xFF, 0xFF, 0xFF, 0xFF, 0xFF, 0xFF, 0xFF,
0xFF, 0xFF, 0xFF, 0xFF}, /* "临",3 */
```

然后,如图 8.32 所示,先进行初始化及设定显示字符数,进而显示数据的低位及高位,延时一段时间后暂时关闭 LED 显示,然后再跳向上方重复操作,直到将所有字符显示完毕,然后再重复显示。

具体的程序如下。

```
#include "NEW_8051.H"
#define uchar unsigned char
#define uint unsigned int     //宏定义
uchar code zimo[]={

{0xFF, 0xFF, 0xFF, 0xFF, 0xFF, 0xFF, 0xFF, 0xFF, 0xFD, 0xFF, 0xFF, 0xFF, 0xFD, 0xFF,
0xFF, 0xFF, 0xFD, 0xFF, 0xFF, 0xFF, 0xFD, 0xFF, 0xFF, 0xFF, 0xFD, 0xFF, 0xFF, 0xFF,
0xFD, 0xFF, 0xFF, 0xFF},
{0xFD, 0xFF, 0x5F, 0xFF, 0xFD, 0xFE, 0xDF, 0xFF, 0xFD, 0xF7, 0xEF, 0xFF, 0xFD, 0xBF,
0xF3, 0xFF, 0xFD, 0xFF, 0xFC, 0x7F, 0xFF, 0xFF, 0xFF, 0xFF, 0xFF, 0xFF, 0xFF, 0xFF,
0xFF, 0xFF, 0xFF, 0xFF},
{0xFF, 0xFF, 0xFF, 0xFF, 0xFF, 0xBF, 0xFF, 0x7F, 0xF9, 0xBF, 0xFD, 0xFF, 0xEF, 0xBF,
0xFF, 0xFF, 0xBE, 0xFF, 0xFF, 0xFF, 0xB7, 0xFF, 0xFF, 0xFF, 0xBF, 0xFF, 0xFF,
0xFF, 0xBF, 0xFF, 0xFF},
{0xFF, 0xBF, 0xFF, 0x7F, 0xFF, 0xBF, 0xFF, 0xFF, 0xFF, 0xBF, 0xFF, 0xEF, 0xFF, 0xBF,
0xFF, 0xE7, 0xFF, 0x9F, 0xFF, 0xF7, 0xFF, 0xFF, 0xFF, 0xFF, 0xFF, 0xFF, 0xFF, 0xFF,
0xFF, 0xFF, 0xFF, 0xFF}, /* "欢",0 */
```

```
{0xFF, 0xFF, 0xFF, 0xFF, 0xFF, 0xFF, 0xFF, 0xDF, 0xFF, 0xFB, 0xFF, 0x8F, 0xFF, 0xFB,
0xFF, 0x9F, 0xEF, 0xFB, 0xFF, 0x3F, 0xF3, 0xFB, 0xFF, 0x7F, 0xF0, 0xF0, 0x00, 0xFF,
0xF8, 0xF0, 0x00, 0xFF},
{0xFF, 0xFF, 0xFF, 0x7F, 0xFF, 0xFF, 0xFF, 0xBF, 0xFF, 0xFF, 0xFF, 0xDF, 0xFF, 0xFF,
0xFF, 0xCF, 0xF8, 0x00, 0x03, 0xEF, 0xFC, 0x00, 0x03, 0xEF, 0xFB, 0xFF, 0xE7, 0xE7,
0xFB, 0xFF, 0xCF, 0xE7},
{0xF7, 0xFF, 0xDF, 0xE7, 0xF7, 0xFF, 0xDF, 0xE7, 0xE7, 0xFF, 0xBF, 0xE7, 0xEF, 0xFF,
0xFF, 0xE7, 0xFC, 0x00, 0x00, 0x27, 0xFE, 0x00, 0x00, 0x67, 0xFE, 0xFF, 0xFF, 0xE7,
0xFE, 0xFF, 0xFF, 0xE7},
{0xFE, 0xFF, 0xF7, 0xE7, 0xFE, 0xFF, 0xF7, 0xE7, 0xFE, 0xFF, 0xF3, 0xE7, 0xF8, 0x00,
0x03, 0xE7, 0xFD, 0xFF, 0xFF, 0xE7, 0xFF, 0xFF, 0xFF, 0xEF, 0xFF, 0xFF, 0xFF, 0xFF,
0xFF, 0xFF, 0xFF, 0xFF},/ * "迎",1 * /

{0xFF, 0xFF, 0xFF, 0xFF, 0xFF, 0xFF, 0xFF, 0xFF, 0xFF, 0xFD, 0xFF, 0xFD, 0xFF, 0xFC,
0xFF, 0xFD, 0xFF, 0xFD, 0xFF, 0xFB, 0xFF, 0xFD, 0xFF, 0xFB, 0xFF, 0xFD, 0xFF, 0xF7,
0xFD, 0xFD, 0xFF, 0xEF},
{0xFE, 0xFD, 0xFF, 0xCF, 0xFE, 0x3D, 0xFF, 0x1F, 0xFF, 0x05, 0xF8, 0x3F, 0xFF, 0x8C,
0x00, 0xFF, 0xFF, 0xFC, 0x0F, 0xFF, 0xFF, 0xFD, 0xFF, 0xFF, 0xFF, 0xFD, 0xFF, 0xFF,
0xC0, 0x01, 0xFF, 0xFF},
{0xE0, 0x01, 0xFF, 0xFF, 0xEF, 0xFD, 0xFF, 0xFF, 0xFF, 0xFC, 0x00, 0x07, 0xFF, 0xFC,
0x00, 0x03, 0xFF, 0xF1, 0xFF, 0xF3, 0xFF, 0xCD, 0xFF, 0xF3, 0xFE, 0x1D, 0xFF, 0xF3,
0xFC, 0x3D, 0xFF, 0xF3},
{0xFC, 0xFD, 0xFF, 0xF3, 0xFE, 0xFD, 0xFF, 0xF3, 0xFF, 0xFD, 0xFF, 0xF3, 0xFF, 0xF9,
0xFF, 0xF3, 0xFF, 0xFD, 0xFC, 0x03, 0xFF, 0xFF, 0xFF, 0xE7, 0xFF, 0xFF, 0xFF, 0xFF,
0xFF, 0xFF, 0xFF, 0xFF},/ * "光",2 * /

{0xFF, 0xFF, 0xFF, 0xFF, 0xFF, 0xFF, 0xFF, 0xFF, 0xFF, 0xFF, 0xFF, 0xFF, 0xFC, 0x00,
0x00, 0x3F, 0xFE, 0x00, 0x00, 0x7F, 0xFE, 0xFF, 0xFF, 0xFF, 0xFF, 0xFF, 0xFF, 0xFF,
0xFF, 0xFF, 0xFF, 0xFF},
{0xC0, 0x00, 0x00, 0x01, 0xC0, 0x00, 0x00, 0x01, 0xEF, 0xFF, 0xFF, 0xFF, 0xFF, 0xFE,
0xFF, 0xFF, 0xFF, 0xFD, 0xFF, 0xFF, 0xF3, 0xFF, 0xFF, 0xFF, 0xC7, 0x80, 0x01,
0xFF, 0x1F, 0x80, 0x03},
{0xF8, 0x3F, 0xBF, 0xEF, 0xC1, 0x7F, 0xBF, 0xEF, 0xC7, 0x5F, 0xBF, 0xEF, 0xEF, 0x6F,
0xBF, 0xEF, 0xFF, 0x67, 0x80, 0x0F, 0xFF, 0x73, 0x80, 0x0F, 0xFF, 0x70, 0xBF, 0xEF,
0xFF, 0x78, 0xBF, 0xEF},
{0xFF, 0x7F, 0xBF, 0xEF, 0xFF, 0x7F, 0xBF, 0xEF, 0xFE, 0x7F, 0x80, 0x01, 0xFE, 0x7F,
0x00, 0x03, 0xFF, 0x7F, 0xBF, 0xFF, 0xFF, 0xFF, 0xFF, 0xFF, 0xFF, 0xFF, 0xFF, 0xFF,
0xFF, 0xFF, 0xFF, 0xFF},/ * "临",3 * /
```

```
};
/*****n(µs)延时子程序*****/
void DelayUs(uint N)
{
    uint x ;
    for(x=0;x<=N;x++);
}
/*****主函数*****/
void main(void)
{
    uint i=0,j=0 ;
    while(1)
    {
        if(KEY==0)              {
            j++;
            if(j>672)
//根据显示的字数定义改数值 672/16=42 个字,显示完 42 个字后重新开始
            {
                j=0 ;
            }
            for(i=j;i<128+j;i++)
//每转一圈,前进一列,这里定义一圈中同时显示 128/16=8 个字
            {
            P2=zimo[i*2];           //送数据低位显示
            P0=zimo[i*2+1];         //送数据高位显示

                DelayUs(20);        //延时让 LED 亮起来,每列延时的时间
            P2=0XFF;
            P0=0XFF;


            }
        }
    }
}
```

本发明的实施例二,要显示的为图案,其控制流程如下。

根据图案的明暗色彩,先用转换软件转换成点阵数据如下。

```
{0xFF, 0x83, 0xFF, 0xFF, 0xFC, 0x00, 0x7F, 0xFF, 0xF8, 0x00, 0x3F, 0xFF, 0xF0, 0x00,
0x1F, 0xFF, 0xE0, 0x00, 0x0F, 0xFF, 0xC0, 0x00, 0x01, 0xFF, 0xC0, 0x00, 0x30, 0x3F,
0xC0, 0x00, 0xF0, 0x1F},
{0x80, 0x03, 0xF8, 0x0F, 0x80, 0x07, 0xF8, 0x07, 0x80, 0x07, 0xF8, 0x03, 0x80, 0x01,
```

```
0xF8, 0x03, 0x80, 0x5E, 0x78, 0x03, 0xC1, 0xDF, 0x90, 0x01, 0xC7, 0xDF, 0xC0, 0x01,
0xCF, 0xDF, 0xE0, 0x01},
{0xCF, 0xDF, 0xE0, 0x01, 0xC7, 0xDF, 0xD0, 0x01, 0xC1, 0xDF, 0xB8, 0x03, 0x80, 0x4E,
0xF8, 0x03, 0x80, 0x07, 0xF8, 0x03, 0x80, 0x07, 0xF8, 0x07, 0x80, 0x03, 0xF8, 0x0F,
0x80, 0x00, 0xF0, 0x1F},
{0xC0, 0x00, 0x30, 0x3F, 0xC0, 0x00, 0x01, 0xFF, 0xC0, 0x00, 0x07, 0xFF, 0xE0, 0x00,
0x0F, 0xFF, 0xF0, 0x00, 0x1F, 0xFF, 0xF8, 0x00, 0x3F, 0xFF, 0xFC, 0x00, 0x7F, 0xFF,
0xFF, 0x83, 0xFF, 0xFF},
```

然后,如图 8.33 所示,先进行初始化及设定显示图案幅数,进而显示数据的低位及高位,延时一段时间后暂时关闭 LED 显示,然后再跳向上方重复操作,直到将所有图案显示完毕,然后再重复显示。

具体程序如下。

```c
#include "NEW_8051.H"
#define uchar unsigned char
#define uint unsigned int      //宏定义
uchar code zimo[]={
{0xFF, 0x83, 0xFF, 0xFF, 0xFC, 0x00, 0x7F, 0xFF, 0xF8, 0x00, 0x3F, 0xFF, 0xF0, 0x00,
0x1F, 0xFF, 0xE0, 0x00, 0x0F, 0xFF, 0xC0, 0x00, 0x01, 0xFF, 0xC0, 0x00, 0x30, 0x3F,
0xC0, 0x00, 0xF0, 0x1F},
{0x80, 0x03, 0xF8, 0x0F, 0x80, 0x07, 0xF8, 0x07, 0x80, 0x07, 0xF8, 0x03, 0x80, 0x01,
0xF8, 0x03, 0x80, 0x5E, 0x78, 0x03, 0xC1, 0xDF, 0x90, 0x01, 0xC7, 0xDF, 0xC0, 0x01,
0xCF, 0xDF, 0xE0, 0x01},
{0xCF, 0xDF, 0xE0, 0x01, 0xC7, 0xDF, 0xD0, 0x01, 0xC1, 0xDF, 0xB8, 0x03, 0x80, 0x4E,
0xF8, 0x03, 0x80, 0x07, 0xF8, 0x03, 0x80, 0x07, 0xF8, 0x07, 0x80, 0x03, 0xF8, 0x0F,
0x80, 0x00, 0xF0, 0x1F},
{0xC0, 0x00, 0x30, 0x3F, 0xC0, 0x00, 0x01, 0xFF, 0xC0, 0x00, 0x07, 0xFF, 0xE0, 0x00,
0x0F, 0xFF, 0xF0, 0x00, 0x1F, 0xFF, 0xF8, 0x00, 0x3F, 0xFF, 0xFC, 0x00, 0x7F, 0xFF,
0xFF, 0x83, 0xFF, 0xFF},
};
/*****n(μs)延时子程序*****/
void DelayUs(uint N)
{
    uint x ;
    for(x=0;x<=N;x++);
}
/*****主函数*****/
void main(void)
{
    uint i=0,j=0 ;
//led1=0 ;
```

```
    //主程序中只检测按键
    while(1)
    {
        if(KEY==0)         {
            j++;
            if(j>672)
//根据显示的字数定义改数值 672/16=42 个字,显示完 42 个字后重新开始
            {
                j=0 ;
            }
            for(i=j;i<128+j;i++)
//每转一圈,前进一列,这里定义一圈中同时显示 128/16=8 个字
            {
                P2=zimo[i * 2];        //送数据低位显示
                P0=zimo[i * 2+1];      //送数据高位显示
                    DelayUs(20);       //延时让 LED 亮起来,每列延时的时间
                P2=0XFF;
                P0=0XFF;

            }
        }
    }
}
```

　　根据本发明的控制流程,相应的控制程序为本领域的常规技术手段,本发明在实际显示时,也可利用相应的控制程序,进行字符图案的混合显示。

5. 说明书附图

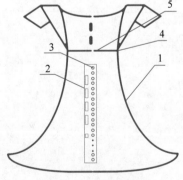

图 8.31　结构示意图

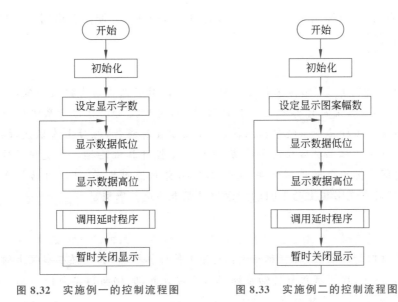

图 8.32　实施例一的控制流程图　　　图 8.33　实施例二的控制流程图

8.3　教育教学与控制交叉领域篇

　　教育教学与控制交叉领域的专利种类也比较多,如果能够根据发明技术判定能够申请的专利类型,构思一种从无到有的过程,创造性地解决技术上难题,例如,针对产品、方法或者其改进所提出的新的技术方案(发明专利),或者对现有产品的结构进行改进,使产品的性能得到显著提高,就可以申请专利。

　　本篇列举一种自助借阅装置及方法、一种多功能智慧校园用照明路灯和一种判断篮球比赛三分球的装置三项专利案例,为类似专利提供了一些撰写思路及方法,希望能在教学中起到问牛知马、融会贯通的效果。

8.3.1　实例 8.8(发明专利)一种自助借阅装置及方法

1. 专利撰写的创新思路

　　此专利申报于 2014 年,针对当时档案室或资料管理室的书籍借阅或整理仍需人工扫描或记录,经常造成图书借阅或归还时大量借阅者排队的现象,构思依靠计算机控制技术,自动扫描图书上的二维码及书号,对图书进行入库。读者借阅图书时,通过扫描图书上的二维码或书号,由控制装置自动打开文献所在的书柜,方便读者借阅。由此,提出一种自助借阅装置及方法。

2. 摘要

一种自助借阅装置,包括主控计算机和设置在书架上的若干铁质书盒,书架上设置有丝杠传动系统,主控计算机与门禁系统连接,同时控制丝杠传动系统旋转打开相应的铁质书盒。丝杠传动系统包括丝杠,丝杠上设置有螺母,螺母上有磁铁,螺母连接电机由其控制在丝杠上前后移动和转动,电机与主控计算机连接。本发明还提供了基于该自助借阅装置的自助借阅方法,通过本发明自助借阅装置,可以自动打开文献所在的书柜,同时点亮书柜上的 LED 灯,方便借阅者快速获取文献。

3. 权利要求书

①一种自助借阅装置,其特征在于:包括主控计算机(1)和设置在书架上的若干铁质书盒(4),书架上设置有丝杠传动系统(3),主控计算机(1)与门禁系统(2)连接,同时控制丝杠传动系统(3)旋转打开相应的铁质书盒(4)。

② 根据权利要求①所述的自助借阅装置,其特征在于:所述丝杠传动系统(3)包括丝杠(6),丝杠(6)上设置有螺母(7),螺母(7)上有磁铁(8),螺母(7)连接电机(9)由其控制在丝杠(6)上前后移动和转动,电机(9)与主控计算机(1)连接。

③ 根据权利要求①所述的自助借阅装置,其特征在于:所述书架分为若干放书的格挡,每个格挡配置有一个书盒(4),书盒(4)扣在格挡上,下方能够旋转打开。

④ 根据权利要求①所述的自助借阅装置,其特征在于:所述书架分为若干放书的格挡,每个格挡配置有一个书盒(4),书盒(4)为抽屉式结构。

⑤ 根据权利要求①所述的自助借阅装置,其特征在于:所述书盒(4)中设置有LED 照明灯(5)。

⑥ 基于权利要求①所述的自助借阅装置的自助借阅方法,包括如下步骤。

步骤 1:用户在主控计算机(1)上查找文献并预借,该预借信息与其用于打开门禁系统(2)的身份卡绑定。

步骤 2:用户用其身份卡打开门禁系统(2),门禁系统(2)将该信息同步传送至主控计算机(1)。

步骤 3:主控计算机(1)控制电机(9)工作,将螺母(7)移动至某个书盒(4)处,然后旋转螺母(7),由磁铁(8)吸附书盒(4),反向旋转螺母(7),利用吸附力将书盒(4)打开。

其中,计算机(1)的控制是依据对存书的编码来实现的,每本存书均有单独的唯一编码。

⑦ 根据权利要求①所述的自助借阅方法,其特征在于:所述门禁系统(2)的红外传感器判断借阅者进出借阅室的状态,若借阅者进入借阅室后,在规定的时间内没有出来,则语音提醒;若借阅者走出借阅室,则通过主控计算机(1)控制丝杠传动系统(3)关闭书盒。

4. 说明书

一种自助借阅装置及方法

【技术领域】

本发明涉及文献借阅管理技术领域,特别涉及一种自助借阅装置及方法。

【背景技术】

随着科学技术的进步,各种借阅装置都向着自动化、智能化、人性化的趋势发展。目前,档案室或资料管理室通常采用的借阅方法是:人工在计算机上查找文献编号,然后根据编号在书架上寻找目标文献,这种借阅方法效率较低。

【发明内容】

为了克服上述现有技术的缺点,本发明的目的在于提供一种自助借阅装置及方法,解决了在档案室或资料管理室借阅文献时效率低的问题。

为了实现上述目的,本发明采用的技术方案是:

一种自助借阅装置,包括主控计算机(1)和设置在书架上的若干铁质书盒(4),书架上设置有丝杠传动系统(3),主控计算机(1)与门禁系统(2)连接,同时控制丝杠传动系统(3)旋转打开相应的铁质书盒(4)。

所述丝杠传动系统(3)包括丝杠(6),丝杠(6)上设置有螺母(7),螺母(7)上有磁铁(8),螺母(7)连接电机(9)由其控制在丝杠(6)上前后移动和转动,电机(9)与主控计算机(1)连接。

所述书架分为若干放书的格挡,每个格挡配置有一个书盒(4),书盒(4)扣在格挡上,下方能够旋转打开。

所述书架分为若干放书的格挡,每个格挡配置有一个书盒(4),书盒(4)为抽屉式结构。

所述书盒(4)中设置有 LED 照明灯(5)。

本发明还提供了基于所述自助借阅装置的自助借阅方法,包括如下步骤。

步骤1:用户在主控计算机(1)上查找文献并预借,该预借信息与其用于打开门禁系统(2)的身份卡绑定。

步骤2:用户用其身份卡打开门禁系统(2),门禁系统(2)将该信息同步传送至主控计算机(1)。

步骤3:主控计算机(1)控制电机(9)工作,将螺母(7)移动至某个书盒(4)处,然后旋转螺母(7),由磁铁(8)吸附书盒(4),反向旋转螺母(7),利用吸附力将书盒(4)打开。其中,计算机(1)的控制是依据对存书的编码来实现的,每本存书均有单独的唯一编码。

所述门禁系统(2)的红外传感器判断借阅者进出借阅室的状态,若借阅者进入借阅室后,在规定的时间内没有出来,则语音提醒;若借阅者走出借阅室,则通过主控计算机(1)控制丝杠传动系统(3)关闭书盒。

与现有技术相比,通过本发明自助借阅装置,可以自动打开文献所在的书柜,同时点亮书柜上的LED灯,方便借阅者快速获取文献。

【附图说明】

图8.34是本发明结构示意图。

【具体实施方式】

下面结合附图和实施例详细说明本发明的实施方式。

参见图8.34,一种自助借阅装置及方法,包括:主控计算机(1)、门禁系统(2)、丝杠传动系统(3)、书盒(4)、LED指示灯(5)。丝杠传统系统(3)进一步包括丝杠(6)、螺母(7)、磁铁(8)和电机(9)。将书架分为若干放书的格挡,每个格挡配置有一个书盒(4),书盒(4)扣在格挡上,下方能够旋转打开。或者书盒(4)为抽屉式结构。书盒(4)中设置有LED照明灯(5)。丝杠传动系统(3)包括丝杠(6),丝杠(6)上设置有螺母(7),螺母(7)上有磁铁(8),螺母(7)连接电机(9)由其控制在丝杠(6)上前后移动和转动,电机(9)与主控计算机(1)连接。

根据该自助借阅装置的自助借阅方法,包括如下步骤。

步骤1:用户在主控计算机(1)上查找文献并预借,该预借信息与其用于打开门禁系统(2)的身份卡绑定,预借信息包括身份卡以及所要借阅的书籍,每本存书均有单独的唯一编码。

步骤2:用户用其身份卡打开门禁系统(2),门禁系统(2)将该信息同步传送至主控计算机(1)。

步骤 3：主控计算机(1)控制电机(9)工作,将螺母(7)移动至某个书盒(4)处,然后旋转螺母(7),由磁铁(8)吸附书盒(4),反向旋转螺母(7),利用吸附力将书盒(4)打开。其中,计算机(1)的控制是依据对存书的编码来实现的,每本存书均有单独的唯一编码。

最后,门禁系统(2)的红外传感器判断借阅者进出借阅室的状态,若借阅者进入借阅室后,在规定的时间内没有出来,则语音提醒;若借阅者走出借阅室,则通过主控计算机(1)控制丝杠传动系统(3)关闭书盒。

其中,书籍与丝杠传动系统(3)是对应编码的,编码的方式为 XXYYZZ,XX 表示书架号,YY 表示在书架的哪一排,ZZ 表示第几本书。然后计算机根据编码控制 XX 书架 YY 排的丝杠传动系统(3)的电机(9)使得螺母(7)移动到 ZZ 本书处。最后旋转丝杠(6)来带动磁铁(8)吸住并打开书盒(4),同时打开 LED 指示灯(5)。

例如,检索文献的编码是“131031”,主控计算机(1)控制 13 号书架上的 10 号电机,控制信号以脉冲的形式发送至电机,每接收一个脉冲,电机控制丝杠(6)上的螺母(7)行进至一个书盒处,当接收到 31 个脉冲后,螺母到达 31 个书盒,即找到编码为“131031”的文献所在的书盒。然后旋转丝杠(6),使磁铁(8)吸住书盒,再反向旋转将其打开,同时点亮书盒(4)上的 LED 指示灯(5)。为了便于丝杠传动系统准确地找到文献,应将每一排书架分成若干个小格,每小格处放置一个书盒,书盒为铁质的抽屉式的盒子,每个书盒内只能放一本书,这样就可以通过丝杠上的磁铁自动开启和关闭书盒。

5. 说明书附图

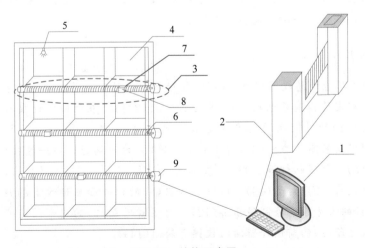

图 8.34　结构示意图

8.3.2 实例 8.9(实用新型专利)一种多功能智慧校园用照明路灯

1. 专利撰写的创新思路

通过查询专利库,查阅专利号为 CN201710150516.8 的一种居住区内带有晾晒功能的太阳能路灯,包括蓄电池等。地面下安装蓄电池,地面上安装太阳能路灯,太阳能路灯的下部左右两侧均连接有升降机构。升降机构的顶部转动式连接有晾晒机构。太阳能路灯的顶部安装有太阳能板,太阳能板通过电线与蓄电池连接。但发现在使用过程中仍然存在一定的弊端,例如,其结构过于复杂,尤其针对校园中的学生来说,路边路灯的晾晒功能使用率不高,并易损坏,维修烦琐,其余功能不足,实用性不强。因此,提出一种多功能智慧校园用照明路灯。

2. 摘要

本实用新型公开了一种多功能智慧校园用照明路灯,包括路灯立柱。所述路灯立柱的下端固定连接有蓄电箱,所述蓄电箱的下表面固定连接有抬高座,所述路灯立柱的外表面固定安装有第一抱箍和第二抱箍。所述第一抱箍的一端固定安装有广告机,所述第二抱箍的一端通过第一连接板固定安装有路灯罩。所述路灯罩的上表面固定连接有太阳能电池板,所述路灯罩的下表面设有 LED 灯管。所述广告机的外表面底部设有扬声孔。本实用新型为照明路灯增加了太阳能供电结构,较为节能,并增加了广告机,可以将校园重要公告内容进行实时展示,提高公告内容快速告知的目的,使得照明路灯功能多样,并能保障蓄电箱使用的安全。

3. 权利要求书

① 一种多功能智慧校园用照明路灯,包括路灯立柱(1),其特征在于:所述路灯立柱(1)的下端固定连接有蓄电箱(2)。所述蓄电箱(2)的下表面固定连接有抬高座(3)。所述路灯立柱(1)的外表面固定安装有第一抱箍(4)和第二抱箍(5)。所述第一抱箍(4)的一端固定安装有广告机(6),所述第二抱箍(5)的一端通过第一连接板(7)固定安装有路灯罩(8)。所述路灯罩(8)的上表面固定连接有太阳能电池板(9),所述路灯罩(8)的下表面设有 LED 灯管(10)。所述广告机(6)的外表面底部设有扬声孔(11)。所述扬声孔(11)的上方设有液晶显示屏(12)。所述蓄电箱(2)的内部固定安装有蓄电池(13),所述蓄电箱(2)的前侧外壁活动铰接有箱门(14)。

② 根据权利要求①所述的一种多功能智慧校园用照明路灯,其特征在于:所述第一抱箍(4)与广告机(6)之间通过第二连接板(16)固定连接,且广告机(6)的型号为MG-220J。

③ 根据权利要求①所述的一种多功能智慧校园用照明路灯,其特征在于:所述LED灯管(10)的外表面设有防尘透光罩(17),且防尘透光罩(17)与所述路灯罩(8)固定连接。

④ 根据权利要求①所述的一种多功能智慧校园用照明路灯,其特征在于:所述抬高座(3)的下表面固定连接有安装底座(18),且安装底座(18)的两侧内表面开设有安装孔。

⑤ 根据权利要求①所述的一种多功能智慧校园用照明路灯,其特征在于:所述抬高座(3)的高度至少为50cm。

⑥ 根据权利要求①所述的一种多功能智慧校园用照明路灯,其特征在于:所述蓄电箱(2)的前侧内表面固定粘接有密封胶条(15)。

4. 说明书

一种多功能智慧校园用照明路灯

【技术领域】

本实用新型涉及路灯技术领域,尤其涉及一种多功能智慧校园用照明路灯。

【背景技术】

太阳能是取之不尽、用之不竭、清洁无污染并可再生的绿色环保能源。利用太阳能发电,具有无可比拟的清洁性、高度的安全性、能源的相对广泛性和充足性、长寿命以及免维护性等其他常规能源所不具备的优点。光伏能源被认为是21世纪最重要的新能源。专利号为CN201710150516.8的一种居住区内带有晾晒功能的太阳能路灯,包括蓄电池等,地面下安装有蓄电池,地面上安装有太阳能路灯,太阳能路灯的下部左右两侧均连接有升降机构,升降机构的顶部转动式连接有晾晒机构,太阳能路灯的顶部安装有太阳能板,太阳能板通过电线与蓄电池连接。

然而我们发现上述发明在使用过程中,仍然存在一定的弊端。例如,其结构过于复杂,尤其针对校园中的学生来说,路边路灯的晾晒功能使用率不高,并易损坏,维修烦琐,其余功能不足,不能很好地满足智慧校园的实际使用需求。因此,我们提出了一种多功能智慧校园用照明路灯。

【实用新型内容】

本实用新型的目的是解决现有技术中存在的缺点,进而提出一种多功能智慧校园用照明路灯。

为了实现上述目的,本实用新型采用了如下技术方案。

一种多功能智慧校园用照明路灯,包括路灯立柱。所述路灯立柱的下端固定连接有蓄电箱。所述蓄电箱的下表面固定连接有抬高座。所述路灯立柱的外表面固定安装有第一抱箍和第二抱箍。所述第一抱箍的一端固定安装有广告机,所述第二抱箍的一端通过第一连接板固定安装有路灯罩。所述路灯罩的上表面固定连接有太阳能电池板,所述路灯罩的下表面设有LED灯管。所述广告机的外表面底部设有扬声孔。所述扬声孔的上方设有液晶显示屏。所述蓄电箱的内部固定安装有蓄电池,所述蓄电箱的前侧外壁活动铰接有箱门。

优选的,所述第一抱箍与广告机之间通过第二连接板固定连接,且广告机的型号为 MG-220J。

优选的,所述 LED 灯管的外表面设有防尘透光罩,且防尘透光罩与所述路灯罩固定连接。

优选的,所述抬高座的下表面固定连接有安装底座,且安装底座的两侧内表面开设有安装孔。

优选的,所述抬高座的高度至少为 50cm。

优选的,所述蓄电箱的前侧内表面固定粘接有密封胶条。

与现有技术相比,本实用新型的有益效果是:

① 本实用新型中,通过设置蓄电箱(2)、太阳能电池板(9)、扬声孔(11)、液晶显示屏(12)、蓄电池(13),为照明路灯增加了太阳能供电结构,可以为路灯提高良好的电力支撑,较为节能。并增加了广告机(6),可以将校园重要公告内容进行实时展示,提高公告内容快速告知的目的,使得照明路灯功能多样。

② 本实用新型中,通过设置抬高座(3)可以将蓄电箱(2)的高度抬高,从而避免下雨时地面的积水漫入蓄电箱(2)内,保障使用的安全。通过设置密封胶条(15)可以进一步保障蓄电箱(2)内部蓄电池(13)的防水效果。

综上,本实用新型为照明路灯增加了太阳能供电结构,较为节能;并增加了广告机,可以将校园重要公告内容进行实时展示,提高公告内容快速告知的目的,使得照明路灯功能多样,并能保障蓄电箱使用的安全。

【附图说明】

图 8.35 为本实用新型提出的一种多功能智慧校园用照明路灯的结构示意图。

图 8.36 为本实用新型提出的一种多功能智慧校园用照明路灯的广告机的正视图。

图 8.37 为本实用新型提出的一种多功能智慧校园用照明路灯的实施例二中蓄电箱的正视图。

图中,1-路灯立柱,2-蓄电箱,3-抬高座,4-第一抱箍,5-第二抱箍,6-广告机,7-第一连接板,8-路灯罩,9-太阳能电池板,10-LED 灯管,11-扬声孔,12-液晶显示屏,13-蓄电池,14-箱门,15-密封胶条,16-第二连接板,17-防尘透光罩,18-安装底座。

【具体实施方式】

下面将结合本实用新型实施例中的附图,对本实用新型实施例中的技术方案进行清楚、完整地描述。显然,所描述的实施例仅是本实用新型一部分实施例,而不是全部的实施例。

实施例一:

参照图 8.35 和图 8.36,一种多功能智慧校园用照明路灯,包括路灯立柱(1)。路灯立柱(1)的下端固定连接有蓄电箱(2),蓄电箱(2)的下表面固定连接有抬高座(3),路灯立柱(1)的外表面固定安装有第一抱箍(4)和第二抱箍(5),第一抱箍(4)的一端固定安装有广告机(6),第二抱箍(5)的一端通过第一连接板(7)固定安装有路灯罩(8),路灯罩(8)的上表面固定连接有太阳能电池板(9),路灯罩(8)的下表面设有 LED 灯管(10),广告机(6)的外表面底部设有扬声孔(11),扬声孔(11)的上方设有液晶显示屏(12),蓄电箱(2)的内部固定安装有蓄电池(13),蓄电箱(2)的前侧外壁活动铰接有箱门(14)。

其中,第一抱箍(4)与广告机(6)之间通过第二连接板(16)固定连接,且广告机(6)的型号为 MG-220J。LED 灯管(10)的外表面设有防尘透光罩(17),且防尘透光罩(17)与路灯罩(8)固定连接。抬高座(3)的下表面固定连接有安装底座(18),且安装底座(18)的两侧内表面开设有安装孔。抬高座(3)的高度至少为 50cm。

实施例二:

参照图8.35~图8.37,一种多功能智慧校园用照明路灯,包括路灯立柱(1)。路灯立柱(1)的下端固定连接有蓄电箱(2),蓄电箱(2)的下表面固定连接有抬高座(3),路灯立柱(1)的外表面固定安装有第一抱箍(4)和第二抱箍(5),第一抱箍(4)的一端固定安装有广告机(6),第二抱箍(5)的一端通过第一连接板(7)固定安装有路灯罩(8),路灯罩(8)的上表面固定连接有太阳能电池板(9),路灯罩(8)的下表面设有LED灯管(10),广告机(6)的外表面底部设有扬声孔(11),扬声孔(11)的上方设有液晶显示屏(12),蓄电箱(2)的内部固定安装有蓄电池(13),蓄电箱(2)的前侧外壁活动铰接有箱门(14)。

其中,第一抱箍(4)与广告机(6)之间通过第二连接板(16)固定连接,且广告机(6)的型号为MG-220J。LED灯管(10)的外表面设有防尘透光罩(17),且防尘透光罩(17)与路灯罩(8)固定连接。抬高座(3)的下表面固定连接有安装底座(18),且安装底座(18)的两侧内表面开设有安装孔。抬高座(3)的高度至少为50cm。蓄电箱(2)的前侧内表面固定粘接有密封胶条(15)。

工作原理:在使用时,通过设置蓄电箱(2)、太阳能电池板(9)、扬声孔(11)、液晶显示屏(12)、蓄电池(13),为照明路灯增加了太阳能供电结构,可以为路灯提高良好的电力支撑,较为节能,并增加了广告机(6),可以将校园重要公告内容进行实时展示,提高公告内容快速告知的目的,使得照明路灯功能多样。通过设置抬高座(3)可以将蓄电箱(2)的高度抬高,从而避免下雨时地面的积水浸入蓄电箱(2)内,保障使用的安全。通过设置密封胶条(15),可以进一步保障蓄电箱(2)内部蓄电池(13)的防水效果。本实用新型为照明路灯增加了太阳能供电结构,较为节能,并增加了广告机,可以将校园重要公告内容进行实时展示,提高公告内容快速告知的目的,使得照明路灯功能多样,并能保障蓄电箱(2)使用的安全。

以上所述,仅为本实用新型较佳的具体实施方式,但本实用新型的保护范围并不局限于此,任何熟悉本技术领域的技术人员在本实用新型揭露的技术范围内,根据本实用新型的技术方案及其实用新型构思加以等同替换或改变,都应涵盖在本实用新型的保护范围之内。

5. 说明书附图

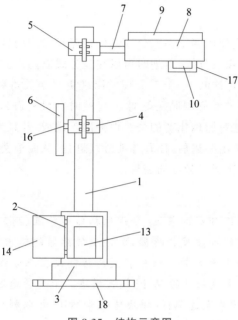

图 8.35　结构示意图

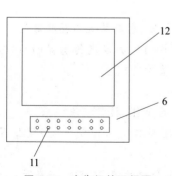

图 8.36　广告机的正视图

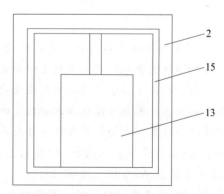

图 8.37　实施例二中蓄电箱的正视图

8.3.3　实例 8.10(实用新型专利)一种判断篮球比赛三分球的装置

1. 专利撰写的创新思路

通常"三分球"是指篮球比赛中在三分线以外投篮且命中的进球。具体要求为起跳时脚要在三分线以外,不可踩三分线,落地时可以在三分线以内。篮球比赛中比分对于双方队员十分重要,而在比赛焦灼时,一个三分球的出现更是至关重要,有可能直接决定比赛的胜负情况。目前,裁判主要靠眼睛关注球员起跳时有没有踩线,这样的方式存在主观性,容易导致误判情况,这对篮球比赛的公平性提出了挑战,并且当三分球判断有争议时,裁判需要查看回放录像给出结果后,比赛才能继续进行,从而浪费了比赛时间。鉴于以上问题,提出一种判断篮球比赛三分球的装置。

2. 摘要

> 一种判断篮球比赛三分球的装置,分别包括传递装置、感应装置与接收装置。传递装置包括设置在鞋上的加速度传感器,加速度传感器的输出端连接控制器,位于鞋子的鞋垫四周设置有若干干簧管。感应装置包括铺设在三分线下的永磁铁。接收装置包括设置在记分台处和裁判处的 WiFi 接收模块。干簧管通过感应永磁铁将信息传递至控制器,控制器将信号通过 WiFi 模块传递至 WiFi 接收模块。本实用新型成果为篮球比赛三分球的判断提供更为快速有效的方法。

3. 权利要求书

> ① 一种判断篮球比赛三分球的装置,包括传递装置、感应装置与接收装置。
>
> 所述的传递装置包括设置在鞋上的加速度传感器(1),加速度传感器(1)的输出端连接控制器(2),位于鞋子的鞋垫四周设置有若干干簧管(3)。
>
> 所述的感应装置包括铺设在三分线下的永磁铁(4)。
>
> 所述的接收装置包括设置在记分台处和裁判处的 WiFi 接收模块(5)。
>
> 干簧管(3)通过感应永磁铁(4)将信息传递至控制器(2),控制器(2)将信号通过 WiFi 模块传递至 WiFi 接收模块(5)。
>
> ② 根据权利要求①所述的一种判断篮球比赛三分球的装置,其特征在于:所述的加速度传感器(1)与控制器(2)连接,电池为控制器(2)进行供电。
>
> ③ 根据权利要求①所述的一种判断篮球比赛三分球的装置,其特征在于:所述的加速度传感器(1)用来获取球员投球时的一个加速度数据,跳起时加速度方向向上,落

地时加速度方向向下。

④ 根据权利要求①所述的一种判断篮球比赛三分球的装置,其特征在于:所述干簧管(3)与控制器(2)连接,若干干簧管(3)之间采用并联的连接方式,永磁铁(4)铺设在三分线下方,用来产生垂直于地面并且方向向上的磁场。

⑤ 根据权利要求①所述的一种判断篮球比赛三分球的装置,其特征在于:所述WiFi 模块与控制器(2)连接,控制器(2)将数据传输给 WiFi 模块,WiFi 模块通过无线通信将数据发送给裁判处和登记牌处 WiFi 模块(5)。

⑥ 根据权利要求①所述的一种判断篮球比赛三分球的装置,其特征在于:所述干簧管(3)用一对用磁性材料制造的弹性舌簧组成,舌簧密封于充有惰性气体的玻璃管中,舌簧端面互叠但留有一条细间隙,所述的舌簧端面触点镀有一层贵金属。

⑦ 根据权利要求①所述的一种判断篮球比赛三分球的装置,其特征在于:所述的干簧管(3)的直径为 2mm,长度为 14mm,采用塑封,所述干簧管(3)铺设在鞋子的鞋垫四周。

⑧ 根据权利要求①所述的一种判断篮球比赛三分球的装置,其特征在于:所述加速度传感器(1)的型号为 V710,超微型加速度传感器。

⑨ 根据权利要求①所述的一种判断篮球比赛三分球的装置,其特征在于:所述永磁铁(4)宽度与三分线的线宽度一致,立式放置,产生垂直于地面方向向上的磁场。

4. 说明书

一种判断篮球比赛三分球的装置

【技术领域】

本实用新型涉及篮球比赛装置器材技术领域,特别涉及一种判断篮球比赛三分球的装置。

【背景技术】

篮球比赛中比分对于双方队员十分重要,而在比赛焦灼时,一个三分球的出现更是至关重要,有可能直接决定比赛的胜负情况。三分球的评判标准是起跳的时候在三分线外,投篮成功就是三分球,不关注落地的状况,落地时踩线或在线内都可以。目前,裁判主要靠人眼关注球员起跳时有没有踩线,这样的方式存在主观性,容易导致误判情况,这对篮球比赛的公平性提出了挑战,并且当三分球判断有争议时,裁判需要查看回放录像给出结果后,比赛才能继续进行,从而浪费了比赛时间。鉴于以上问题,提出一种判断篮球比赛三分球的装置。

【实用新型内容】

为克服上述现有技术的不足,本实用新型的目的在于提供一种判断篮球比赛三分球的装置,为篮球比赛三分球的判断提供更为快速有效的方法。

为了实现上述目的,本实用新型采用的技术方案是:

一种判断篮球比赛三分球的装置,包括传递装置、感应装置与接收装置。

所述的传递装置包括设置在鞋上的加速度传感器(1),加速度传感器(1)的输出端连接控制器(2),位于鞋子的鞋垫四周设置有若干干簧管(3)。

所述的感应装置包括铺设在三分线下的永磁铁(4)。

所述的接收装置包括设置在记分台处和裁判处的WiFi接收模块(5)。

干簧管(3)通过感应永磁铁(4)将信息传递至控制器(2),控制器(2)将信号通过WiFi模块传递至WiFi接收模块(5)。

所述的加速度传感器(1)与控制器(2)连接,电池为控制器(2)进行供电。

所述的加速度传感器(1)用来获取球员投球时的一个加速度数据,跳起时加速度方向向上,落地时加速度方向向下。

所述干簧管(3)与控制器(2)连接,若干干簧管(3)之间采用并联的连接方式,永磁铁(4)铺设在三分线下方,用来产生垂直于地面并且方向向上的磁场。

所述WiFi模块与控制器(2)连接,控制器(2)将数据传输给WiFi模块,WiFi模块通过无线通信将数据发送给裁判处和登记牌处WiFi模块(5)。

所述干簧管(3)用一对用磁性材料制造的弹性舌簧组成,舌簧密封于充有惰性气体的玻璃管中,舌簧端面互叠但留有一条细间隙,所述的舌簧端面触点镀有一层贵金属。

所述的干簧管(3)的直径为2mm,长度为14mm,采用塑封。

所述加速度传感器(1)的型号为V710,超微型加速度传感器。

所述干簧管(3)铺设在鞋子的鞋垫四周。

所述永磁铁(4)宽度与三分线的线宽度一致,立式放置,产生垂直于地面方向向上的磁场。

在三分线以内区域和以外区域没有覆盖永磁铁,在这两个区域内起跳不会产生磁感应现象,干簧管不会闭合,控制器的相应I/O口电压值没有变化,不会通过WiFi模块发送数据。只有球员起跳时踩到三分线，干簧管会闭合，控制器相应的 I/O 口电压值有变化，会通过 WiFi 模块发送球员编号给裁判处 WiFi 模块和登记牌处 WiFi 模块。

一种辅助判断篮球比赛三分球的方法，包括以下步骤。

(1) 控制器(2)初始化。

(2) 判断干簧管(3)处于闭合状态，与干簧管(3)相连的 I/O 口有电压值的变化。

(3) 当干簧管(3)处于闭合状态，则读取加速度传感器(1)的输出值，否则，执行步骤(1)。

(4) 控制器(2)判断加速度传感器的输出值是否为正。

(5) 当控制器(2)判断加速度传感器(1)的输出值为正时，则控制器(2)将球员编号通过 WiFi 模块发送给裁判处的 WiFi 模块和登记牌处的 WiFi 接收模块，否则返回步骤(2)。

本实用新型的有益效果：

控制器在球员踩踏三分线时检测与干簧管相连的 I/O 口的电压值的变化，同时获取加速度传感器的数据，只有加速度传感器值为正时，才是三分球。因为三分球不关注球员落地状态，如果落地时踩线，这时也是三分球。本实用新型根据球员投三分球的过程进行设计，能够在裁判员判三分球时提供有效的辅助意见，防止裁判员误判球的行为。

本实用新型通过磁感应原理来判断球员踩到三分线，踩到三分线时，鞋内的干簧管闭合。三分线区域地面下铺设永磁铁，属于三分线的所有区域都被覆盖，保证本实用新型的可靠性。

【附图说明】

图 8.38 是本实用新型结构示意图。

图 8.39 是本实用新型部分装置所在位置示意图。

图 8.40 是本实用新型工作流程图。

【具体实施方式】

下面结合附图对本实用新型做进一步详细说明。

本实用新型是一种判断篮球比赛三分球的装置，参见附图 8.38，包括铺设在三分线下的永磁铁(4)、加速度传感器(1)、主控制器(2)、电池、若干干簧管(3)、WiFi 发送模块、裁判处的 WiFi 接收模块、登记牌处的 WiFi 接收模块(5)。在进行比赛之前，先让每个球员试踩下三分线，检测系统能否正常工作，同时防止人为因素破坏本系统的完整性。当球员踩到三分线时,干簧管(3)闭合,与干簧管(3)相连的 I/O 口电压值发生变化。当控制器(2)检测 I/O 口闭合后,再获取加速度传感器(1)的值,若加速度传感器(1)输出值为正时,将此踩线球员编号通过蓝牙模块发送到裁判处的 WiFi 接收模块和登记牌处的 WiFi 接收模块(5)。

规定加速度方向向上为正,控制器(2)工作流程是通过控制器(2)与干簧管(3)相连的 I/O 口的电压值的变化来判断干簧管(3)的状态,当有球员踩到三分线时,干簧管(3)闭合,再获取加速度传感器(1)的数据。

若加速度传感器(1)的值为正,则表示该球员在投球时踩踏到三分线,控制器(2)就将此信号用 WiFi 模块发送到裁判处和登记牌处的 WiFi 接收模块(5),登记牌可显示××号球员在投球时踩线,同时提示裁判××号球员在投球时踩线。

参见图 8.38 和图 8.39,控制器(2)、若干干簧管(3)、WiFi 模块和加速度传感器(1)安装在球员鞋上。控制器(2)、加速度传感器(1)、WiFi 模块放在鞋跟位置,若干干簧管(3)绕鞋垫边缘外一圈并联连接,不影响球员穿鞋的舒适度。并联连接保证只要有一个干簧管(3)闭合,与干簧管(3)相连的 I/O 口都会有电压的变化。

所述的传递装置包括设置在鞋上的加速度传感器(1),加速度传感器(1)的输出端连接控制器(2),位于鞋子的鞋垫四周设置有若干干簧管(3)。

所述的感应装置包括铺设在三分线下的永磁铁(4)。

所述的接收装置包括设置在记分台处和裁判处的 WiFi 接收模块(5)。

干簧管(3)通过感应永磁铁(4)将信息传递至控制器(2),控制器(2)将信号通过 WiFi 模块传递至 WiFi 接收模块(5)。

所述的加速度传感器(1)与控制器(2)连接,电池为控制器(2)进行供电。

所述的加速度传感器(1)用来获取球员投球时的一个加速度数据,跳起时加速度方向向上,落地时加速度方向向下。

所述干簧管(3)与控制器(2)连接,若干干簧管(3)之间采用并联的连接方式,永磁铁(4)铺设在三分线下方,用来产生垂直于地面并且方向向上的磁场。

当球员踩到三分线,由于三分线上有方向垂直向上的磁场,干簧管(3)处于磁场内会由常开转为闭合。干簧管(3)在电路中的作用类似于一个开关,因为干簧管(3)的连接方式为并联,所以只要有一个干簧管(3)闭合,干簧管(3)与控制器(2)之间连接电路就会产生电流,进而与干簧管(3)相连的控制器(2)的 I/O 端口电压值会产生变化。控制器(2)通过检测这一 I/O 端口的电压值和加速度传感器(1)的数据判断是否有球员在投球时踩到三分线。

所述 WiFi 模块与控制器(2)连接,控制器(2)将数据传输给 WiFi 模块,WiFi 模块通过无线通信将数据发送给裁判处和登记牌处 WiFi 模块(5)。WiFi 的最大通信距离为 30m,可以覆盖篮球场地,保证数据的可靠传输。

所述干簧管(3)用一对用磁性材料制造的弹性舌簧组成,舌簧密封于充有惰性气体的玻璃管中,舌簧端面互叠但留有一条细间隙,所述的舌簧端面触点镀有一层贵金属。如铑或钌,使开关具有稳定的特性和极长的使用寿命。

所述的干簧管(3)的直径为 2mm,长度为 14mm,采用塑封。干簧管(3)的数量根据鞋子的大小确定为 18~20 个。

所述加速度传感器(1)的型号为 V710,超微型加速度传感器。

所述干簧管(3)铺设在鞋子的鞋垫四周。因为三分线的宽度较窄,所以球员落地有可能脚跟或鞋子的一小部分区域踩到三分线。干簧管(3)均匀覆盖在鞋周的设计可以保证本实用新型的可靠性。

所述永磁铁(4)宽度与三分线的线宽度一致,立式放置,产生垂直于地面方向向上的磁场。磁场强度要求在距三分线上方 5mm 范围内可使干簧管闭合。永磁铁仅铺设在三分线的线下地面的区域,区域较窄。若磁铁之间的衔接有不平整处可在磁铁之间增加磁性材料,以保持地面的平整。

在三分线以内区域和以外区域没有覆盖永磁铁,在这两个区域内起跳不会产生磁感应现象,干簧管不会闭合,控制器的相应 I/O 口电压值没有变化,不会通过 WiFi 模块发送数据。只有球员起跳时踩到三分线,干簧管会闭合,控制器相应的 I/O 口电压值有变化,会通过 WiFi 模块发送球员编号给裁判处 WiFi 模块和登记牌处 WiFi 模块。

参见图 8.40,本实用新型的主要工作流程图如下。

(1) 控制器(2)初始化。

(2) 判断干簧管(3)处于闭合状态,与干簧管(3)相连的 I/O 口有电压值的变化。

(3) 当干簧管(3)处于闭合状态,则读取加速度传感器(1)的输出值;否则,执行步骤(1)。

(4) 控制器(2)判断加速度传感器的输出值是否为正。

(5) 当控制器(2)判断加速度传感器(1)的输出值为正时,则控制器(2)将球员编号通过 WiFi 模块发送给裁判处的 WiFi 模块和登记牌处的 WiFi 接收模块;否则返回步骤(2)。

实施例：

篮球比赛开始之前，在每个球员鞋上的控制器内设置该球员编号，例如，球员05号，就提前将05写进控制器(2)的内存中。如果05号球员在比赛中进行了三分球的投掷，控制器(2)判断与干簧管(3)相连的 I/O 口的电平发生转变（由低转高或由高转低）同时加速度传感器(1)的值为正，判断05号球员在起跳时踩到三分线，就发送05号给裁判处 WiFi 模块和登记牌处 WiFi 模块(5)。如果05号球员成功投进球，并且裁判处 WiFi 和登记牌处 WiFi 没有接收到05号的数据信息，就认为这次的投球为三分球。否则，就不是三分球。当然，在三分线以内投球也不会接收到数据信息，但若在三分线内投球，人眼能够清晰地观察到这一情况，所以不会发生误判。本实用新型旨在对三分线附近区域可能存在误判的情况进行甄别，辅助裁判判断三分球。

5. 说明书附图

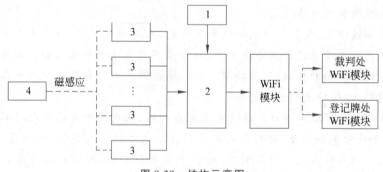

图 8.38　结构示意图

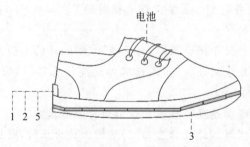

图 8.39　部分装置所在位置示意图

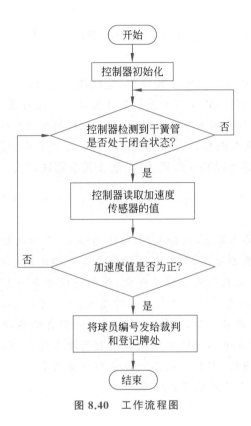

图 8.40 工作流程图

8.4 医疗卫生健康与控制交叉领域篇

在医学领域,用于各种疾病的诊断及治疗的仪器和设备属于机械领域,其他大部分发明专利申请属于化学、生物、医药领域。除科学发现、智力活动的规则和方法,疾病的诊断和治疗方法等按规定不授予专利权外,其他在医疗工作中产生的科技新成果,只要具备新颖性、创造性和实用性,都可申报专利。

本篇列举一种可穿戴式的按摩装置、一种提醒按时服药的装置及其提醒方法和一种听障人群的语音辨识方法三项专利案例,为类似专利提供了一些撰写思路及方法,希望能在教学中起到尝鼎一脔、心领神会的效果。

8.4.1 实例 8.11(实用新型专利)一种可穿戴式的按摩装置

1. 专利撰写的创新思路

目前市面上的按摩产品大多涉及按摩椅、足底按摩机等,器械笨重体积大,且大部分为局部机械按摩,无法针对四肢和躯干进行整体按摩。如果发明一种可穿戴式的按摩装置,模拟手法按摩推拿,以此缓解肌肉的紧张及痉挛,松解神经及软组织,缓解神经血管的刺激与压迫,促进局部血液循环,从而达到舒筋活络、解经止痛、缓解症状的效果。同时,对瘫痪肢体进行按摩,还可以减少肌肉萎缩,防止关节僵硬和关节畸形。因此,提出一种可穿戴式的按摩装置。

2. 摘要

一种可穿戴式的按摩装置,包括上衣、裤子两部分,分别包括内衬、气囊和外衣套。气囊设置在内衬和外衣套之间,外衣套表面设置有外部连接件和充气管,充气管连接压力调节器;气囊分为上衣气囊和裤子气囊,外部连接件分为上衣连接件和裤子连接件,充气管分为上衣充气管和裤子充气管。使用时,可以根据需要,对魔术贴子面进行卷伸,子面伸出时覆盖两层拉锁,可极大程度适应使用者的各种体型。裤子部分与上衣部分结构基本相同,裤子部分的双腿内侧设置有魔术贴和两层拉锁调节松紧程度。上衣和裤子内表面有内衬,内衬按人体穴位分布位置设有气囊,气囊通过压力调节器连接气管对其充气,从而达到按摩的效果。

3. 权利要求书

① 一种可穿戴式的按摩装置,包括上衣、裤子两部分,分别包括内衬、气囊和外衣套。气囊设置在内衬和外衣套之间,所述的外衣套表面设置有外部连接件和充气管,充气管连接压力调节器(14)。

所述的气囊分为上衣气囊(1)和裤子气囊(10),外部连接件分为上衣连接件(3)和裤子连接件(9),充气管分为上衣充气管(5)和裤子充气管(12)。

② 根据权利要求①所述的一种可穿戴式的按摩装置,其特征在于:所述的上衣部分将上衣手臂内侧部位掏空,补片通过两层上衣拉锁(4)与衣袖掏空部分的边缘连接,将掏空部分补实。手臂内侧还设置有上衣魔术贴(2),上衣魔术贴(2)的大小保证至少将两层上衣拉锁(4)覆盖。上衣魔术贴(2)为片状,包括母面和子面,母面固定在衣袖上或者同时固定在衣袖与补片上,子面贴在母面上实现黏合。

③ 根据权利要求①所述的一种可穿戴式的按摩装置,其特征在于:所述裤子部分将裤腿外侧沿线部位掏空,补片通过两层裤子拉锁(8)与裤腿掏空部分的边缘连接,将掏空部分补实。裤腿外侧还设置有裤子魔术贴(11),裤子魔术贴(11)的大小保证至少将两层裤子拉锁(8)覆盖。裤子魔术贴(11)为片状,包括母面和子面,母面固定在裤腿边缘上或者同时固定在裤腿边缘与补片上,子面贴在母面上实现黏合。

④ 根据权利要求①所述的一种可穿戴式的按摩装置,其特征在于:所述压力调节器(14)具有调试、工作两档模式,使用者先通过调试模式个性化定制使用压强,待数据存储后,工作模式将按照新设定的压强数据进行充气。

⑤ 根据权利要求①所述的一种可穿戴式的按摩装置,其特征在于:所述上衣气囊(1)和裤子气囊(10)的气压大小可通过使用者自行调试设定,使用者操作压力调节器(14)调节气囊气压至合适压强,按下存储键将当前气压值存储,设备可有效存储 3 个气压值供后续使用。

4. 说明书

一种可穿戴式的按摩装置

【技术领域】

本实用新型涉及按摩装置技术领域,特别涉及一种可穿戴式的按摩装置。

【背景技术】

手法按摩推拿是一种物理的治疗方法。它能够缓解肌群的紧张及痉挛,松解神经及软组织,缓解神经血管的刺激与压迫,促进局部血液循环,从而达到舒筋活络、解经止痛、缓解症状的效果。同时,对瘫痪肢体进行按摩,还可以减少肌肉萎缩,防止关节僵硬和关节畸形。

目前市面上的按摩产品大多涉及按摩椅、足底按摩机等,器械笨重体积大,且大部分为局部按摩,无法针对四肢和躯干进行整体按摩。

【实用新型内容】

为了克服上述现有技术的不足,本实用新型的目的在于提供一种可穿戴式的按摩装置,具有结构独特、使用方便、安全可靠的特点。

为了实现上述目的,本实用新型采用的技术方案是:

一种可穿戴式的按摩装置,包括上衣、裤子两部分,分别包括内衬、气囊和外衣套。

气囊设置在内衬和外衣套之间,所述的外衣套表面设置有外部连接件和充气管,充气管连接压力调节器(14)。

所述的气囊分为上衣气囊(1)和裤子气囊(10),外部连接件分为上衣连接件(3)和裤子连接件(9),充气管分为上衣充气管(5)和裤子充气管(12)。

所述的上衣部分将上衣手臂内侧部位掏空,补片通过两层上衣拉锁(4)与衣袖掏空部分的边缘连接,将掏空部分补实。手臂内侧还设置有上衣魔术贴(2),上衣魔术贴(2)的大小保证至少将两层上衣拉锁(4)覆盖。上衣魔术贴(2)为片状,包括母面和子面,母面固定在衣袖上或者同时固定在衣袖与补片上,子面贴在母面上实现黏合。

所述裤子部分将裤腿外侧沿线部位掏空,补片通过两层裤子拉锁(8)与裤腿掏空部分的边缘连接,将掏空部分补实。裤腿外侧还设置有裤子魔术贴(11),裤子魔术贴(11)的大小保证至少将两层裤子拉锁(8)覆盖。裤子魔术贴(11)为片状,包括母面和子面,母面固定在裤腿边缘上或者同时固定在裤腿边缘与补片上,子面贴在母面上实现黏合。

所述压力调节器(14)具有调试、工作两档模式,使用者先通过调试模式个性化定制使用压强,待数据存储后,工作模式将按照新设定的压强数据进行充气。

所述上衣气囊(1)和裤子气囊(10)的气压大小可通过使用者自行调试设定,使用者操作压力调节器(14)调节气囊气压至合适压强,按下存储键将当前气压值存储,设备可有效存储3个气压值供后续使用。

一种可穿戴式的按摩装置使用方法,使用者穿衣时,将两层上衣拉锁(4)拉开,可根据自己体型选择拉锁,体型小的人士可将左侧拉链的A面与右侧拉链的B面拉起,内部拉链随之收起置于衣袖内。具体使用时,使用者先穿好上衣裤子,通过两层上衣拉锁(4)、裤子拉锁(8)与上衣魔术贴(2)、裤子魔术贴(11)控制衣物松紧。

使用者穿戴好后,开启压力调节器(14),打开调试模式,压力调节器传输气体经过上衣束线器(6)、裤子束线器(13)至上衣充气管(5)和裤子充气管(12),管内气体由上衣连接件(3)和裤子连接件(9)送至上衣气囊(1)和裤子气囊(10)内,调节上衣气囊(1)和裤子气囊(10)气压至合适压强,按下存储键将当前气压值存储。使用过程中可存储3个有效值,并可分别设置为不同区域的工作压强。设置完毕后,开启工作模式进行按摩。

本实用新型的有益效果:

使用者可自行调节压强大小、按摩时间,使用方便。

与当前市面上大多数按摩器械不同,本实用新型可做到全肢体按摩。

通过人体穴位图设置气囊,对气囊充气,可达到持续有效按摩的作用。

由于使用气体压力对人体各穴位进行按摩,保证了按摩过程中的力度适中,安全可靠。

【附图说明】

图 8.41 是本实用新型正面整体结构示意图。

图 8.42 是本实用新型背面整体结构示意图。

图 8.43 是本实用新型的衣袖部位示意图。

图 8.44 是本实用新型上衣手臂内侧魔术贴示意图。

【具体实施方式】

下面结合附图对本实用新型做进一步详细说明。

如图 8.41~图 8.44 所示,包括上衣、裤子两部分。衣服由内衬、气囊、外衣套组成,上衣和裤子内表面有内衬,内衬和外表面中按人体穴位分布位置设有气囊(1,10),气囊(1,10)通过衣物外表面附着的外部连接件(3,9)和充气管(5,12)连接压力调节器(14)充气,达到按摩的效果。

上衣部分将上衣手臂内侧部位掏空,补片通过两层上衣拉锁(4)与衣袖掏空部分的边缘连接,将掏空部分补实。手臂内侧还设置有上衣魔术贴(2),上衣魔术贴(2)的大小保证至少将两层上衣拉锁(4)覆盖。上衣魔术贴(2)为片状,包括母面和子面,母面固定在衣袖上或者同时固定在衣袖与补片上,子面贴在母面上实现黏合。使用时,可以根据需要,对魔术贴子面进行卷伸,子面伸出时覆盖两层拉锁,可极大程度适应使用者的各种体型。

所述裤子部分与上衣部分结构基本相同。裤子由裤子内衬、气囊(10)、裤套组成,同时将裤腿外侧沿线部位掏空,补片通过两层裤子拉锁(8)与裤腿掏空部分的边缘连接,将掏空部分补实。裤腿外侧还设置有裤子魔术贴(11),裤子魔术贴(11)的大小保证至少将两层裤子拉锁(8)覆盖。裤子魔术贴(11)为片状,包括母面和子面,母面固定在裤腿边缘上或者同时固定在裤腿边缘与补片上,子面贴在母面上实现黏合。使用时,可以根据需要,对裤子魔术贴(11)子面进行卷伸,子面伸出时覆盖两层裤子拉锁(8),可极大程度适应使用者的各种体型。

所述压力调节器(14)具有调试、工作两档模式。使用者先通过调试模式个性化定制使用压强,待数据存储后,工作模式将按照新设定的压强数据进行充气。

所述气囊(1,10)的气压大小可通过使用者自行调试设定,使用者操作压力调节器(14)调节气囊气压至合适压强,按下存储键将当前气压值存储。设备可有效存储 3 个气压值供后续使用。

所述上衣和裤子充气管(5,12)被束线器(6,13)收纳后经由主充气管连接至压力调节器(14)。

一种可穿戴式的按摩装置,上衣部分将手臂内侧部位掏空,即衣袖的内侧部位是个矩形空洞,把补片通过一个两层上衣拉锁(4)与衣袖掏空部分的边缘连接,即利用补片盖住该洞。鉴于魔术贴具有使用寿命,本实用新型专利在考虑到循环利用、环保节能及美观的情况下采用魔术贴与拉链相结合的方式,拉链清洗次数过多所处衣服部位会发生扭曲,故使用魔术贴进行覆盖保证其整体性与美观性。

该结构下,使用者穿衣时,将两层上衣拉锁(4)拉开,可根据自己体型选择拉锁,体型小的人士可将左侧拉链的A面与右侧拉链的B面拉起,内部拉链随之收起置于衣袖内。具体使用时,使用者先穿好上衣裤子,通过两层上衣拉锁(4,8)与上衣魔术贴(2,11)控制衣物松紧。

使用者穿戴好后,开启压力调节器(14),打开调试模式。压力调节器传输气体经过束线器(6,13)至充气管(5,12),管内气体由衣物表面连接件(3,9)送至各气囊(1,10)内。调节气囊(1,10)气压至合适压强,按下存储键将当前气压值存储,使用过程中可存储3个有效值,并可分别设置为不同区域的工作压强。设置完毕后,开启工作模式进行按摩。

5. 说明书附图

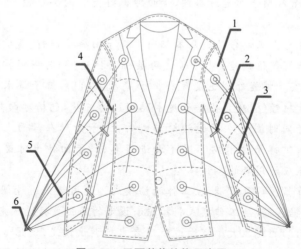

图 8.41 正面整体结构示意图

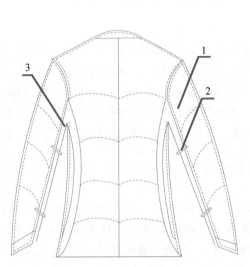

图 8.42　背面整体结构示意图

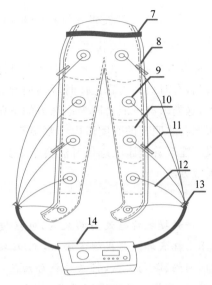

图 8.43　衣袖部位示意图

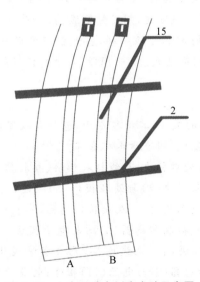

图 8.44　上衣手臂内侧魔术贴示意图

8.4.2 实例 8.12(发明专利)一种提醒按时服药的装置及其提醒方法

1. 专利撰写的创新思路

此专利申报于 2013 年。许多人身体健康状态不好,需要长时间服用药物来预防或治疗疾病,有时会因为忘记按时服药而导致药效达不到预期效果。特别是一些独自生活的老人,这类人群可能会因为记忆力的下降而忘记按时吃药,或者忘记吃药的时间间隔,不按医嘱在非服药的时间段内频繁服药。例如,有些药物有严格的服药间隔,服药过于频繁不仅不能改善健康状态还可能会带来其他隐患。因此,提出一种提醒按时服药的装置及其提醒方法。

2. 摘要

一种提醒按时服药的装置,包括接收器与发射器,接收器嵌于药瓶底部。发射器嵌于水杯底部。其提醒方法为:①在接收器内的时间设置模块上设置服药时间、服药时间间隔、服药次数,将该参数存储在处理模块内;②处理模块判断当前时间是否为服药时间,由语音模块提醒服药;③触发传感器后,无线接收模块、无线发送模块进入工作状态,提醒用户服药,重复步骤③;④当前时刻为 T_1+t 时,再次提醒服药,当前的时间小于 T_1+t,且接收传感器被触发,判定频繁服药;⑤第 2 个服药时间到第 n 个服药时间的步骤与第 1 个服药时间的步骤一样,当天服药完成 n 个服药时间段的服药后,进入第 n 次服药时间 T_n 到第 2 天 T_0 时间段,解决忘记服药和服药过于频繁的问题。

3. 权利要求书

① 一种提醒按时服药的装置,其特征在于,包括接收器(1)与发射器(2)。接收器(1)镶嵌于药瓶底部,发射器(2)镶嵌于水杯底部。

接收器(1)进一步包括处理模块、无线接收模块、接收传感器、时间设置模块、语音模块和电源模块。无线接收模块(4)与处理模块(3)相连,处理模块(3)分别与语音模块(7)、时间设置模块(6)、电源模块(8)及接收传感器(5)相连,无线接收模块(4)、语音模块(7)、时间设置模块(6)、接收传感器(5)均与电源模块(8)相连,无线接收模块(4)与发射器(2)的无线发送模块(10)无线连接,无线发送模块(10)分别与发射传感器(9)、电源(11)相连,发射传感器(9)与电源(11)相连;电源模块(8)为上述接收器(1)中的各模块提供所需电压;电源(11)为上述发射器(2)中的各模块提供所需电压。

② 根据权利要求①所述的一种提醒按时服药的装置，其特征在于：所述的接收传感器(5)采用触摸感应传感器。

③ 根据权利要求①所述的一种提醒按时服药的装置，其特征在于：所述的发射传感器(9)采用触摸感应传感器。

④ 一种提醒按时服药的方法，包括如下步骤。

步骤 1：在接收器(1)内的时间设置模块上设置服药时间 T_0，服药时间间隔 t 小时，服药次数为 n 次，将该参数存储在处理模块(3)内。

步骤 2：处理模块(3)判断当前时间是否为服药时间，若服药时间到，由语音模块(7)提醒用户服药，同时启动定时器 0，设置 t_{off} 分钟的间隔提醒，提醒次数为 n_{off} 次。

步骤 3：用户触发传感器后，无线接收模块(4)、无线发送模块(10)从休眠状态进入工作状态。若药瓶接收传感器(5)先被触发，则将服药有效信号置"1"，记录当前时刻 T_1，关闭定时器 0；若水杯发射传感器(9)先被触发，且 3min 内药瓶接收传感器(5)被触发，则将服药有效信号置"1"，记录当前时刻 T_1，关闭定时器 0，启动定时器 1；若 t_{off} 分钟内药瓶接收传感器(5)未被触发，则处理模块(3)发送语音信号 1 至语音模块(7)，提醒用户该服药了，再重复步骤 3。

步骤 4：当前时刻为 $T_1 + t$ 时，即第 2 个服药时间到，再次提醒用户服药，并将服药有效信号、定时器设置参数初始化，若当前的时间小于 $T_1 + t$，且药瓶上的接收传感器(5)被触发，则判定用户频繁服药，语音提醒其已服药。

步骤 5：第 2 个服药时间到第 n 个服药时间的步骤与第 1 个服药时间的工作步骤一样。当用户当天服药已经完成 n 个服药时间段的服药后，即进入第 n 次服药时间 T_n 到第 2 天 T_0 时间段，在此时间段内，若药瓶上的接收传感器(5)被触发，则判定用户频繁服药，语音提醒其已服药。

4. 说明书

一种提醒按时服药的装置及其提醒方法

【技术领域】

本发明涉及智能提醒技术，具体是指一种提醒按时服药的装置及其提醒方法。

【背景技术】

许多人身体健康状态不好，需要长时间服用药物来预防或治疗疾病，有时会因为忘记按时服药而导致药效达不到预期效果。特别是一些独自生活的老人,这类人群可能会因为记忆力的下降而忘记按时吃药,或者忘记吃药的时间间隔,不按医嘱在非服药的时间段内频繁服药。例如,有些药物有严格的服药间隔,服药过于频繁不仅不能改善健康状态还可能会带来其他隐患。

【发明内容】

为了克服上述现有技术的不足,本发明的目的是提供一种提醒按时服药的装置和实现方法,以解决忘记服药和服药过于频繁的问题,使服药更加科学合理。

为实现上述目的,本发明采用的技术方案是:一种提醒按时服药的装置,包括接收器(1)与发射器(2),接收器(1)镶嵌于药瓶底部,发射器(2)镶嵌于水杯底部。

接收器(1)进一步包括处理模块、无线接收模块、接收传感器、时间设置模块、语音模块和电源模块。无线接收模块与处理模块相连,处理模块分别与语音模块、时间设置模块、电源模块及接收传感器相连,无线接收模块、语音模块、时间设置模块、接收传感器均与电源模块相连,无线接收模块与发射器的无线发送模块无线连接,无线发送模块分别与发射传感器、电源相连,发射传感器与电源相连。无线接收模块用于接收发射器发射的喝水信号,再将该信号传给处理模块。接收传感器与处理模块连接,用户触碰接收器(1)后产生服药信号。时间设置模块用于设置服药时间、服药时间间隔和服药次数。语音模块根据处理模块发出的语音控制信号输出相应的提醒语音。处理模块根据服药信号、喝水信号、服药有效信号、设置的服药时间和服药时间间隔信息产生控制策略。电源模块为上述接收器中的各模块提供所需电压。

发射器进一步包括发射传感器、无线发射模块和电源。用户触摸水杯后传感器产生信号,并通过无线发射模块发送给接收器,电源为上述发射器中的各模块提供所需电压。

所述的接收传感器采用触摸感应传感器。

所述的发射传感器采用触摸感应传感器。

时间设置模块设置的时间方式如下,例如,提醒开启时间 T_0,服药时间间隔 t 小时,服药次数为 n 次。即时间 T_0 提醒用户服药,用户服药后每隔 t 小时为下次服药提醒时间,一共有 n 个服药时间点。时间设置模块还包括万年历程序。

接收器和发射器上的电源模块及电源用于控制无线接收模块、无线发射模块的电源状态,以达到节能省电的目的。当药瓶和水杯上的接收传感器、发射传感器没有被触发时,电源模块及电源使无线接收模块、无线发射模块进入休眠状态,一旦传感器被触发,无线收、发模块立即启动。此外,用户可根据需要通过电源模块开启或关闭上述装置。

本发明还公开了基于上述装置的提醒按时服药和非服药时间段频繁服药的方法,包括如下步骤。

步骤 1:在接收器内的时间设置模块上设置服药时间 T_0,服药时间间隔 t 小时,服药次数为 n 次,将该参数存储在处理模块内。

步骤 2:处理模块判断当前时间是否为服药时间,若服药时间到,由语音模块提醒用户服药,同时启动定时器 0,设置 t_{off} 分钟的间隔提醒,提醒次数为 n_{off} 次。

步骤 3:用户触发传感器后,无线接收模块、无线发送模块从休眠状态进入工作状态,若药瓶接收传感器(5)先被触发,则将服药有效信号置"1",记录当前时刻 T_1,关闭定时器 0;若水杯发射传感器先被触发,且 3min 内药瓶接收传感器(5)被触发,则将服药有效信号置"1",记录当前时刻 T_1,关闭定时器(0),启动定时器(1)。若 t_{off} 分钟内药瓶接收传感器未被触发,则处理模块发送语音信号 1 至语音模块,提醒用户该服药了,再重复步骤 3。

步骤 4:当前时刻为 T_1+t 时,即第 2 个服药时间到,再次提醒用户服药,并将服药有效信号、定时器设置参数初始化,若当前的时间小于 T_1+t,且药瓶上的接收传感器被触发,则判定用户频繁服药,语音提醒其已服药。

步骤 5:第 2 个服药时间到第 n 个服药时间的步骤与第 1 个服药时间的工作步骤一样。当用户当天服药已经完成 n 个服药时间段的服药后,即进入第 n 次服药时间 T_n 到第 2 天 T_0 时间段,在此时间段内,若药瓶上的接收传感器被触发,则判定用户频繁服药,语音提醒其已服药。

本发明的有益效果是:

本发明解决了病人不按医嘱按时服药或服药过于频繁的问题,药瓶上的接收器和水杯上的发射器通过无线连接,使病人使用更为方便。此外,接收器和发射器上都装有电源模块,接收传感器、发射传感器未被触发时,接收器和发射器进入休眠状态,具有节能省电的效果。

【附图说明】

图 8.45 为本发明实施例的结构示意图。

图 8.46 为本发明接收器、发射器的结构示意图。

图 8.47 为本发明的工作流程图,其中,图 8.47(a)为主程序流程图,图 8.47(b)为 10min 间隔提醒流程图。

【具体实施方式】

下面结合附图和实施例,对本发明做进一步详细描述。

参见图 8.45,接收器(1)嵌入于药瓶底部,发射器(2)嵌入于水杯底部,接收器(1)与发射器(2)通过无线网络传输数据信息。

参见图 8.46,一种提醒老人按时服药的装置包括:接收器(1)和发射器(2)。接收器(1)进一步包括处理模块(3)、无线接收模块(4)、接收传感器(5)、时间设置模块(6)、语音模块(7)和电源模块(8)。发射器(2)进一步包括传感器模块(9)、无线发射模块(10)和电源(11)。

无线接收模块(4)用于接收发射器(2)发射的喝水信号,再将该信号传给处理模块(3)。接收传感器(5)与处理模块(3)连接,传感器可选用触摸感应传感器,用户触碰接收器(1)后产生服药信号,再将该信号传给处理模块(3)。时间设置模块(6)用于设置服药时间、服药时间间隔和服药次数,并将设置的参数传递给处理模块(3)。语音模块(7)根据处理模块(3)发出的语音控制信号输出相应的提醒语音。处理模块(3)根据服药信号、喝水信号、服药有效信号、设置的服药时间和服药时间间隔等信息产生控制策略。电源模块(8)为上述接收器(1)中的各模块提供所需电压。

水杯上的传感器模块(9)也可采用触摸感应传感器,用户触摸水杯后传感器(9)产生喝水信号,并通过无线发射模块(10)发送给接收器(1),电源(11)为上述发射器(2)中的各模块提供所需电压。

时间设置模块设置的时间方式如下:提醒开启时间 T_0,服药时间间隔 t 小时,服药次数为 n 次,即 T_0 时刻提醒用户服药,记录用户服药的当前时刻为 T_1,则第 2 次服药提醒时间为 T_1+t,以此类推,可得到 n 个服药时间点。时间设置模块还包括万年历程序。

药瓶上的电源模块(8)和发射器(2)上的电源(11)分别用于控制无线接收模块、无线发射模块的电源状态。以达到节能省电的目的。当药瓶上的接收传感器(5)和水杯上的发射传感器(9)没有被触发时,电源模块(8)和电源(11)分别使无线接收模块、无线发射模块进入休眠状态。一旦传感器被触发,无线接收模块、无线发射模块立即启动。此外,用户可根据需要通过电源模块开启或关闭上述装置。

下面以设置服药时间 8:00、服药间隔 4h 和一天服药次数 3 次为例做进一步说明。

参见图 8.47,其中,图 8.47(a)为主程序流程图,图 8.47(b)为 10min 间隔提醒流程图,工作流程如下。

步骤1：在接收器(1)的时间设置模块上设置时间参数,将该参数存储在处理模块(3)内。

步骤2：处理模块(3)判断当前时间是否为服药时间,若当前时间为8:00,处理模块(3)发送语音信号1至语音模块(7),提醒用户该服药了,同时启动定时器0,设置10min的间隔提醒,即8:00~8:30时间段内,服药有效信号为"0",分别于8:10、8:20、8:30进行语音提醒。

步骤3：用户触发接收传感器(5)或发射传感器(9)后,无线接收模块(4)、无线发送模块(10)从休眠状态进入工作状态。若药瓶接收传感器(5)先被触发,则将服药有效信号置"1",记录当前时刻 T_1,关闭定时器0;若水杯发射传感器(9)先被触发,且3min内药瓶接收传感器(5)被触发,则将服药有效信号置"1",记录当前时刻 T_1,关闭定时器0,启动定时器1。若3min内药瓶接收传感器(5)未被触发,则处理模块(3)发送语音信号1至语音模块(7),提醒用户该服药了,再重复步骤3。

步骤4：定时器1开始4h计时,若当前的时间小于 T_1+4,即定时器1的4h计时未结束,且药瓶上的传感器模块(3)被触发,则判定用户在非服药时间内频繁服药,处理模块(3)发送语音信号2至语音模块(7),提醒用户此时不能服药。当前时刻为(T_1 +4)时,即第2个服药时间到,再次提醒用户服药,并将服药有效信号、定时器设置等参数初始化。

步骤5：第2个和第3个服药时间的步骤与第1个时间的工作步骤一样,当用户当天服药已经完成3个时间段的服药,即进入第3次服药时间 T_3 到第2天8:00时间段,在此时间段内,药瓶上的接收传感器(5)被触发,则判定用户在非服药时间内频繁服药,处理模块(3)发送语音信号2至语音模块(7),提醒用户其已服药。

5. 说明书附图

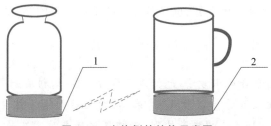

图 8.45　实施例的结构示意图

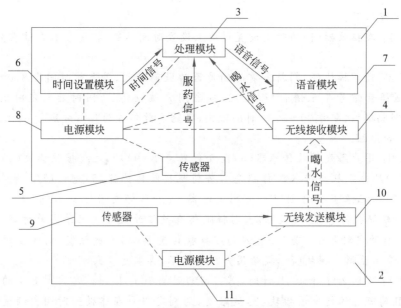

图 8.46　接收器、发射器的结构示意图

8.4.3　实例 8.13（发明专利）一种听障人群的语音辨识方法

1. 专利撰写的创新思路

本专利创意来源于一次听专家报告，专家在讲座上介绍自己的"语音辨识技术"，会后通过查找相关资料，突发奇想，构思一种全新的语音辨识方法。当今世界，由于疾病、遗传、耳毒性药物、噪声、意外事故以及人口老龄化的影响，人类面临的听力残疾风险增加，听力障碍的人数不断上升。全球有 2.78 亿人双耳存在中重度听力损伤，其中 80% 生活在发展中国家。听力障碍影响了人们的正常生活，给许多家庭带来了痛苦与贫困。听力障碍不仅成为全球性的公共卫生问题，也日益成为严重的社会问题。因此，提出一种听障人群的语音辨识方法。

2. 摘要

一种听障人群的语音辨识方法，包括以下步骤：第一，利用麦克风采集谈话者的语音信号并通过音频放大器进行信号放大；第二，放大后的语音信号利用微处理器完成信号的模/数转换 A/D、信号的语音处理、查询区位码并确定皮肤刺激方案，将处理后

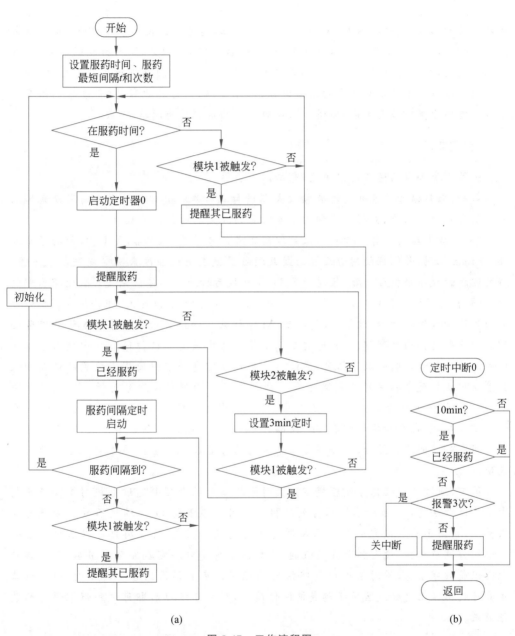

(a)　　　　　　　　　　　　　　　(b)

图 8.47　工作流程图

的数字信号由数/模转换器 D/A 转换后输出；第三，通过输出级信号处理模块的升压装置对 D/A 转换后的信号进行后级升压，利用平面电极完成对听障人群皮肤的刺激，设定刺激级别，听障用户在感受到特定数字串刺激后，可将该刺激辨识成数字信息，同时依据该数字信息来确定对话者的话语内容，内容简单，记忆过程容易，将复杂的语音辨识过程借助于微处理器完成，使听障人群对语音的辨识更为简单、有效。

3. 权利要求书

一种听障人群的语音辨识方法，包括以下步骤。

第一，采集语音信号并通过音频放大器进行预处理。具体做法是：利用麦克风采集谈话者的语音信号，并将采集到的信号经音频放大器进行信号放大。

第二，放大后的语音信号利用微处理器完成信号的模/数转换 A/D、信号的语音处理、查询区位码，并依据使用者设置的最大刺激强度或默认强度来确定皮肤刺激方案，将处理后的数字串信号由数/模转换器 D/A 转换后输出。具体做法是：微处理器中的模/数转换器 ADC 对音频放大器放大后的语音信号进行 A/D 转换，即将语音模拟信号转换为语音数字信号，经过模/数转换器 ADC 转换后的语音数字信号进入语音信号处理器处理并转换为汉字信息，再通过查询微处理器中设有的区位码表找出该汉字信息所对应的四位十进制的数字信息，通过对应的数字信息并依据使用者设置的最大刺激强度或默认强度来确定皮肤刺激方案。刺激方案中的刺激强度分为低、中、高三种级别，对三种级别进行特定组合后分别对应于 0～9 的数字信息，其中，一个数字由 1～3 个刺激信号组成，每个数字之间有"短"间隔，一个汉字编码由 4 个数字组成，每个汉字编码之间有"长"间隔。最后，依据语音信息确定的特定数字串经 D/A 转换器输出至升压模块。

第三，通过输出级信号处理模块完成对模拟信号的升压并通过电极对皮肤产生刺激。具体做法是：通过输出级信号处理模块的升压装置将 D/A 转换后的信号进行后级升压，利用平面电极完成对听障人群皮肤的刺激。预先，听障用户可以依据自己的承受能力调节旋钮，设定刺激强度级别，听障用户感受到特定数字串刺激后，可将该刺激辨识成数字信息，同时依据该数字信息确定对话者的话语内容。实际训练时，听障用户可利用掌上电脑或区位字典查询区位码表，经反复练习后即可达到辨识语音的最佳效果。

4. 说明书

一种听障人群的语音辨识方法

【技术领域】

本发明属于语音辨识技术领域，特别涉及一种语音辨识方法，尤其适用于听障人群。

【背景技术】

据首届国际听力障碍预防与康复大会中的报告资料显示，当今世界，由于疾病、遗传、耳毒性药物、噪声、意外事故以及人口老龄化的影响，人类面临的听力残疾风险增加，听力障碍的人数不断上升。全球有 2.78 亿人双耳存在中重度听力损伤，其中 80％ 生活在发展中国家。听力障碍影响了人们的正常生活，给许多家庭带来了痛苦与贫困。听力障碍不仅成为全球性的公共卫生问题，也日益成为严重的社会问题。

由于传统助听器是利用麦克风将声音信号转换成电信号并且放大，然后再把放大的声音传送给人的耳朵，这种方法需要依赖人体残余听力，并未从根本上解决听力障碍人群的听力问题。

专利号为 200410026265.5 的发明专利公开了一种变压式皮肤听声器，根据生物学的听觉原理，利用电子与声学技术模仿人体的听觉器官，提供了便于聋哑人使用的皮肤听声器。该发明是将外部声音信号转换成电流信号，并将电流震荡信号通过皮肤传给大脑，使得听障用户能够感觉到刺激信号，但并未解决语音辨识的问题。

专利号为 200910219078.1 的发明专利公开了一种"多通道阵列式皮肤听声器"，提供了一种利用多通道带通滤波及功率放大电路连接升压阵列装置，驱动平面电极阵列刺激皮肤不同位置的方式，使皮肤具备语音分辨能力。该发明需将复杂的语音还原为多路相对单纯的音频信号，并通过不同频率信号刺激人体不同位置的方式实现语音辨析。该过程需要听障用户经过长期的语言条件反射，反复训练后才能完成各种语音信号所产生不同刺激的记忆。因此，所需记忆的刺激种类较多，形成条件反射所需时间较长，使得语音辨识过程复杂、困难。

【发明内容】

为了克服上述现有技术的不足，本发明的目的在于提供一种听障人群的语音辨识方法，通过微处理器将所接收到的语音信息转换成汉字信息，并结合汉字区位码表转换成 0～9 的数字信息，依据区位码以及使用者设置的最大刺激强度或默认强度来确定特定的皮肤刺激方案，进而实现听障人群对语音的辨识。本发明所需记忆的内容简单,记忆过程容易,将复杂的语音辨识过程借助于微处理器完成,使听障人群对语音的辨识更为简单、有效。

为了实现上述目的,本发明采用的技术方案是:

第一,采集语音信号并通过音频放大器进行预处理。具体做法是:利用麦克风采集对话者的语音信号,并将采集到的信号经过音频放大器进行信号放大。

第二,放大后的语音信号利用微处理器完成信号的模/数转换 A/D、信号的语音处理、查询区位码,并通过使用者设置的最大刺激强度或默认强度确定皮肤刺激方案,将处理后的数字信号由数/模转换器 DAC 转换后输出至升压模块。具体做法是:微处理器中的模/数转换器 ADC 对音频放大器放大后的语音信号进行转换,即将语音模拟信号转换为语音数字信号,经过模/数转换器 ADC 转换后的语音数字信号进入语音信号处理器转换为汉字信息,再通过查询微处理器中设有的区位码表找出该汉字信息所对应的四位十进制的数字信息,通过对应的数字信息并依据使用者设置的最大刺激强度或默认强度确定皮肤刺激方案。刺激方案中的刺激强度分为低、中、高三种级别,对三种级别进行特定组合后分别对应于 0～9 的数字信息,其中,一个数字由 1～3 个刺激信号组成,每个数字之间有"短"间隔,一个汉字编码由 4 个数字组成,每个汉字编码之间有"长"间隔。最后,依语音信息确定的特定数字串经 D/A 转换器输出至升压模块。

第三,通过输出级信号处理模块完成对模拟信号的升压并通过电极对皮肤产生刺激。具体做法是:通过输出级信号处理模块的升压装置将 D/A 转换后的信号进行后级升压,利用平面电极完成对听障人群皮肤的刺激。预先,听障用户可以依据自己的承受能力调节旋钮,设定刺激强度级别。听障用户感受到特定数字串刺激后,可将该刺激辨识成数字信息,同时依据该数字信息确定对话者的话语内容。平时训练时,听障用户可利用掌上电脑或区位字典查询区位码表,经反复练习即可达到辨识语音的最佳效果。

本发明的有益效果是:

(1) 所确定的皮肤刺激方案,将产生高、中、低级别的刺激,通过特定组合对应于 0～9 的数字信息,使得记忆内容简洁,记忆过程较为容易,记忆效果比较显著。

(2) 语音的辨识借助于微处理器,听障人群可以自行利用掌上电脑或区位字典查询区位码表,辨识谈话者说话的语音内容,使听障人群对语音的辨识更为简单、有效。

本发明利用微处理器对采集到的语音信号进行处理,其中,对于确定皮肤的刺激方案是通过查询汉字所对应的区位码,获取 4 位十进制数字信息;并将刺激分为低、中、高的三个级别,对三种级别进行组合后分别对应于 0~9 的数字信息,一个数字由 1~3 个刺激信号组成,每个数字之间有"短"间隔,一个汉字编码由 4 个数字组成,每个汉字编码之间有"长"间隔,听障人群只需理解刺激方案及识别 0~9 十个数字,即可识别汉字。在实际训练中,听障人群可以自行利用掌上电脑或区位字典查询区位码表,达到辨识语音的效果。由于本发明不依赖人体残余听力,并将复杂的语音辨识过程交给微处理器完成,具有所需记忆的内容简单,记忆过程容易,使听障人群对语音的辨识更为简单、有效的特点。

【附图说明】

图 8.48 为本发明的实施例的示意图。

图 8.49 为本发明皮肤刺激方案图。

图 8.50 为本发明语音辨识过程示意图。

【具体实施方式】

下面结合附图和实施例对本发明的技术方案及思路做进一步的描述。

实施例:以对话者所述的一句"大家好"为例对本发明做进一步详细说明。

参见图 8.48~图 8.50,一种听障人群的语音辨识方法,包括以下步骤。

第一,采集语音信号并通过音频放大器(1)进行预处理。具体做法是:利用麦克风(4)采集谈话者的语音信号,将采集到的语音信号经过语音信号采集及预处理模块(1)的音频放大器(5)进行初级放大。

第二,放大后的语音信号利用微处理器完成信号的模/数转换 A/D、信号的语音处理、查询区位码,并依据使用者设置的最大刺激强度或默认强度来确定特定的皮肤刺激方案。将处理后的数字信号由数/模转换器 D/A 转换后输出至升压模块。具体做法是:微处理器(2)中的模/数转换器 ADC(6)对音频放大器(5)放大后的语音信号进行转换,即将语音模拟信号转换为语音数字信号,经过模/数转换器 ADC(6)转换后的语音数字信号进入语音信号处理器(7)转换为汉字信息,再通过查询微处理器(2)中设有的区位码表(11)找出汉字信息对应的 4 位十进制的数字信息,通过对应的数字信息并依据使用者设置的最大刺激强度或默认强度确定特定的皮肤刺激方案。刺激方案分为低、中、高的三个级别,其中,用户可以承受的最大刺激确定为高级,将该刺激的 2/3 确定为中级,1/3 确定为低级。对三种级别进行组合后分别对应于 0~9 的数字信息,一个数字由 1~3 个刺激信号组成,每个数字之间有"短"间隔,一个汉字编码由 4 个数字组成,每个汉字编码之间有"长"间隔。

本例中"大家好"所对应的区位码分别是"2083""2850""2635",所对应的皮肤刺激数字串码为" ",其中,"-"为短间隔,"- -"为长间隔,微处理器(2)将所对应的数字信号 D_{max} 确定为高级,$2/3D_{max}$ 为中级,$1/3D_{max}$ 为低级。此信号在使用者调节旋钮并预先设定刺激强度时,由微处理器(2)自动记录并保存,该数字信号在经过 D/A(8)转换后输出不同程度的模拟信号,其中,A_{max} 为高级,$2/3A_{max}$ 为中级,$1/3A_{max}$ 为低级。

第三,通过输出级信号处理模块 3 完成对模拟信号的升压并通过电极对皮肤产生刺激。具体做法是:通过输出级信号处理器(3)的升压装置(9)对 D/A(8)转换后的信号进行后级升压,利用平面电极(10)完成对听障人群皮肤的刺激。调节旋钮经过 I/O 口连接至微处理器(2),依据不同人的承受能力调节该旋钮,改变 D_{max} 的值来调整输出 A_{max} 值,进而改变平面电极(10)的输出强度范围。听障用户感受到特定数字串刺激后,可将该刺激辨识成数字信息,同时依据该数字信息确定对话者的话语内容。平时训练时,听障用户可利用掌上电脑或区位字典查询区位码表,经反复练习即可达到辨识语音的最佳效果。

本例中,听障用户可根据所接收的刺激辨识出数字信息"2-0-8-3- -2-8-5-0- -2-6-3-5",再根据区位码表得到汉字信息"大家好"。

在实际训练中,听障人群只需要通过手语老师的配合,理解刺激方案,记忆 0~9 这十个数字的刺激方式,经过一定时间的反复训练,便可以达到辨识语音的效果。

5. 说明书附图

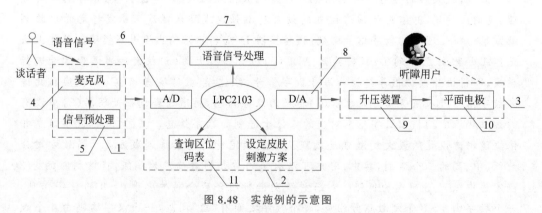

图 8.48　实施例的示意图

图 8.49 皮肤刺激方案图

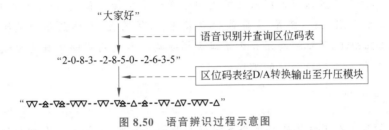

图 8.50 语音辨识过程示意图

8.5 公共安全与控制交叉领域篇

公共安全与控制交叉领域篇涉及的专利包括病毒防控、收付款安全、IC 卡使用安全等与控制交叉的案例,这些案例或是作者亲身经历的真实事件,或是依据新闻报道激发灵感而做,并且专利已经授权。

本篇列举一种基于人工智能的垃圾分类纠错溯源装置及其方法、一种基于大数据的多功能纸币收付款系统和一种防止 IC 卡盗刷的系统三项专利案例,为类似专利提供了一些撰写思路及方法,希望能在教学中起到一隅三反、豁然贯通的效果。

8.5.1 实例 8.14(发明专利)一种基于人工智能的垃圾分类纠错溯源装置及其方法

1. 专利撰写的创新思路

本专利创意来源于"新闻联播","推行垃圾分类,关键是要加强科学管理,形成长效机制,推动习惯养成……",随着垃圾分类政策的实施,生活垃圾分类投放的观念逐渐深入人心,如何正确分类成为当前社会关注的焦点问题。常见的垃圾分类箱缺乏监督引导手段,实际应用效果并不理想。往往一些人由于对垃圾种类记忆强度不够而分类错误,甚至还有一些人故意错误地投放垃圾,这一系列错误行为为垃圾的后续处理造成了巨大的压力。

因此,提出一种基于人工智能的垃圾分类纠错溯源装置及其方法。

2. 摘要

一种基于人工智能的垃圾分类纠错溯源管理装置,包括垃圾分类箱体,垃圾分类箱体表面设置有箱门,箱门边侧安装有挡光片,箱体的左、右、后侧面安装有支撑板,支撑板顶部的屋檐式挡板,屋檐式挡板上安装有太阳能供电装置,位于箱体的外围底部安装有重量检测装置,垃圾分类箱上方安装有 LED 指示装置,屋檐式挡板的内顶面安装录像装置,录像装置通过无线通信模块向远程云平台传递信息,所述的红外传感器、重量检测装置、LED 指示装置、太阳能供电装置、录像装置、无线通信模块和图像存储装置与下位机相连,下位机与语音交互模块相连接。本发明有助于提高垃圾分类的正确率,减少后续人工垃圾分拣的工作量。

3. 权利要求书

① 一种基于人工智能的垃圾分类纠错溯源管理装置,包括安装有控制模块的垃圾分类箱体(21),垃圾分类箱体(21)表面设置有箱门(11),所述的箱门(11)边侧安装有挡光片(12),所述的箱体(21)的左、右、后侧面安装有支撑板(15),支撑板(15)顶部的屋檐式挡板(16)上安装有太阳能供电装置(6),位于箱体(21)的外围底部安装有重量检测装置(4),垃圾分类箱(21)上方安装有 LED 指示装置(5),屋檐式挡板(16)的内顶面安装录像装置(7),录像装置(7)通过无线通信模块(8)向远程云平台(9)传递信息。所述的红外传感器(3)、重量检测装置(4)、LED 指示装置(5)、太阳能供电装置(6)、录像装置(7)、无线通信模块(8)和图像存储装置(10)与下位机(1)相连。所述下位机(1)与语音交互模块(2)相连接,语音交互模块(2)位于垃圾分类箱体(21)上。

② 根据权利要求①所述的一种基于人工智能的垃圾分类纠错溯源管理装置,其特征在于:所述的垃圾分类箱体(21)分为"厨余垃圾""其他垃圾""可回收物""有害垃圾"四类。所述 LED 指示装置(5)连接下位机(1),包含颜色分别为绿、橙、蓝、红的四个 LED 指示灯,分别对应"厨余垃圾""其他垃圾""可回收物""有害垃圾"四类。

③ 根据权利要求①所述的一种基于人工智能的垃圾分类纠错溯源管理装置,其特征在于:所述的太阳能供电装置(6)包括太阳能电池板(17)、蓄电池组(18)和电能变换装置(19)。太阳能电池板(17)位于屋檐式挡板(16)外顶部,通过电能变换装置(19)连接至蓄电池组(18)。

④ 根据权利要求①所述的一种基于人工智能的垃圾分类纠错溯源管理装置,其特征在于:所述的红外传感器(3)包含红外发射器(13)和接收器(14)。红外发射器(13)和接收器(14)位于垃圾箱内表面,挡光片(12)位于红外传感器(3)的发射器(13)和接收器(14)之间。

⑤ 根据权利要求①所述的一种基于人工智能的垃圾分类纠错溯源管理装置,其特征在于:所述挡光片(12)固定在垃圾箱门(11)上,与箱门(11)所在平面垂直。

⑥ 基于权利要求①所述的一种基于人工智能的垃圾分类纠错溯源管理装置的使用方法,包括以下步骤。

使用者讲出垃圾名目,语音交互模块(2)会以语音形式自动播报出对应垃圾种类,对应垃圾分类箱上方的 LED 指示装置(5)会闪烁,清晰地提示使用者应该投放的垃圾箱,同时下位机(1)控制红外传感器(3)通电。

当使用者打开了某个垃圾箱门(11)时,下位机(1)会检测到每个垃圾箱门(11)处红外传感器(3)输出的开关量的变化情况,判断出开箱是否正确,如果错误,语音交互模块(2)会发出第一次语音提醒"请正确投放!",此时四个垃圾箱外围底部的重量检测装置(4)会在下位机(1)的控制下立即启动,记录并向下位机(1)反馈各个垃圾箱重量情况。

同时,下位机(1)启动延时,延时时间一般设定为 10~20s,给予当前使用者充足的改正机会,并且不会对下一位使用者的正常使用造成影响,延时期间系统会不断检测四个垃圾箱门(11)开关量变化。

如果在延时结束之前检测到错误箱门被关闭且正确垃圾箱门被打开,即垃圾箱门(11)与 LED 指示装置(5)逻辑变为一致,则系统会认为使用者在第一次的语音提醒下,已纠正自身行为,最终进行了正确的分类投放,不会启动录像装置(7);反之,在延时结束系统会启动录像装置(7)。

此外,在第一次语音提醒后若检测到错误垃圾箱增重,则下位机(1)会计算其增重量,同时语音交互模块(2)会进行第二次提醒"垃圾分类投放错误,请纠正您的行为,正确分类投放!谢谢!",若使用者在延时时间内打开了正确的垃圾箱,且下位机(1)检测到重量变化量相匹配,则说明使用者已将垃圾从错误垃圾箱中取出并正确分类投放,不会启动录像装置(7);若延时结束使用者仍不纠正行为,则系统认定其故意为之,系统会通过无线通信模块(8)向远程云平台(9)传送"录像"指令,启动录像装置(7)进行

"违规录像",并上传至远程云平台(9)进行存储。同时在下位机(1)的控制许可下,"违规录像"也会进行本地存储,即同时备份在由下位机(1)控制的图像存储装置(10)中,进一步确保后续的纠错溯源工作有理可依、有据可查。

4. 说明书

一种基于人工智能的垃圾分类纠错溯源管理装置及其方法

【技术领域】

本发明涉及垃圾分类技术领域,特别涉及一种基于人工智能的垃圾分类纠错溯源管理装置及其方法。

【背景技术】

随着垃圾分类政策的实施,生活垃圾分类投放的观念逐渐深入人心。如何正确分类成为当前社会关注的焦点问题。常见的垃圾分类箱缺乏监督引导措施,实际应用效果并不理想。往往一些人由于对垃圾种类记忆强度不够而分类错误,甚至还有一些人故意错误地投放垃圾。这一系列错误行为为垃圾的后续处理造成了巨大的压力。

【发明内容】

为了解决以上技术问题,本发明的目的在于提供一种基于人工智能的垃圾分类纠错溯源管理装置及其方法,具有引导教育、纠错溯源、环保节能、实施效果好的特点。

为了实现上述目的,本发明采用的技术方案是:

一种基于人工智能的垃圾分类纠错溯源管理装置,包括安装有控制模块的垃圾分类箱体(21)。垃圾分类箱体(21)表面设置有箱门(11)。所述的箱门(11)边侧安装有挡光片(12)。所述的箱体(21)的左、右、后侧面安装有支撑板(15)。支撑板(15)顶部的屋檐式挡板(16)上安装有太阳能供电装置(6)。位于箱体(21)的外围底部安装有重量检测装置(4)。垃圾分类箱(21)上方安装有LED指示装置(5)。屋檐式挡板(16)的内顶面安装录像装置(7),录像装置(7)通过无线通信模块(8)向远程云平台(9)传递信息。所述的红外传感器(3)、重量检测装置(4)、LED指示装置(5)、太阳能供电装置(6)、录像装置(7)、无线通信模块(8)和图像存储装置(10)与下位机(1)相连。所述下位机(1)与语音交互模块(2)相连接,语音交互模块(2)位于垃圾分类箱体(21)上。

所述的垃圾分类箱体(21)分为"厨余垃圾""其他垃圾""可回收物""有害垃圾"四类,所述LED指示装置(5)连接下位机(1),包含颜色分别为绿、橙、蓝、红的四个LED

指示灯,分别对应"厨余垃圾""其他垃圾""可回收物""有害垃圾"四类。

所述的太阳能供电装置(6)包括太阳能电池板(17)、蓄电池组(18)和电能变换装置(19)。太阳能电池板(17)位于屋檐式挡板(16)外顶部,通过电能变换装置(19)连接至蓄电池组(18),可以为整个装置供电。

所述的红外传感器(3)包含红外发射器(13)和接收器(14)。红外发射器(13)和接收器(14)位于垃圾箱内表面,挡光片(12)位于红外传感器(3)的发射器(13)和接收器(14)之间。

所述挡光片(12)固定在垃圾箱门(11)上,与箱门(11)所在平面垂直。

一种基于人工智能的垃圾分类纠错溯源管理装置的使用方法,包括以下步骤。

使用者讲出垃圾名目,语音交互模块(2)会以语音形式自动播报出对应垃圾种类,对应垃圾分类箱上方的 LED 指示装置(5)会闪烁,清晰地提示使用者应该投放的垃圾箱,同时下位机(1)控制红外传感器(3)通电。

当使用者打开了某个垃圾箱门(11)时,下位机(1)会检测到每个垃圾箱门(11)处红外传感器(3)输出的开关量的变化情况,判断出开箱是否正确,如果错误,语音交互模块(2)会发出第一次语音提醒"请正确投放!",此时四个垃圾箱外围底部的重量检测装置(4)会在下位机(1)的控制下立即启动,记录并向下位机(1)反馈各个垃圾箱重量情况。

同时,下位机(1)启动延时,延时时间一般设定为 $10\sim20s$,给予当前使用者充足的改正机会,并且不会对下一位使用者的正常使用造成影响,延时期间系统会不断检测四个垃圾箱门(11)开关量变化。

如果在延时结束之前检测到错误箱门被关闭且正确垃圾箱门被打开,即垃圾箱门11 与 LED 指示装置(5)逻辑变为一致,则系统会认为使用者在第一次的语音提醒下,已纠正自身行为,最终进行了正确的分类投放,不会启动录像装置(7),反之,在延时结束系统会启动录像装置(7)。

此外,在第一次语音提醒后若检测到错误垃圾箱增重,则下位机(1)会计算其增重量,同时语音交互模块(2)会进行第二次提醒"垃圾分类投放错误,请纠正您的行为,正确分类投放! 谢谢!",若使用者在延时时间内打开了正确的垃圾箱(即纠错"开箱"正确),且下位机(1)检测到重量变化量相匹配(即错误垃圾箱重量的减少量等于正确垃圾箱重量的增加量),则说明使用者已将垃圾从错误垃圾箱中取出并正确分类投放,不会启动录像装置(7);若延时结束使用者仍不纠正行为,则系统认定其故意为之,系统会通过无线通信模块(8)(或互联网)向远程云平台(9)传送"录像"指令,启动录像装置(7)进行"违规录像",并上传至远程云平台(9)进行存储。同时在下位机(1)的控制许可下,"违规录像"也会进行本地存储,即同时备份在由下位机(1)控制的图像存储装置(10)中,进一步确保后续的纠错溯源工作有理可依、有据可查。

本发明的有益效果:

(1)实时纠错。当使用者错误开箱、错误投入垃圾时,系统都会发出语音提醒,减少垃圾分类错误的可能。

(2)纠错溯源。"违规录像"会及时记录故意错投者的违规行为,为后续的纠错教育提供依据。

(3)环保节能。设有太阳能电池板,吸收太阳能转换成电能给蓄电池组充电。而且红外传感器、重量检测装置、LED指示装置和录像装置在休眠状态下不启动,减少电能的浪费。

(4)引导教育。相比于一般垃圾分类箱,本发明装置具有语音指导、LED指示功能,帮助使用者进行正确的垃圾分类。

【附图说明】

图8.51为发明的硬件系统示意图。

图8.52为发明的工作流程图。

图8.53为垃圾分类纠错溯源装置整体结构示意图。

图8.54为垃圾箱门处内部局部放大示意图。

【具体实施方式】

下面结合附图对本发明做进一步详细说明。

参见图8.51,本发明主要包括垃圾分类箱及其纠错溯源部分,以垃圾分类箱的下位机(1)为控制中心,连接有语音交互模块(2)、红外传感器(3)、重量检测装置(4)、LED指示装置(5)、太阳能供电装置(6)、录像装置(7)、无线通信模块(8)和图像存储装置(10)。语音交互模块(2)可以对使用者提出的垃圾名目进行准确识别,自动语音播报和LED指示装置相配合,共同指引使用者进行正确的垃圾分类,而且在开箱错误、投放错误的情况下,都会进行语音提醒。在下位机(1)的控制下,LED指示装置(5)辅助指示正确垃圾箱的位置(即在10~20s的延时期间正确垃圾箱上方的指示灯会闪烁)。此外,也可以作为判断实际开箱正确与否的对照。红外传感器(3)作为垃圾箱门(11)打开或关闭的识别装置,其供电状态受下位机(1)控制,在语音识别出垃圾种类后启动,其发射器(13)发出的红外光被接收器(14)接收的情况可以反映出垃圾箱门(11)的状态,同时其接收器(14)以电信号的形式输出给下位机(1),下位机(1)据此可以判断出使用者是否打开了正确的垃圾箱门。在语音第一次提醒(开箱错误)后,下位机(1)开始延时(一般设定为 10～20s),延时期间系统会不断检测错误箱门是否被及时关闭且正确箱门是否被打开,同时启动重量检测装置(4),向下位机(1)输出各垃圾箱的重量情况,若错误垃圾箱重量增加,则下位机(1)计算其增加量。接着语音交互模块(2)发出第二次语音提醒,重量检测装置(4)会在延时时间内不断检测各垃圾箱(21)重量变化情况并输出给下位机(1),下位机(1)通过比较错误垃圾箱重量减少量与正确垃圾箱重量增加量是否相匹配,来判断使用者是否改正自身行为。录像装置(7)的工作状态由下位机(1)控制,若在延时时间内,使用者打开正确垃圾箱,并且将错误垃圾箱中的垃圾重新投入正确垃圾箱中(即错误垃圾箱重量减少量与正确垃圾箱重量增加量相匹配),下位机(1)不会启动录像装置(7)。若延时时间结束时使用者仍未改正,则系统会认定使用者故意错投垃圾,由无线通信模块(8)(或互联网)向远程云平台(9)传送"录像"指令,启动录像装置(7)进行"违规录像",并上传至远程云平台(9)进行存储。同时在下位机(1)的许可下,"违规录像"也会进行本地存储,即同时备份在由下位机(1)控制的图像存储装置(10)中,进一步确保后续的纠错溯源工作有理可依、有据可查。

此外,本发明装置还具有太阳能供电装置(6),位于垃圾箱顶部的太阳能电池板(17)吸收太阳光,经过电能变换装置(19)处理后,给蓄电池组(18)充电,从而为整个装置供电,减少对市电的使用,节约能源。

所述的语音交互模块(2)与下位机(1)相连接,根据使用者讲出的垃圾名目,系统自动语音播报出垃圾种类,同时对应垃圾箱上方的指示灯闪烁,进一步帮助使用者辨别垃圾种类。如果使用者打开了错误的垃圾箱,则语音交互模块(2)会发出第一次语音提醒"请正确投放!"。如果使用者不遵从语音提醒,执意将垃圾投入了错误的垃圾箱,语音交互模块(2)会进行第二次语音提醒"垃圾分类投放错误,请纠正您的行为,正确分类投放! 谢谢!"。

所述红外传感器(3)包含红外发射器(13)和接收器(14),位于垃圾箱内表面,且靠近垃圾箱门(11),与挡光片(12)配合工作,构成判断垃圾箱门"开"或"关"状态的识别装置。所述红外传感器(3)的供电由下位机(1)控制,在语音识别后通电,其接收器(14)根据接收到的红外光强度的不同,产生不同的开关量,输出给下位机(1),下位机

(1)据此可以判断出各个垃圾箱门的"开"或"关"状态,进一步检测此信号与LED指示信号是否一致,由此可以判断出用户打开的垃圾箱是否正确。

所述重量检测装置(4)位于各个垃圾箱体(21)的底部,受控于下位机(1),正常下不通电,节能省电。当语音交互模块(2)发出开箱错误的第一次提醒后,重量检测装置(4)在下位机(1)的控制下启动,记录各个垃圾箱初始重量情况并传输给下位机(1),当使用者错误投入了垃圾后,垃圾箱重量会发生变化,其底部的重量检测装置(4)会向下位机(1)继续输出新的重量,下位机(1)计算增重量,作为之后纠正箱与错误箱匹配的依据。

所述LED指示装置(5)连接下位机(1),包含颜色分别为绿、橙、蓝、红的四个LED指示灯,分别对应"厨余垃圾""其他垃圾""可回收物""有害垃圾"四类,辅助语音交互模块(2)进行垃圾类别的提示引导。进一步地,正确垃圾箱上方的指示灯会闪烁,清楚地告知使用者对应垃圾的种类。在随后可能的开箱错误、投放错误的情况下,且系统返回之前(即本次垃圾投放任务未完成,新的分类任务未开始),LED指示装置(5)会为使用者指示正确的垃圾箱,帮助使用者纠正自身行为,当系统延时(10~20s)结束且录像完成后,LED指示灯会自动关闭,节电节能。

所述的太阳能供电装置(6)为整个装置供电。太阳能供电装置(6)由太阳能电池板(17)、蓄电池组(18)和电能变换装置(19)组成,在晴天时吸收太阳光,经过电能变换后储存在蓄电池组(18)中,在阴雨天时蓄电池组(18)可以为整个装置供电,减少对市电的使用,节能环保。

所述录像装置(7)位于屋檐式挡板(16)檐下,受下位机(1)控制,投放正确或休眠状态下录像装置(7)不工作,减少电能损耗。当使用者打开错误垃圾箱,且不按照语音交互模块(2)的提醒,在错误的垃圾箱中继续投放垃圾,且在延时(10~20s)时间内不纠正,则在延时结束后,系统会通过无线通信模块(8)(或互联网)向远程云平台(9)传送"录像"指令,启动录像装置(7)进行"违规录像",并上传至远程云平台(9)进行存储,同时也进行本地存储备份。录像将包括正确指示灯和错误垃圾箱及使用者的画面。

所述无线通信模块(8)受下位机(1)控制,完成"录像"指令的传送并且将"违规录像"的上传至远程云平台(9),为后续的纠错溯源教育提供依据,帮助规范使用者的行为,促进垃圾分类政策的落实。

所述图像存储装置(10)与下位机(1)相连,在下位机(1)的控制下,完成"违规录像"的本地存储功能,作为备份资料,进一步确保后续的纠错溯源工作有理可依、有据可查。

　　参见图 8.52,本发明的工作流程如下。在装置初始化后,使用者讲出垃圾名目,本发明装置会通过语音交互模块(2)和 LED 指示装置(5),多方位引导使用者打开对应的垃圾箱,正确分类投放。如果使用者打开了错误的垃圾箱门,在下位机(1)的控制下,语音交互模块(2)发出第一次语音提醒"请正确投放!",系统开始延时(一般设定为 10～20s)。如果使用者在延时时间内打开正确的垃圾箱进行投放,系统将不会启动录像装置(7);反之,若使用者执意将垃圾投入错误垃圾箱,则错误垃圾箱会增重,外围底部的重量检测装置(4)会向下位机(1)输出变化的重量,下位机(1)计算错误垃圾箱的增重量,语音交互模块(2)同时发出第二次语音提醒"垃圾分类投放错误,请纠正您的行为,正确分类投放!谢谢!"。此时若使用者打开正确垃圾箱,将错误垃圾箱中的垃圾取出并重新投入正确垃圾箱中(即错误垃圾箱重量减少量与正确垃圾箱重量增加量相匹配),下位机(1)不会启动录像装置(7)。若延时期间使用者不纠正错误,则在延时结束后,系统会通过无线通信模块(8)(或互联网)向远程云平台(9)传送"录像"指令,启动录像装置(7)进行"违规录像",并上传至远程云平台(9)进行存储。同时在下位机(1)的控制许可下,"违规录像"也会进行本地存储,即同时备份在由下位机(1)控制的图像存储装置(10)中,进一步确保后续的纠错溯源工作有理可依、有据可查。

　　参见图 8.53,所述垃圾分类箱四个为一组,其左、右、后侧面安装有支撑板(15),支撑顶部的屋檐式挡板(16)。录像装置(7)安装在屋檐式挡板(16)的内顶面。太阳能供电装置包括太阳能电池板(17)、蓄电池组(18)和电能变换装置(19)。其中,太阳能电池板(17)位于屋檐式挡板(16)外顶部,吸收太阳光。下位机(1)、语音交互模块(2)、电能变换装置(19)、蓄电池组(18)、无线通信模块(8)和图像存储装置(10)均安装在综合控制箱(20)中。红外传感器(3)及挡光片(12)处于垃圾箱门(11)边侧,且红外传感器(3)安装在垃圾箱内壁,二者结构参见图 8.54。所述箱体(21)底部安装有重量检测装置(4),将垃圾箱内重量变化情况反馈给下位机(1)。LED 指示装置(5)安装在对应垃圾分类箱(21)的上方,辅助提示使用者垃圾的种类,也可以辅助录像装置(7)完成实时有效监控。下位机(1)通过无线通信模块(8)与远程云平台(9)建立连接,上传"违规录像",同时在图像存储装置(10)中进行本地备份。

　　参见图 8.54,将图 8.53 中的箱门"开""关"的识别装置——挡光片(12)及红外传感器(3)结构放大。红外传感器(3)由发射器(13)和接收器(14)构成,挡光片(12)固定在箱门(11)上,与箱门(11)所在平面垂直,且随箱门(11)一起运动。当箱门(11)关闭时,挡光片(12)处于红外传感器(3)的发射器(13)和接收器(14)之间,阻挡红外光的传播;

若将箱门(11)打开,则挡光片(12)离开发射器(13)和接收器(14)的中间位置,接收器(14)向下位机输出的电信号发生变化,从而得知垃圾箱门(11)状态的变化,进一步地,判断出使用者打开的垃圾箱门(11)是否正确。

5. 说明书附图

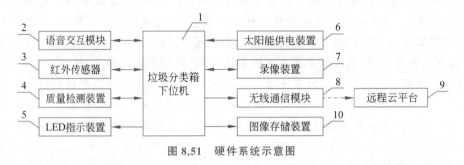

图 8.51　硬件系统示意图

8.5.2　实例 8.15(发明专利)一种基于大数据的多功能纸币收付款系统

1. 专利撰写的创新思路

本专利创意来源于一项取款新规定,"自 2022 年 3 月 1 日起,银行对个人存取款有了新规定:个人存款 5 万元以上需要登记,个人取款 5 万元以上也需要登记。登记的内容主要包括资金的来源或用途,有的还会登记客户的职业。"随着我国经济的迅猛发展,货币流通速度日益加快,纸币在发行和市场流通时仅具有金融价值,其流通历程往往难以获知,一些不法分子利用纸币线下交易的匿名性以及公共监管与隐私保护的矛盾性,隐瞒或使用虚假身份信息,掩饰资金来源,从事金融犯罪行为。此行严重扰乱经济秩序、威胁金融安全、损害社会公平正义,影响金融系统的健康平稳运行,并在一定程度上制约经济的良性发展,给人民群众的生产生活带来现实和潜在的危害。如何对纸币收付款流程进行有效监管并规范交易行为,已成为中国经济社会所面临的严峻问题。因此,提出一种基于大数据的多功能纸币收付款系统。

2. 摘要

一种基于大数据的多功能纸币收付款系统,包括移动终端、纸币、纸币编码、纸币收付款应用模块、语音识别模块、纸币查询模块、数据库、云服务器。纸币由国家统一发行,不同的纸币拥有不同的编码,纸币收付款应用模块植入移动终端,用于扫描或识

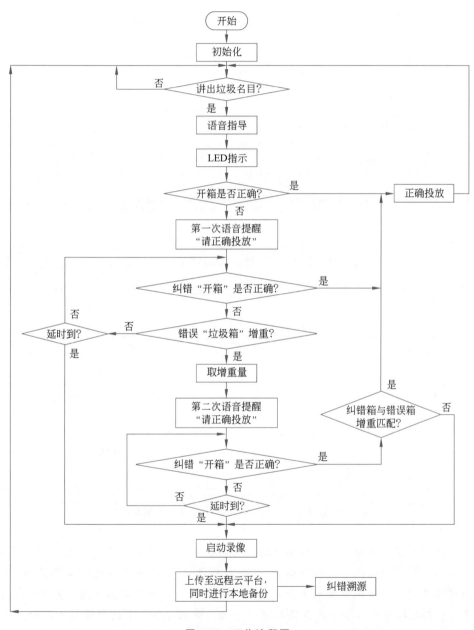

图 8.52　工作流程图

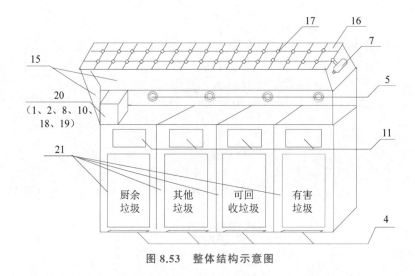

图 8.53　整体结构示意图

图 8.54　垃圾箱门处内部局部放大示意图

别纸币编码并完成纸币在移动终端上的收付款流程。除扫描纸币编码的支付方式外，也可以在支付页面按纸币的全部编码、部分编码特征、纸币种类等进行查询支付，还可以通过语音识别朗读纸币编码声音的形式进行支付。数据库记录交易数据和信息，云服务器存储数据库中的信息并在交易过程中进行数据分析。本发明适用于零散纸币交易，实现了零散交易的实名制和纸币的多功能收付款方式，有利于改善市场交易环境。

3. 权利要求书

① 一种基于大数据的多功能纸币收付款系统,包括:编码扫描模块,用于扫描或识别印制于纸币(20)上唯一的纸币编码(30);语音识别模块(50),用于识别用户朗读的纸币编码(30)声音;纸币查询模块(60),用于用户在支付页面对账户按纸币的全部编码、部分编码特征、纸币种类进行查询;纸币收付款应用模块(40),连接所述编码扫描模块、语音识别模块(50)和纸币查询模块(60),根据扫描或识别完成纸币在移动终端(10)上的收付款流程,或根据语音识别结果以语音的形式进行收付款,或根据查询结果完成支付;数据库(70),用于记录交易数据和信息;云服务器(80),用于存储数据库(70)中的信息并在交易过程中进行数据分析。

② 根据权利要求①所述基于大数据的多功能纸币收付款系统,其特征在于:所述纸币收付款应用模块(40)装载并运行于移动终端(10),移动终端(10)带有摄像头和麦克风,通过获取摄像头权限进行纸币录入扫描、收付款扫描,通过获取麦克风权限进行朗读录入或查询已录入的纸币。

③ 根据权利要求①所述基于大数据的多功能纸币收付款系统,其特征在于:所述纸币(20)由央行发行,纸币编码(30)由央行在发行纸币(20)时印制并永久不变,纸币发行时的第一持有人是央行,同时创建与之相关联的数据库,以记录后续的流通情况。

④ 根据权利要求①所述基于大数据的多功能纸币收付款系统,其特征在于:所述纸币编码(30)按照纸币的种类由全部编码(31)和部分编码特征(32)组成。

⑤ 根据权利要求①所述基于大数据的多功能纸币收付款系统,其特征在于,所述纸币收付款应用模块(40)包括:用户实名认证模块,用于注册用户的实名认证;纸币收付款模块,在交易时完成纸币线上收付款流程;纸币挂失模块,当纸币丢失时,根据丢失纸币编码(30)信息申请纸币挂失,一经挂失的纸币无法继续在市场流通,如果在市场中出现挂失纸币,纸币收付款应用模块(40)和云服务器(80)提示"此纸币是挂失纸币,无法交易",捡到挂失纸币的公民可将纸币上交银行,失主在银行领取挂失纸币,并恢复用户使用该纸币的权利。

⑥ 根据权利要求①所述基于大数据的多功能纸币收付款系统,其特征在于:所述数据库(70)用于记录用户信息、纸币信息和交易信息,并将所有信息同步存储在云服务器(80)中,数据库(70)包括所有纸币编码数据库、用户实名认证信息数据库、用户所拥有的纸币编码数据库、每张纸币交易环节数据库。

⑦ 根据权利要求①所述基于大数据的多功能纸币收付款系统,其特征在于:所述云服务器(80)用于存储纸币收付款应用模块(40)的各个数据库(70),以及所有发行纸币的编码数据库记录发行的纸币编号、面值、发行时间信息,通过大数据分析技术,对非正常纸币交易进行预警,同时能够依据纸币交易数据链,追踪付款方。

4. 说明书

一种基于大数据的多功能纸币收付款系统

【技术领域】

本发明属于计算机技术领域,涉及计算机技术在金融系统中的应用,特别涉及一种基于大数据的多功能纸币收付款系统。

【背景技术】

随着电子货币和第三方支付的发展,传统的纸币交易方式已经无法满足人们的需求,然而纸币在人们的生活中是必不可少的,因此,将纸币交易与电子货币和第三方支付交易联系起来显得尤为重要。

【发明内容】

为了克服上述现有技术的缺点,本发明的目的在于提供一种基于大数据的多功能纸币收付款系统,可以有效地将纸币交易和线上交易联系起来,同时可以根据交易记录跟踪纸币流通过程,规范纸币交易环节。

为了实现上述目的,本发明采用的技术方案如下。

一种基于大数据的多功能纸币收付款系统,包括:编码扫描模块,用于扫描或识别印制于纸币(20)上唯一的纸币编码(30);语音识别模块(50),用于识别用户朗读的纸币编码(30)声音;纸币查询模块(60),用于用户在支付页面对账户按纸币的全部编码、部分编码特征、纸币种类进行查询;纸币收付款应用模块(40),连接所述编码扫描模块、语音识别模块(50)和纸币查询模块(60),根据扫描或识别完成纸币在移动终端(10)上的收付款流程,或根据语音识别结果以语音的形式进行收付款,或根据查询结果完成支付;数据库(70),用于记录交易数据和信息;云服务器(80),用于存储数据库(70)中的信息并在交易过程中进行数据分析。

所述纸币收付款应用模块(40)装载并运行于移动终端(10),移动终端(10)带有摄像头和麦克风,通过获取摄像头权限进行纸币录入扫描、收付款扫描,通过获取麦克风权限进行朗读录入或查询已录入的纸币。

所述纸币(20)由央行发行,纸币编码(30)由央行在发行纸币(20)时印制并永久不变,纸币发行时的第一持有人是央行,同时创建与之相关联的数据库,以记录后续的流通情况。

所述纸币编码(30)按照纸币的种类由全部编码(31)和部分编码特征(32)组成。

所述纸币收付款应用模块(40)包括:用户实名认证模块,用于注册用户的实名认证;纸币收付款模块,在交易时完成纸币线上收付款流程;纸币挂失模块,当纸币丢失时,根据丢失纸币编码(30)信息申请纸币挂失,一经挂失的纸币无法继续在市场流通,如果在市场中出现挂失纸币,纸币收付款应用模块(40)和云服务器(80)提示"此纸币是挂失纸币,无法交易",捡到挂失纸币的公民可将纸币上交银行,失主在银行领取挂失纸币,并恢复用户使用该纸币的权利。

所述数据库(70)用于记录用户信息、纸币信息和交易信息,并将所有信息同步存储在云服务器(80)中,数据库(70)包括所有纸币编码数据库、用户实名认证信息数据库、用户所拥有的纸币编码数据库、每张纸币交易环节数据库。

所述云服务器(80)用于存储纸币收付款应用模块(40)的各个数据库(70),以及所有发行纸币的编码数据库记录发行的纸币编号、面值、发行时间信息,通过大数据分析技术,对非正常纸币交易进行预警,同时能够依据纸币交易数据链,追踪付款方。

与现有技术相比,本发明的有益效果是:

本发明纸币收付款系统适用于零散纸币的交易过程。本发明使用直接扫描编码支付、语音识别编码支付和查询支付三种方式进行纸币收付款交易,可实现纸币的多功能收付款,方便纸币在移动终端上的快捷支付。同时,系统记录纸币在市场流通过程中的交易双方、交易时间、交易地点等信息,系统还可以通过大数据分析技术分析出非正常的账户或交易并及时向系统预警,保障每一次交易的合法性。

【附图说明】

图 8.55 是本发明结构示意图。

图 8.56 是本发明工作流程图。

【具体实施方式】

下面结合附图和实施例详细说明本发明的实施方式。

本发明是一种基于大数据的多功能纸币收付款系统,适用于零散纸币交易,实现纸币的多功能支付,使纸币在市场流通透明化,为公民财产安全增加保障。如图 8.55 所示,系统包括以下模块。

编码扫描模块,用于扫描或识别印制于纸币(20)上唯一的纸币编码(30);其中,纸币(20)由央行发行,纸币编码(30)由央行在发行纸币(20)时印制并永久不变,纸币编码(30)按照纸币的种类由全部编码(31)和部分编码特征(32)组成。纸币发行时的第一持有人是央行,同时创建与之相关联的数据库。即,在纸币(20)发行时,由央行创建发行纸币上的纸币编码(30)与纸币面值的数据库,并将数据库存储在云服务器中,以记录后续的流通情况。

语音识别模块(50),用于识别用户朗读的纸币编码(30)声音。

纸币查询模块(60),用于用户在支付页面对账户按纸币的全部编码、部分编码特征、纸币种类进行查询。

纸币收付款应用模块(40),连接编码扫描模块、语音识别模块(50)和纸币查询模块(60),根据扫描或识别完成纸币在移动终端(10)上的收付款流程,或根据语音识别结果以语音的形式进行收付款,或根据查询结果完成支付。

上述模块均装载并运行于移动终端(10),移动终端(10)带有摄像头和麦克风,通过获取摄像头权限进行纸币录入扫描、收付款扫描,通过获取麦克风权限进行朗读录入或查询已录入的纸币。

数据库(70),用于记录交易数据和信息。

云服务器(80),用于存储数据库(70)中的信息并在交易过程中进行数据分析。

进一步地,纸币收付款应用模块(40)包括以下模块。

用户实名认证模块,用于注册用户的实名认证,实名认证时提交的信息包括身份证正反面照片、用户姓名、手机号码、银行卡号等。

纸币收付款模块,控制扫描纸币编码(30)并完成纸币线上收付款流程,除扫描纸币编码(30)的支付方式外,也可以在支付页面按纸币的全部编码(31)、部分编码特征(32)、纸币种类等进行查询支付,还可以通过语音识别朗读纸币编码(30)声音的形式进行支付。

纸币挂失模块,当纸币丢失时,根据丢失纸币编码(30)信息申请纸币挂失,一经挂失的纸币无法继续在市场流通,如果在市场中出现挂失纸币,纸币收付款应用模块(40)和云服务器(80)提示"此纸币是挂失纸币,无法交易",捡到挂失纸币的公民可将纸币上交银行,失主在银行领取挂失纸币,并恢复用户使用该纸币的权利。

数据库(70)用于记录用户信息、纸币信息和交易信息,并将所有信息同步存储在云服务器(80)中,数据库(70)包括所有纸币编码数据库、用户实名认证信息数据库、用户所拥有的纸币编码数据库、每张纸币交易环节数据库。

云服务器(80)用于存储纸币收付款应用模块(40)的各个数据库(70)，以及所有发行纸币的编码数据库记录发行的纸币编号、面值、发行时间信息，通过大数据分析技术，对非正常纸币交易进行预警，同时能够依据纸币交易数据链，追踪付款方。

参考图 8.56，本发明的主要工作流程图如下。

由央行发行印有唯一纸币编码(30)的纸币(20)，新纸币发行时，第一纸币拥有人是央行，不同的纸币有不同的编码。云服务器(80)设计有发行纸币的编码数据库，存储所有发行的纸币编码和纸币面值信息。

首先用户在移动终端(10)上下载纸币收付款应用模块(40)，通过纸币收付款应用模块(40)进行实名认证并将信息存储在云服务器(80)中，实名认证信息包括身份证证件、联系方式、家庭住址等信息。实名认证之后用户在银行进行取款交易时，银行将纸币的编码(30)过户到该用户的名下并存储在云服务器(80)中该用户的纸币编码数据库，同时，云服务器(80)更新交易环节数据库。

在零散交易时，付款方使用纸币收付款应用模块(40)进行付款，可以通过扫描纸币，将获取到的纸币编码(30)上传至云服务器(80)，除扫描纸币的方式外，也可以在支付页面的纸币查询模块(60)中按纸币的全部编码(31)、部分编码特征(32)、纸币种类等进行纸币查询，还可以通过语音识别模块(50)朗读纸币编码声音的形式获取纸币编码(30)。

云服务器(80)通过访问该用户的纸币编码数据库查询该纸币是否为该用户所有，如果该纸币为用户所有，则手机会出现纸币支付码供收款用户扫描；如果该纸币不为用户所有，则显示"非拥有纸币，无法交易"。同时在交易时判断该纸币是否为"重号""非发行"等非正常纸币。若为非正常纸币，系统则显示"非正常纸币！无法交易"。若纸币为付款方所有，则收款方扫描付款方手机上的纸币付款码，输入收款金额收取该纸币。此时，系统将此纸币编码通过云服务器过户至收款方名下，收款方拥有该纸币的使用权，以便下次付款。完成交易流程后，系统自动获取交易地点存储在云服务器(80)中，同时在云服务器(80)中更新相关数据库数据。

5. 说明书附图

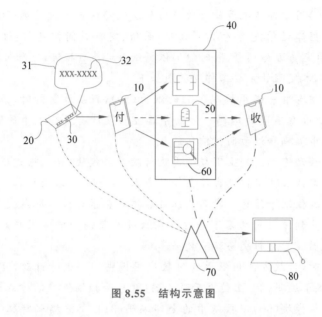

图 8.55　结构示意图

8.5.3　实例 8.16(发明专利)一种防止 IC 卡盗刷的系统

1. 专利撰写的创新思路

IC 卡广泛应用于社会的各行各业,如校园一卡通、门禁卡、电梯卡、银行卡。但是,现如今一些不法分子通过特殊手段对 IC 卡进行复制,使用复制卡进行非法活动,给人们的生命和财产安全造成了巨大的安全隐患。因此,提出一种防止 IC 卡盗刷的系统。

2. 摘要

一种防止 IC 卡盗刷的系统,包括 IC 卡读写器、微处理器、测试 UID 卡、电源模块、显示模块、自动报警装置等,该装置主要通过判断 IC 卡 0 扇区 0 块数据写入状态及卡号及卡中存储信息与系统数据库中的相关信息是否一致,实现 IC 卡防盗刷功能。首先测试 UID 卡判断系统工作是否正常,若正常则可进行用户 IC 卡操作,当 IC 卡被识别为非原卡时则系统禁止该卡进行读写操作,并以短信的方式向用户手机和公安机关发送 IC 卡泄露提示信息。本发明中提供的 IC 卡防盗刷装置在原理与操作上简单明了,可以准确判断 IC 卡信息是否泄露,很大程度上提高了 IC 卡的安全性与保密性。

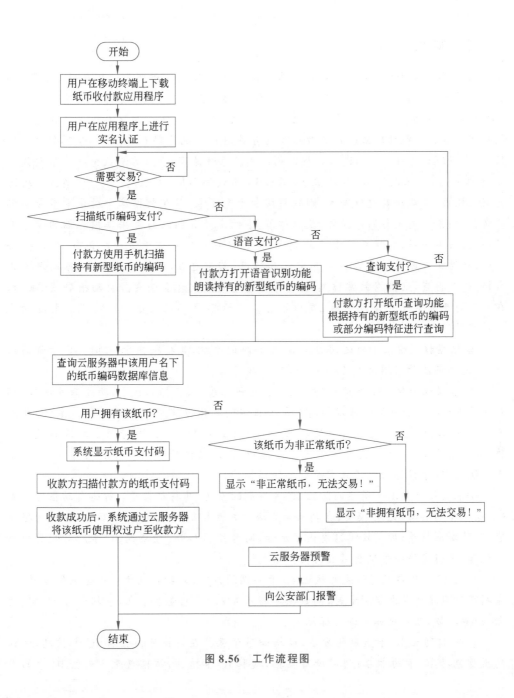

图 8.56　工作流程图

3. 权利要求书

① 一种防止 IC 卡盗刷的系统,包括:IC 卡读写器(1),识别 IC 卡,在微处理器(4)驱动下对 IC 卡的 0 扇区 0 块进行写入操作,与测试 UID 卡(2)之间无线通信。测试 UID 卡(2),分为 16 个扇区,每个扇区 4 块,总共 64 块,其中,0 扇区 0 块设置为可进行数据写入操作。微处理器(4),其数据库内存放用户手机号码和其 IC 卡号及卡内所有信息,先对测试 UID 卡(2)进行测试以判断测试系统是否正常,若测试系统正常则读取 IC 卡读写器(1)识别的 IC 卡的信息,驱动 IC 卡读写器(1)对当前 IC 卡 0 扇区 0 块进行写入操作,若能对其进行写入,则判断该卡为克隆卡,并在数据库中对该卡卡号标记异常信息;若不能进行写入操作,获取该 IC 卡的卡号并判断与数据库内存储的卡号是否一致,若不一致,则判断该卡为复制卡,并在数据库中对该卡卡号标记异常信息;若一致,则继续判断此卡是否存在异常信息标记,若不存在,则此卡为原卡,可以进行正常操作,若存在,则根据异常信息标记判断为克隆卡或者复制卡。自动报警装置(5),在判断为克隆卡或者复制卡时,发出报警。显示模块(6),显示判断结果。电源模块(3),实现供电。

② 根据权利要求①所述的防止 IC 卡盗刷的系统,其特征在于:所述 IC 卡读写器(1)通过磁场能量与测试 UID 卡(2)进行无线通信。

③ 根据权利要求①所述的防止 IC 卡盗刷的系统,其特征在于,所述微处理器(4)对测试 UID 卡(2)进行测试以判断其是否正常的具体方法是:将测试 UID 卡(2)放入 IC 卡读写器(1)的读写区域,微处理器(4)对测试 UID 卡(2)进行正常的读写数据工作,如果读写功能正常,说明系统具有读写功能,以保证后续的工作顺利进行,以防由于系统对 IC 卡读写功能不正常而引起的误操作。

④根据权利要求①所述的防止 IC 卡盗刷的系统,其特征在于:所述自动报警装置(5)包括蜂鸣器与 GSM 模块,在判断为克隆卡或者复制卡时,微处理器(4)向自动报警装置(5)发出信号,控制蜂鸣器发出警示音,同时控制 GSM 模块向 IC 卡所对应的用户手机和/或固定报警手机发送泄露提示信息。

⑤ 根据权利要求①所述的防止 IC 卡盗刷的系统,其特征在于:所述微处理器(4)在判断为克隆卡或者复制卡时,向数据库写入复制卡、克隆卡信息,包括卡号、时间、地点、读卡次数,在数据库里进行标记。

⑥ 一种防止 IC 卡盗刷的方法,包括如下步骤。在数据库内预存 IC 卡信息,该信息至少包括 IC 卡的卡号;利用读写装置,读取 IC 卡信息,该信息至少包括 IC 卡的卡

号;利用读写装置,对该 IC 卡的 0 扇区 0 块进行写入操作;若能进行写入操作,则该 IC 卡为克隆卡,并在数据库中对该卡卡号标记异常信息;若不能进行写入操作,判断该 IC 卡的卡号是否在数据库预存,如未预存,则判断为复制卡,并在数据库中对该卡卡号标记异常信息;如已经预存,则继续判断此卡是否存在异常信息标记,若不存在,则此卡为原卡,可以进行正常操作,若存在,则根据异常信息标记判断为克隆卡或者复制卡。

4. 说明书

一种防止 IC 卡盗刷的系统

【技术领域】

本发明属于 IC 卡安全技术领域,特别涉及一种防止 IC 卡盗刷的系统。

【背景技术】

随着现代电子信息的快速发展,IC 卡被广泛地应用于人们的日常生活中,例如,人们通常使用的公交卡、银行卡、电话卡和门禁卡等。虽然 IC 卡给人们的生活提供了方便,但是一些不法分子利用非法手段盗取人们的 IC 卡信息来牟取暴利,甚至利用伪造的 IC 卡进行犯罪活动,给人们的生命财产带来极大的安全隐患,所以 IC 卡的安全性一直是社会关注的热点。现在市场上常用的安全措施是对 IC 卡进行加密,但是这种加密方式容易被不法分子破解,进而伪造假的数据,给用户造成无法估计的损失。

IC 卡主要是由 16 个扇区组成,每个扇区有 4 个块,通过对每个块的操作来实现 IC 卡的数据读写,普通 IC 卡 0 扇区 0 块的数据是厂家制定的固有数据,限制进行写操作。其中,复制卡和克隆卡是常用的盗刷卡方式。复制卡是指对 0 扇区 0 块以外的数据进行复制,并转移到一个新的卡里,可实现与原卡相同的功能。克隆卡是指将原卡数据(包括 0 扇区 0 块)写入一种特种卡,从而将原卡中的所有信息全部复制,为不法分子盗刷用户 IC 卡提供了可能性。

【发明内容】

为了克服上述现有技术的缺点,本发明的目的在于提供一种防止 IC 卡盗刷的系统,可有效提高 IC 卡的安全性及保密性,从而保障个人信息及财产安全。

为了实现上述目的,本发明采用的技术方案如下。

一种防止 IC 卡盗刷的系统,包括:

IC 卡读写器(1),识别 IC 卡,在微处理器(4)驱动下对 IC 卡的 0 扇区 0 块进行写入操作,与测试 UID 卡(2)之间无线通信。

测试 UID 卡(2),分为 16 个扇区,每个扇区 4 块,总共 64 块,其中,0 扇区 0 块设置为可进行数据写入操作。

微处理器(4),其数据库内存放用户手机号码和其 IC 卡号及卡内所有信息,先对测试 UID 卡(2)进行测试以判断测试系统是否正常。若测试系统正常则读取 IC 卡读写器(1)识别的 IC 卡的信息,驱动 IC 卡读写器(1)对当前 IC 卡 0 扇区 0 块进行写入操作。若能对其进行写入,则判断该卡为克隆卡,并在数据库中对该卡卡号标记异常信息;若不能进行写入操作,获取该 IC 卡的卡号并判断与数据库内存储的卡号是否一致,若不一致,则判断该卡为复制卡,并在数据库中对该卡卡号标记异常信息;若一致,则继续判断此卡是否存在异常信息标记,若不存在,则此卡为原卡,可以进行正常操作,若存在,则根据异常信息标记判断为克隆卡或者复制卡。

自动报警装置(5),在判断为克隆卡或者复制卡时,发出报警。

显示模块(6),显示判断结果。

电源模块(3),实现供电。

所述 IC 卡读写器(1)通过磁场能量与测试 UID 卡(2)进行无线通信。

所述微处理器(4)对测试 UID 卡(2)进行测试以判断其是否正常的具体方法是:将测试 UID 卡(2)放入 IC 卡读写器(1)的读写区域,微处理器(4)对测试 UID 卡(2)进行正常的读写数据工作。如果读写功能正常,说明系统具有读写功能,以保证后续的工作顺利进行,以防由于系统对 IC 卡读写功能不正常而引起的误操作(例如,系统写入功能失效而引起微处理器误判断克隆卡为正常卡)。

所述自动报警装置(5)包括蜂鸣器与 GSM 模块。在判断为克隆卡或者复制卡时,微处理器(4)向自动报警装置(5)发出信号,控制蜂鸣器发出警示音,同时控制 GSM 模块向 IC 卡所对应的用户手机和/或固定报警手机发送泄露提示信息。

所述微处理器(4)在判断为克隆卡或者复制卡时,向数据库写入复制卡、克隆卡信息,包括卡号、时间、地点、读卡次数,在数据库里进行标记。

本发明还提供了一种防止 IC 卡盗刷的方法,包括如下步骤。

在数据库内预存 IC 卡信息,该信息至少包括 IC 卡的卡号。

利用读写装置,读取 IC 卡信息,该信息至少包括 IC 卡的卡号。

利用读写装置,对该 IC 卡的 0 扇区 0 块进行写入操作。

若能进行写入操作,则该 IC 卡为克隆卡,并在数据库中对该卡卡号标记异常信息;若不能进行写入操作,判断该 IC 卡的卡号是否在数据库预存,如未预存,则判断为复制卡,并在数据库中对该卡卡号标记异常信息。

如已经预存,则继续判断此卡是否存在异常信息标记。若不存在,则此卡为原卡,可以进行正常操作;若存在,则根据异常信息标记判断为克隆卡或者复制卡。

与现有技术相比,本发明的有益效果是:

无论系统判决是复制卡或克隆卡,都会向数据库写入该卡信息,包括卡号、具体时间、地点、读卡次数,然后在数据库里进行标记,方便公安机关进行查处并提示用户此卡曾经被复制或克隆过,从而降低用户使用风险。

本发明在原理与操作上简单明了,可以准确判断 IC 卡信息是否泄露,很大程度上提高了 IC 卡的安全性与保密性,有效地保障了个人信息与财产安全。

【附图说明】

图 8.57 为本发明的硬件系统示意图。

图 8.58 为本发明测试 UID 卡扇区分块图。

图 8.59 为本发明的工作流程图。

【具体实施方式】

下面结合附图和实施例详细说明本发明的实施方式。

参见图 8.57,一种防止 IC 卡盗刷装置及方法,包括 IC 卡读写器(1)、测试 UID 卡(2)、电源模块(3)、微处理器(4)、自动报警装置(5)、显示模块(6)等。微处理器(4)分别与读卡器(1)、电源模块(3)、自动报警装置(5)、显示模块(6)相连。IC 卡读写器(1)通过磁场能量与测试 UID 卡(2)进行无线通信。测试 UID 卡(2)分为 16 个扇区,每个扇区 4 块,总共 64 块;其中,0 扇区 0 块可以进行数据写入操作。

系统正常开启后,微处理器(4)建立数据库,用于存放用户手机号码和其 IC 卡号及卡内所有信息。先用测试 UID 卡测试系统是否正常,以保证系统的正常工作,过程如下。

将测试 UID 卡(2)放入 IC 卡读写器(1)的读写区域,微处理器(4)对测试 UID 卡(2)进行正常的读写数据工作,如果读写功能正常,说明系统具有读写功能,以保证后续的工作顺利进行,以防由于系统对 IC 卡读写功能不正常而引起的误操作(例如,系统写入功能失效而引起微处理器误判断克隆卡为正常卡)。

若测试正常,则可继续工作。测试 UID 卡(2)通过传动机构离开 IC 卡读写器(1)的读写区域,等待用户 IC 卡的插入,如果插入的是正常卡,系统通过微处理器(4)操作 IC 卡读写器(1)读出包括卡号在内的相关信息,相关信息与本系统信息相吻合,用户可以进行对 IC 卡所对应的账号进行正常操作。如果插入的是复制卡,系统通过微处理器

(4)操作 IC 卡读写器(1)读出的卡号必然与本系统预先存储的卡号不同(虽然除卡号以外的信息相同);如果插入的是克隆卡,系统通过微处理器(4)操作 IC 卡读写器(1)读出的卡号虽然与本系统预先存储的卡号相同,但通过微处理器(4)驱动 IC 卡读写器(1)对当前 IC 卡 0 扇区 0 块进行写入操作能改变其卡号。IC 卡卡号存储在 0 扇区 0 块,正常 IC 卡的卡号是唯一的,如果是复制卡,不能复制卡号,只能复制除卡号之外的其他信息,克隆卡是全盘复制卡,但通过微处理器(4)驱动 IC 卡读写器(1)对当前 IC 卡 0 扇区 0 块进行写入操作能改变其卡号。

IC 卡读写器(1)识别到 IC 卡后,微处理器(4)驱动读卡器(1)对 IC 卡 0 扇区 0 块进行写入操作,若能对其进行写入,则判断该卡为克隆卡,并在数据库中对该卡卡号标记异常信息。微处理器(4)驱动自动报警装置(5)通过短信方式给用户的手机和公安机关发送 IC 卡泄露提示信息,并禁止该卡进行操作,显示模块(6)显示系统异常,从而降低犯罪嫌疑人的防备心理,便于公安机关查处。若不能进行写操作,微处理器(4)通过 IC 卡读写器(1)获取该 IC 卡的卡号并判断与数据库内存储的卡号是否一致。若不一致,则判断该卡为复制卡,并在数据库中对该卡卡号标记异常信息;若一致,则继续判断此卡是否存在异常信息标记。若不存在,则此卡为原卡,可以进行正常操作;若存在,则根据异常信息标记判断为克隆卡或者复制卡。

在判断为克隆卡或者复制卡时,自动报警装置(5)中蜂鸣器鸣叫,显示模块(6)提示系统异常,GSM 模块自动向用户及公安机关发送 IC 卡泄露提示信息,并禁止该卡进行操作。一旦发现该卡为复制卡或克隆卡都会向数据库写入复制卡、克隆卡信息,包括卡号、时间、地点、读卡次数,在数据库里进行标记,提示用户此卡曾经被复制或克隆过,从而降低用户的使用风险。

参见图 8.58,本发明的测试 UID 卡(2)的扇区分块图,与实际的 IC 卡结构一致。测试 UID 卡(2)总共 16 个扇区,每个扇区分为 4 块,总共 64 块。图中,2-1 为 0 扇区 0 块,其存储的为厂家固有数据,正常情况下无法更改。

参见图 8.59,本发明的工作流程如下。系统正常开启后,微处理器建立数据库,用于存放用户手机号码和其 IC 卡号及卡内信息。IC 卡读写器识别到 IC 卡后,微处理器驱动读卡器对 IC 卡 0 扇区 0 块进行写入操作,若能对其进行写入,则判断该卡为克隆卡,并在数据库中对该卡卡号标记异常信息,微处理器驱动自动报警装置通过短信方式给用户的手机和公安机关发送 IC 卡泄露提示信息,并禁止该卡进行操作,显示模块显示系统异常。若不能进行写操作,微处理器(4)通过 IC 卡读写器(1)获取该 IC 卡的卡号并判断与数据库内存储的卡号是否一致。若不一致,则判断该卡为复制卡,并在数据库中对该卡卡号标记异常信息；若一致，则继续判断此卡是否存在异常信息标记。若不存在，则此卡为原卡，可以进行正常操作；若存在，则根据异常信息标记判断为克隆卡或者复制卡。自动报警装置中蜂鸣器鸣叫，显示模块提示系统异常，GSM 模块会自动向用户和公安机关发送 IC 卡泄露提示信息，并禁止该卡进行操作。无论判决是复制卡或克隆卡都会向数据库写入该卡信息，包括卡号、具体时间、地点、读卡次数，然后在数据库里进行标记，方便公安机关进行查处并提示用户此卡曾经被复制或克隆过，从而降低用户使用风险。

最后需说明的是，上述实施例仅用以说明本发明的技术方案，非对其限制。尽管参照上述实施例对本发明进行了详细说明，相关的技术人员应当了解到：其可以对上述实施例的技术方案进行修改，或是对其中部分技术特征进行替换，但这些修改或替换，并不使其技术方法的本质脱离本发明的思想和保护范围。

5. 说明书附图

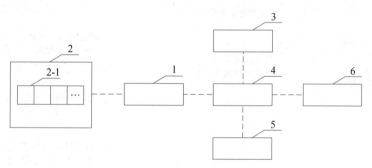

图 8.57　硬件系统示意图

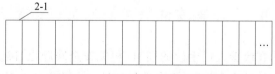

图 8.58　测试 UID 卡扇区分块图

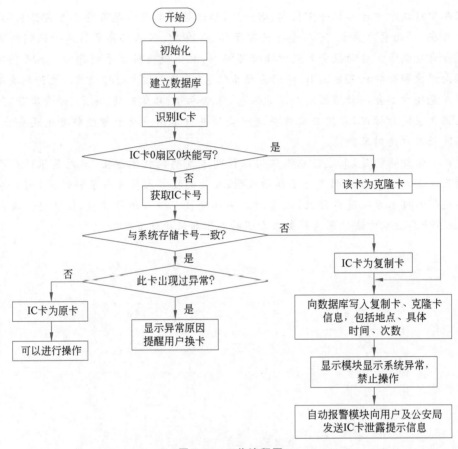

图 8.59　工作流程图

8.6　车辆交通与控制交叉领域篇

随着汽车的普及,在改善人们生活的同时,相关安全问题也日趋显现出来,如机动车交通安全问题、机动车驾驶安全问题、汽车尾气的排放导致全球变暖和大气环境污染的问题等。车辆交通与控制交叉领域涉及的专利较多,下述案例或是作者亲身经历的真实事件,或是依据新闻报道激发灵感而做,并且专利已经授权。

本篇列举一种机动车驾驶安全开门装置、一种显示汽车车轮转向角度的系统和一种汽车自动吸尘装置及其方法三项专利案例,为类似专利提供了一些撰写思路及方法,希望能在教学中起到一叶知秋、见微知著的效果。

8.6.1 实例 8.17(实用新型专利)一种机动车驾驶安全开门装置

1. 专利撰写的创新思路

开车门,看似简单,拉开把手,把门向外推就是,但是,这开车门也是大有讲究的,方法不对,则极有可能引发交通事故,甚至导致人身伤亡,"开门杀"造成的事故实在是太多了。现今机动车司机下车时未能及时注意到过往的车辆,从而发生事故的事情越来越常见,因司机习惯左手开车门,在下车前不能及时确认是否有车辆驶来。如果司机能够用右手开门,在下车前及时查看过往的车辆,确认安全再下车,则发生事故的概率将会大大减少。因此,提出一种机动车驾驶安全开门装置。

2. 摘要

一种机动车驾驶安全开门装置,包括指纹采集器、碰撞传感器、发送单元、发动机、中控器。所述的发送单元能够发送开锁或闭锁的控制指令到中控器,供所述的中控器执行车辆的开锁或闭锁动作;发送单元与所述指纹采集器、碰撞传感器连接,发动机与所述中控器连接,中控器包括存储与读取单元、指纹数据库、判断单元、语音装置;所述发送单元与所述的存储与读取单元连接,所述存储与读取单元与指纹数据库连接,所述指纹数据库与判断单元连接,判断单元与语音装置连接。本实用新型解决了现今驾驶人员下车时发生事故的问题,大大减少了事故的发生。

3. 权利要求书

① 一种机动车驾驶安全开门装置,包括指纹采集器(1)、碰撞传感器(2)、发送单元(3)、发动机(4)、中控器(5)。所述的发送单元(3)能够发送开锁或闭锁的控制指令到中控器(5),供所述的中控器(5)执行车辆的开锁或闭锁动作;所述发送单元(3)与所述指纹采集器(1)、碰撞传感器(2)连接。所述发动机(3)与所述中控器(5)连接。所述中控器(5)包括存储与读取单元(6)、指纹数据库(7)、判断单元(8)、语音装置(9)。所述发送单元(3)与所述存储与读取单元(6)连接。所述存储与读取单元(6)与指纹数据库(7)连接。所述指纹数据库(7)与判断单元(8)连接。所述判断单元(8)与语音装置(9)连接。

② 根据权利要求①所述的一种机动车驾驶安全开门装置,其特征在于:所述指纹采集器(1)包括压力传感器和指纹获取单元,所述压力传感器与指纹获取单元连接。

③ 根据权利要求①所述的一种机动车驾驶安全开门装置,其特征在于:所述的指纹采集器(1)用于采集驾驶人员的右手指纹信息,并将其通过发送单元(3)发送给中控器(5)。

④ 根据权利要求①所述的一种机动车驾驶安全开门装置,其特征在于:所述中控器(5)中的指纹数据库(7),用于储存用户的指纹信息;当所述中控器(5)接收到指纹信息时发送给判断单元(8),判断单元(8)将接收到的信息与指纹数据库(7)中的信息进行对比分析,判断是否与录入的指纹匹配。

⑤ 根据权利要求①所述的一种机动车驾驶安全开门装置,其特征在于:所述中控器(5)在指纹匹配一致时,将控制发动机(4)启动和执行车辆的开锁动作;所述的语音装置(7)在指纹匹配不一致时,进行语音提示指纹验证错误。

⑥ 根据权利要求①所述的一种机动车驾驶安全开门装置,其特征在于:所述碰撞传感器(2)检测到碰撞信号时,并通过发送单元(3)发送给中控器(5),中控器(5)收到碰撞信号后,将关闭指纹验证功能,可直接执行车辆的开锁或闭锁动作。

4. 说明书

一种机动车驾驶安全开门装置

【技术领域】

本实用新型涉及行车安全交通技术领域,特别涉及一种机动车驾驶安全开门装置。

【背景技术】

现今机动车司机下车时未能及时注意到过往的车辆,从而发生事故的事情越来越常见,因司机习惯左手开车门,在下车前不能及时确认是否有车辆驶来。如果司机能够用右手开门,在下车前及时查看过往的车辆,确认安全再下车,则发生事故的概率将会大大减少。

【实用新型内容】

为了克服上述现有技术的不足,本实用新型的目的在于提供一种机动车驾驶安全开门装置,大大降低了司机因开门不当发生事故的问题。

　　为了实现上述目的，本实用新型采用的技术方案如下。

　　一种机动车驾驶安全开门装置，包括：指纹采集器(1)、碰撞传感器(2)、发送单元(3)、发动机(4)、中控器(5)。所述的发送单元(3)能够发送开锁或闭锁的控制指令到中控器(5)。供所述的中控器(5)执行车辆的开锁或闭锁动作。

　　所述发送单元(3)与所述指纹采集器(1)、碰撞传感器(2)连接。所述发动机(3)与所述中控器(5)连接。所述的中控器(5)包括存储与读取单元(6)、指纹数据库(7)、判断单元(8)、语音装置(9)。所述发送单元(3)与所述的存储与读取单元(6)连接。所述存储与读取单元(6)与指纹数据库(7)连接。所述指纹数据库(7)与判断单元(8)连接。所述判断单元(8)与语音装置(9)连接。

　　所述指纹采集器(1)包括压力传感器和指纹获取单元，所述压力传感器与指纹获取单元连接。

　　所述的指纹采集器(1)用于采集驾驶人员的右手指纹信息，并将其通过发送单元(3)发送给中控器(5)。

　　所述中控器(5)中的指纹数据库(7)，用于存储用户的指纹信息；当所述中控器(5)接收到指纹信息时发送给判断单元(8)，判断单元(8)将接收到的信息与指纹数据库(7)中的信息进行对比分析，判断是否与录入的指纹匹配。

　　所述中控器(5)在指纹匹配一致时，将控制发动机(4)启动和执行车辆的开锁动作；所述的语音装置(7)在指纹匹配不一致时，进行语音提示指纹验证错误。

　　所述碰撞传感器(2)检测到碰撞信号时，并通过发送单元(3)发送给中控器(5)，中控器(5)收到碰撞信号后，将关闭指纹验证功能，可直接执行车辆的开锁或闭锁动作。

　　一种机动车驾驶安全开门的方法，包括以下步骤。

　　驾驶人员上车时，先进行右手指纹采集，发送单元(3)将采集的指纹信息传输至中控器(5)并将指纹信息存储于指纹数据库(7)中，随后进行指纹确认，驾驶人员手指按压指纹采集器(1)，同时发送单元(3)将采集的指纹信息发送给判断单元(8)，判断单元(8)通过存储与读取单元(6)调取指纹数据库(7)中的指纹信息，与采集的指纹信息进行对比。

　　根据判断单元(8)的分析结果，如果对比结果一致，用户在指纹确认完成后 t_1 (如 $t_1=5s$)时间内完成汽车的启动。t_1 时间后如未启动发动机(4)，则重新进行指纹确认；用户可在指纹确认完成 t_2 (如 $t_2=30s$)时间后打开车门。

根据判断单元(8)的分析结果,如果对比结果不一致,则语音装置(9)进行指纹验证错误提醒。

当碰撞传感器(2)检测到强烈的碰撞信号时,将检测到的信号发送给中控器(5),中控器(5)接收到发送的碰撞信号后将关闭指纹验证功能,可直接执行车辆的开锁或闭锁动作。

本实用新型的有益效果:

本实用新型的一种机动车安全开门装置及系统,通过在开门时进行指纹验证功能,当驾驶人员打开车门时,采集驾驶人员的指纹数据,并传输至中控器与录入的右手指纹信息进行对比,根据对比结果,判断驾驶人员是否右手开车门。本实用新型采用右手指纹验证的方式打开车门,并采用碰撞传感器保证发生碰撞时可紧急开门,解决了现今驾驶人员下车时发生事故的问题,大大减少了事故的发生。

【附图说明】

图 8.60 是本实用新型的原理框图。

图 8.61 是本实用新型的工作流程图。

【具体实施方式】

下面结合附图对本实用新型做进一步详细说明。

参见图 8.60,一种机动车驾驶安全开门装置,包括:指纹采集器(1)、碰撞传感器(2)、发送单元(3)、发动机(4)、中控器(5)。所述的发送单元(2)能够发送开锁或闭锁的控制指令到中控器(5),供所述的中控器(5)执行车辆的开锁或闭锁动作。所述发送单元(3)与所述指纹采集器(1)、碰撞传感器(2)连接。所述发动机(3)与所述中控器(5)连接。所述的中控器(5)包括存储与读取单元(6)、指纹数据库(7)、判断单元(8)、语音装置(9)。所述发送单元(3)与所述的存储与读取单元(6)连接。所述存储与读取单元(6)与指纹数据库(7)连接。所述指纹数据库(7)与判断单元(8)连接。所述判断单元(8)与语音装置(9)连接。所述的指纹采集器(1)包含压力传感器与指纹获取单元,用于采集驾驶人员的右手指纹信息,并将其通过发送单元(3)发送给中控器(5)。当接收到发送单元(3)发送的指纹信息时,中控器(5)将其发送给判断单元(8),判断单元(8)将其与指纹数据库(7)中存储的指纹信息进行对比分析。如果对比结果一致,中控器(5)将控制发动机(4)启动和执行车辆的开锁动作;如果对比结果不一致时,语音装置(7)将提示指纹验证错误。

　　当碰撞传感器(2)检测到强烈的碰撞信号时,将检测到的信号发送给中控器(5),中控器(5)接收到发送的碰撞信号后将关闭指纹验证功能,可直接执行车辆的开锁或闭锁动作。

　　参见图 8.61,在驾驶人员上车后,先进行右手指纹录入,在指纹录入后进行指纹确认,确认完成后延时 t_1 时间(如 $t_1=5s$),在 t_1 时间内进行汽车的发动。如 t_1 时间内没有发动车辆,则要重新进行指纹确认,方可发动车辆。在驾驶人员打开车门时,通过指纹确认后,延时 t_2 时间(如 $t_2=30s$)后方可打开车门。

5. 说明书附图

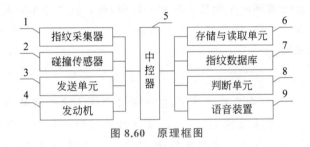

图 8.60　原理框图

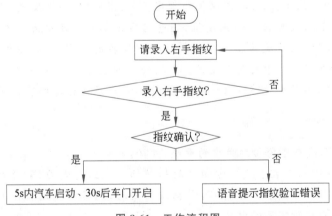

图 8.61　工作流程图

8.6.2 实例 8.18(发明专利)一种显示汽车车轮转向角度的系统

1. 专利撰写的创新思路

本专利创意来源于经常发现初学机动车驾照的学员,不能把机动车车轮转正。随着汽车设计的自动化、人性化,汽车附带的各种功能越来越智能化,汽车使用的广泛程度使人们对汽车人性化设计的要求不再满足于传统汽车的安全方便程度。传统的汽车转向模式只能凭着驾驶员的感觉,根据实际路况判断方向盘的转动。驾驶员对于车辆方向盘与车轮转动方向的把握不同以及各个车辆的方向盘灵活程度的差异,判断力多少会受到影响,尤其对于初步接触汽车的学习者更是难以把握。如果发明一种车轮转向角度显示系统能够帮助驾驶员准确地判断车轮在某时刻的转向,在行驶和停车时及时将车轮回正,就可以提高行车中的安全系数,极大地方便了汽车驾驶学员的学习。为此提出一种显示汽车车轮转向角度的系统。

2. 摘要

一种显示汽车车轮转向角度的系统,包括安装于汽车方向机的转动轴上的多圈电位器,多圈电位器与电源连接构成回路,转动轴的转动带动多圈电位器的滑动端随之移动,根据转动轴的转动得到不同的电阻值,进而得到不同的电压;A/D 转换器,接收多圈电位器上的电压变化,并将其转换为数字信号;微处理器,接收 A/D 转换电路输入的数字信号,将其转换为相应的角度值;还包括显示单元以及电源。本发明通过车轮转向的显示,直观方便地反映出汽车行进过程中车轮的转向信息,使驾驶员能够及时地调整方向,增加了行车中的安全指数。车轮转向的显示对于初步进行驾驶学习的学员具有现实意义,学习时能够较准确地把握方向,停车或行进时都能合理控制方向。

3. 权利要求书

① 一种显示汽车车轮转向角度的系统,包括:

多圈电位器(1),安装于汽车方向机的转动轴(6)上,与电源(5)连接构成回路,转动轴(6)的转动带动多圈电位器(1)的滑动端随之移动,根据转动轴(6)的转动得到不同的电阻值,进而得到不同的电压。

A/D 转换器(2),接收多圈电位器上的电压变化,并将其转换为数字信号。

微处理器(3),接收 A/D 转换电路输入的数字信号,将其转换为相应的角度值。

显示单元(4),显示为处理器输出的角度值。

电源(5),为上述各器件和单元供电。

② 根据权利要求①所述的显示汽车车轮转向角度的系统,其特征在于:还包括调整电路(7)。该电路主要包括三个按键:左最大转动量键 K1、右最大转动量键 K2、零转动量键 K0,三个按键分别与微处理器(3)相连,通过按下按键读取设置的初始值,记录在微处理器(3)中。

当初次使用车辆,处于直行状态按下零转动量键 K0,微处理器(3)保存此时多圈电位器(1)所对应的数值 M_0,在以后系统正常工作时,显示单元(4)将显示"直行"指示。

车辆处于左最大转动量状态下时,多圈电位器(1)接入电路的阻值最小,转换成的数字量最小,此时按下左最大转动量键 K1,微处理器(3)保存此时多圈电位器(1)所对应的数值 M_1,在以后系统正常工作时,显示单元(4)将在多圈电位器(1)对应的数值 $M_1 \sim M_0$ 之间显示"左转"指示。

车辆处于右最大转动量状态下时,多圈电位器(1)接入电路的阻值最大,转换成的数字量最大,此时按下右最大转动量键 K2,微处理器(3)保存此时多圈电位器(1)所对应的数值 M_2,在以后系统正常工作时,显示单元(4)将在多圈电位器(1)对应的数值 $M_0 \sim M_2$ 之间显示"右转"指示。

③ 根据权利要求①所述的显示汽车车轮转向角度的系统,其特征在于:微处理器(3)将记录的最左转向和最右转向初始值分别等分为 45 份,每一区间的数据对应到相应的左转和右转的 $0° \sim 45°$,A/D 转换后的数字量经工程量转换后,计算出相应的角度从而判断出车轮的转向角度,将信息显示在显示单元(4)。

④ 根据权利要求①所述的显示汽车车轮转向角度的系统,其特征在于:所述多圈电位器(1)是通过变速系统安装于汽车方向机的转动轴(6)上,所述变速系统将多圈电位器(1)的每一圈与转动的角度匹配,使转向在最大左转向时滑动端能够在多圈电位器(1)接入电路的最小电阻处,转向在最大右转向时滑动端能够在多圈电位器(1)接入电路的最大电阻处,以增大多圈电位器(1)的调节范围。

4. 说明书

一种显示汽车车轮转向角度的系统

【技术领域】

本发明涉及汽车技术领域,具体涉及一种显示汽车车轮转向角度的系统。

【背景技术】

随着汽车设计的自动化、人性化,汽车附带的各种功能越来越智能化,汽车使用的广泛程度使人们对汽车人性化设计的要求不再满足于传统汽车的安全方便程度。传统的汽车转向模式只能凭着驾驶员的感觉,根据实际路况判断方向盘的转动。驾驶员对于车辆方向盘与车轮转动方向的把握不同以及各个车辆的方向盘灵活程度的差异,判断力多少会受到影响,尤其对于初步接触汽车的学习者更是难以把握。这种车轮转向角度显示系统能够帮助驾驶员准确地判断车轮在某时刻的转向,在行驶和停车时及时将车轮回正,提高行车中的安全系数,极大地方便了汽车驾驶学员的学习。

【发明内容】

为了克服上述现有技术的缺点,本发明的目的在于提供一种显示汽车车轮转向角度的系统,解决了传统汽车转向角度不明确的问题,使汽车更加安全、智能。

为了解决上述技术问题,本发明采用的技术方案如下。

一种显示汽车车轮转向角度的系统,包括:

多圈电位器(1),安装于汽车方向机的转动轴(6)上,与电源(5)连接构成回路,转动轴(6)的转动带动多圈电位器(1)的滑动端随之移动,根据转动轴(6)的转动得到不同的电阻值,进而得到不同的电压。

A/D 转换器(2),接收多圈电位器上的电压变化,并将其转换为数字信号。

微处理器(3),接收 A/D 转换电路输入的数字信号,将其转换为相应的角度值。

显示单元(4),显示为处理器输出的角度值。

电源(5),为上述各器件和单元供电。

本发明还包括调整电路(7),该电路主要包括三个按键:左最大转动量键 K1、右最大转动量键 K2、零转动量键 K0。三个按键分别与微处理器(3)相连,通过按下按键读取设置的初始值,记录在微处理器(3)中。

当初次使用车辆,处于直行状态按下零转动量键 K0,微处理器(3)保存此时多圈电位器(1)所对应的数值 M_0,在以后系统正常工作时,显示单元(4)将显示"直行"指示。

车辆处于左最大转动量状态下时,多圈电位器(1)接入电路的阻值最小,转换成的数字量最小,此时按下左最大转动量键 K1,微处理器(3)保存此时多圈电位器(1)所对应的数值 M_1,在以后系统正常工作时,显示单元(4)将在多圈电位器(1)对应的数值 $M_1 \sim M_0$ 之间显示"左转"指示。

车辆处于右最大转动量状态下时,多圈电位器(1)接入电路的阻值最大,转换成的数字量最大,此时按下右最大转动量键 K2,微处理器(3)保存此时多圈电位器(1)所对应的数值 M_2,在以后系统正常工作时,显示单元(4)将在多圈电位器(1)对应的数值 $M_0 \sim M_2$ 之间显示"右转"指示。

微处理器(3)将记录的最左转向和最右转向初始值分别等分为 45 份,每一区间的数据对应到相应的左转和右转的 $0° \sim 45°$,A/D 转换后的数字量经工程量转换后,计算出相应的角度从而判断出车轮的转向角度,将信息显示在显示单元(4)。

所述多圈电位器(1)是通过变速系统安装于汽车方向机的转动轴上,所述变速系统将多圈电位器(1)的每一圈与转动的角度匹配,使转向在最大左转向时滑动端能够在多圈电位器(1)接入电路的最小电阻处,转向在最大右转向时滑动端能够在多圈电位器(1)接入电路的最大电阻处,以增大电位器的调节范围。

与现有技术相比,本发明的优点是:

通过车轮转向的显示,直观方便地反映出汽车行进过程中车轮的转向信息,使驾驶员能够及时地调整方向,增加了行车中的安全指数。另外,车轮转向的显示对于初步进行驾驶学习的学员具有现实意义,学习时能够较准确地把握方向,停车或行进时都能合理控制方向。

【附图说明】

图 8.62 为本发明多圈电位器安装示意图。

图 8.63 本发明的硬件系统示意图。

图 8.64 为本发明工作流程图。

【具体实施方式】

下面结合附图和实施例详细说明本发明的实施方式。

本发明为一种显示汽车车轮转向角度的系统,包括:

多圈电位器(1),如图 8.62 所示,安装于汽车方向机的转动轴(6)上,与电源(5)连接构成回路,转动轴(6)的转动带动多圈电位器(1)的滑动端随之移动,根据转动轴(6)的转动得到不同的电阻值,进而得到不同的电压。为了提高精度,通过变速系统将多圈电位器(1)安装在转动轴(6)上,将多圈电位器(1)的每一圈与转动的方向所匹配,使转向在最大左转向时滑动端能够在多圈电位器(1)接入电路的最小电阻处,使转向在最大右转向时滑动端能够在多圈电位器(1)接入电路的最大电阻处,增大电压的变化范围,提高精度。

A/D 转换器(2),接收多圈电位器上的电压变化,并将其转换为数字信号。

微处理器(3),接收 A/D 转换电路输入的数字信号,将其转换为相应的角度值。

显示单元(4),显示为处理器输出的角度值。

电源(5),为上述各器件和单元供电,可采用独立电源,也可以通过电压转换电路将汽车电瓶电压转换使用。

本发明还包括调整电路,该电路主要包括三个按键:左最大转动量键 K1、右最大转动量键 K2、零转动量键 K0。三个按键分别与微处理器(3)相连,通过按下按键读取设置的初始值,记录在微处理器(3)中。

当初次使用车辆,处于直行状态按下零转动量键 K0,微处理器(3)保存此时多圈电位器(1)所对应的数值 M_0,在以后系统正常工作时,显示单元(4)将显示"直行"指示。

车辆处于左最大转动量状态下时,多圈电位器(1)接入电路的阻值最小,转换成的数字量最小,此时按下左最大转动量键 K1,微处理器(3)保存此时多圈电位器(1)所对应的数值 M_1,在以后系统正常工作时,显示单元(4)将在多圈电位器(1)对应的数值 $M_1 \sim M_0$ 之间显示"左转"指示。

车辆处于右最大转动量状态下时,多圈电位器(1)接入电路的阻值最大,转换成的数字量最大,此时按下右最大转动量键 K2,微处理器(3)保存此时多圈电位器(1)所对应的数值 M_2,在以后系统正常工作时,显示单元(4)将在多圈电位器(1)对应的数值 $M_0 \sim M_2$ 之间显示"右转"指示。

微处理器(3)将记录的最左转向和最右转向初始值分别等分为 45 份,每一区间的数据对应到相应的左转和右转的 $0° \sim 45°$,A/D 转换后的数字量经工程量转换后,计算出相应的角度从而判断出车轮的转向角度,将信息显示在显示单元(4)。

以上结构的硬件框图如图 8.63 所示。

本发明的工作流程如图 8.64 所示,汽车启动后,调整电路(7)和微处理器(3)完成系统初始化,然后多圈电位器(1)和 A/D 转换器(2)实时采集数据。如果是首次使用,则将参数 M_0、M_1、M_2 保存;如果不是首次,则直接根据采集的数据和系统初始参数判断方向机是否转动,如果方向机在转动,则多圈电位器(1)和 A/D 转换器(2)采集信息,A/D 转换器(2)完成数据的工程处理,并将结果通过微处理器(3)的处理后,由显示单元(4)显示给驾驶员,作为参考。

5. 说明书附图

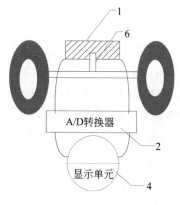

图 8.62　多圈电位器安装示意图

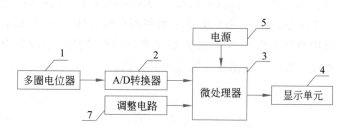

图 8.63　硬件系统示意图

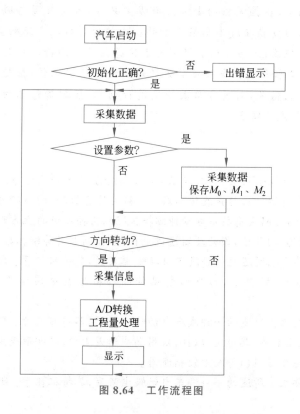

图 8.64　工作流程图

8.6.3 实例 8.19(发明专利)一种汽车自动吸尘装置及其方法

1. 专利撰写的创新思路

汽车通过时造成的可吸入悬浮颗粒物的污染严重破坏空气质量,易引起呼吸道疾病,危害人们健康。目前采用较多的抑制措施是使用道路清洁车辆和洒水车,这种方法存在以下缺陷:首先,道路清洁车辆和洒水车数量有限,不能满足需求;其次,车辆在工作的过程中容易影响交通,造成道路堵塞;最后,其清洁范围有限,较窄的街道常被忽略。因此,提出一种汽车自动吸尘装置及其方法。

2. 摘要

一种汽车自动吸尘装置,包括车头,车头正前方水平安装超声波传感器,在车架下设有粉尘传感器,超声波传感器、粉尘传感器与微处理器相连,在车轮和挡泥板之间设有折形电动伸缩挡板,在挡泥板的上方设有吸尘装置,吸尘装置与微处理器相连。其吸尘步骤为:①启动设置在汽车车架下方的粉尘传感器检测道路粉尘浓度,并将粉尘浓度数据输入微处理器;②微处理器根据粉尘传感器获得的检测值控制吸尘装置的开启;③微处理器驱动水平设在车头正前方的超声波传感器工作,微处理器将不断检测超声波传感器传来的信号,对前方路面情况进行判断,控制折形电动伸缩挡板收起或放下。具有环保、节能的特点。

3. 权利要求书

① 一种汽车自动吸尘装置,包括车头,车头正前方水平安装超声波传感器(1),在车架(3)下设有粉尘传感器(2),超声波传感器(1)、粉尘传感器(2)均与微处理器(4)相连,在车轮(8)和挡泥板(9)之间设有折形电动伸缩挡板(5),在挡泥板的上方设有吸尘装置(6),吸尘装置与微处理器(4)相连,微处理器通过电机(7)控制电动伸缩挡板(5)伸缩。

② 根据权利要求①所述的一种汽车自动吸尘装置,其特征在于:所述的电源分别为微处理器电路提供+5V电压,为折形电动伸缩挡板控制电路和吸尘装置分别提供+12V电压。

③ 根据权利要求①所述的一种汽车自动吸尘装置,其特征在于:所述吸尘装置采用小功率的便携式吸尘装置,其进尘口(10)采用漏斗形吸尘口,漏斗形吸尘口与灰尘运输管(11)相连通,灰尘运输管(11)与灰尘袋相连通。

④ 根据权利要求①所述的一种汽车自动吸尘装置,其特征在于:所述的折形电动伸

缩挡板的折角角度为 $140°\sim160°$, 折形电动伸缩挡板通过电机控制其自由伸缩。

⑤ 根据权利要求①所述的一种汽车自动吸尘装置, 其特征在于: 所述的粉尘传感器(2)设在车架下、挡泥板之后。

⑥ 一种汽车自动吸尘方法, 包括以下步骤。

一是, 启动设置在汽车车架下方的粉尘传感器检测道路粉尘浓度, 并将粉尘浓度数据输入微处理器。

二是, 微处理器根据粉尘传感器获得的检测值控制吸尘装置的开启, 若粉尘浓度大于 $100mg/m^3$, 则打开吸尘装置。

三是, 微处理器驱动水平设在车头正前方的超声波传感器工作, 微处理器将不断检测超声波传感器传来的信号, 对前方路面情况进行判断, 根据具体情况通过电机控制设置在车轮与挡泥板之间的折形电动伸缩挡板收起或放下, 使汽车在运动过程中装置能够最大限度地吸入扬尘空气。

本步骤所述的具体情况是指: 当路面平整时, 控制折形电动伸缩挡板放下; 当路面不平整时, 控制折形电动伸缩挡板收起。

4. 说明书

一种汽车自动吸尘装置及其方法

【技术领域】

本发明专利属于汽车吸尘装置技术领域, 具体涉及一种汽车自动吸尘装置及其方法。

【背景技术】

随着汽车工业与公路交通的迅猛发展, 道路上行驶的汽车数量越来越多, 方便人们的同时也带来了很多问题。其中, 道路上的扬尘问题就颇为严重。汽车通过时造成的可吸入悬浮颗粒物的污染严重破坏空气质量, 易引起呼吸道疾病, 危害人们健康。

目前采用较多的抑制措施是使用道路清洁车辆和洒水车, 这种方法存在以下缺陷: 首先, 道路清洁车辆和洒水车数量有限, 不能满足需求; 其次, 车辆在工作的过程中容易影响交通, 造成道路堵塞; 最后, 其清洁范围有限, 较窄的街道常被忽略。因此, 为了提高道路吸尘效率, 在每辆汽车上都安装全自动的吸尘装置, 使汽车在行驶过程中就能够将灰尘带走, 保证空气清洁。

申请号为 201020123379.2 的发明专利公开了一种汽车吸尘清洁器, 该专利在靠近车轮内侧的凹槽式挡泥板外壁上开有吸尘口, 此装置比较简易, 虽有一定吸尘作用但没有考虑吸尘效果是否理想,也缺乏智能化控制。另一申请号为201120452705.9的发明专利公开了一种汽车吸尘装置,由吸尘池和吸气罩构成,被吸入的气体通过水池净化排出干净空气,能快速吸收粉尘,但是在汽车上装入水池使得车身重量增加,对车辆自身的性能会有所影响。

【发明内容】

为了克服上述现有技术的不足,本发明的目的在于提供一种汽车自动吸尘装置及其方法,具有快速带走道路扬尘、有效清洁道路并能够节约人力与财力资源的特点。

为了实现上述目的,本发明采用的技术方案如下。

一种汽车自动吸尘装置,包括车头,车头正前方水平安装超声波传感器,在车架下设有粉尘传感器,超声波传感器、粉尘传感器均与微处理器相连,在车轮和挡泥板之间设有折形电动伸缩挡板,在挡泥板的上方设有吸尘装置,吸尘装置与微处理器相连,微处理器通过电机控制电动伸缩挡板伸缩。

所述的电源分别为微处理器电路提供+5V电压,为折形电动伸缩挡板控制电路和吸尘装置分别提供+12V电压。

所述吸尘装置采用小功率的便携式吸尘装置,其进尘口采用漏斗形吸尘口,漏斗形吸尘口与灰尘运输管相连通,灰尘运输管与灰尘袋相连通。

所述的折形电动伸缩挡板的折角角度为$140°\sim160°$,折形电动伸缩挡板通过电机控制其自由伸缩。

所述的粉尘传感器设在车架下、挡泥板之后。

一种汽车自动吸尘的方法,包括以下步骤。

一是,启动设置在汽车车架下方的粉尘传感器检测道路粉尘浓度,并将粉尘浓度数据输入微处理器。

二是,微处理器根据粉尘传感器获得的检测值控制吸尘装置的开启,若粉尘浓度大于$100\mathrm{mg/m^3}$,则打开吸尘装置。

三是,微处理器驱动水平设在车头正前方的超声波传感器工作,微处理器将不断检测超声波传感器传来的信号,对前方路面情况进行判断,根据具体情况通过电机控制设置在车轮与挡泥板之间的折形电动伸缩挡板收起或放下,使汽车在运动过程中装置能够最大限度地吸入扬尘空气。

当路面平整时,控制折形电动伸缩挡板放下;当路面不平整时,控制折形电动伸缩挡板收起。

本发明的优点是：

通过在车辆 4 个车轮处加入自动吸尘装置，由行驶在道路上的车辆清洁路面，在很大程度上增大了清洁力度，有效地抑制空气中过多的灰尘，保证空气质量，不仅在经济上节省约了道路清洁费用，而且解决了因道路保洁引起的交通堵塞，有较强的实用价值。

【附图说明】

图 8.65 为本发明的结构框图。

图 8.66 为本发明的实施例结构示意图。

图 8.67 为本发明的微处理器工作流程图。

【具体实施方式】

下面结合附图和实施例详细说明本发明的实施方式。

如图 8.65 和图 8.66 所示，一种汽车自动吸尘装置，包括车头(1)，车头(1)正前方水平安装超声波传感器(1)，在车架(3)下设有粉尘传感器(2)，超声波传感器(1)、粉尘传感器(2)均与微处理器(4)相连，在车轮和挡泥板之间设有折形电动伸缩挡板(5)，在挡泥板的上方设有吸尘装置(6)，吸尘装置与微处理器(4)相连。

所述超声波传感器与微处理器相连，用于探测路面情况。

所述粉尘传感器安装在汽车车架下，面对地面，用于测量行驶过程中空气中的粉尘浓度大小，若平均粉尘浓度大则开启吸尘装置，若平均粉尘浓度小则不开启吸尘装置。采用粉尘传感器的目的是防止吸尘装置在灰尘较少或者雨天时工作，引起电能源浪费或者雨天使用损坏装置。

所述微处理器用于分析粉尘传感器和超声波传感器的返回结果，首先判断是否需要开启吸尘装置，其次判断探测到的路面是否平整，作为控制折形电动伸缩挡板伸缩的依据。如果路面平整，微处理器则控制 4 个车轮处折形电动伸缩挡板放下；如果路面颠簸，微处理器则控制折形电动伸缩挡板收起。

所述折形电动伸缩挡板安装在汽车挡泥板和车轮之间，可以延伸到汽车挡泥板外形成漏斗形，增大吸尘面积。折形电动伸缩挡板的折角角度为 $140°\sim160°$，折形电动伸缩挡板的设计有利于吸入扬尘空气。其工作原理与电动伸缩杆工作原理相同，折形电动伸缩挡板能够自由伸缩，可防止在不平整路面上将挡板损坏。

所述吸尘装置采用小功率的便携式吸尘装置，其进尘口采用漏斗形吸尘口，漏斗形吸尘口与灰尘运输管相连通，灰尘运输管与灰尘袋相连通，灰尘运输管为塑料管；吸尘装置安装在挡泥板上方，在汽车行驶过程中吸入扬尘空气，吸尘装置将吸尘口的空气传输到吸尘装置处，通过处理将灰尘滞留在吸尘装置的灰尘袋里。

吸尘装置安装在四个车轮处,由微处理器控制装置的开启与关闭。

汽车电瓶通过稳压电路产生+5V和+12V电压,微处理器电路电源为+5V,控制折形电动伸缩挡板,其伺服电机需使用+12V电源电压,便携式吸尘装置同样采用+12V电源电压。

粉尘传感器与微处理器相连,当粉尘浓度大于一定值($100mg/m^3$),微处理器控制吸尘装置开始工作;在雨雪天气或者路面干净地段,粉尘浓度较小,低于$100mg/m^3$吸尘装置不工作。

超声波传感器与微处理器相连,通过自发自收原理为微处理器提供输入信号。其工作过程是微处理器通过超声波传感器发出和接收到信号之间的时间间隔来计算相应距离,并且将通过所有传感器测得的距离进行比对,如果有超声波传感器测得的距离与其他超声波传感器相比明显大于阈值(80cm),则说明前方道路不平整,此时微处理器控制折形电动伸缩挡板收起,反之,则将挡板放下。如图8.66所示,折形电动伸缩挡板(5)安装在车轮与挡泥板(9)之间,可以延伸到挡泥板外,形成漏斗形,其作用是为了增加吸入的气体量,工作原理与电动伸缩杆原理相同,由伺服电机进行控制。

所述的粉尘传感器(2)设在车架下、挡泥板之后。

参见图8.67,一种汽车自动吸尘的方法,包括以下步骤。

一是,启动设置在汽车车架下方的粉尘传感器检测道路粉尘浓度,并将粉尘浓度数据输入微处理器。

二是,微处理器根据粉尘传感器获得的检测值控制吸尘装置的开启,若粉尘浓度大于$100mg/m^3$,则打开吸尘装置。

三是,微处理器驱动水平设在车头正前方的超声波传感器工作,微处理器将不断检测超声波传感器传来的信号,对前方路面情况进行判断,根据具体情况通过电机控制设置在车轮与挡泥板之间的折形电动伸缩挡板收起或放下,使汽车在运动过程中装置能够最大限度地吸入扬尘空气。

当路面平整时,控制折形电动伸缩挡板放下,当路面不平整时,控制折形电动伸缩挡板收起。

5. 说明书附图

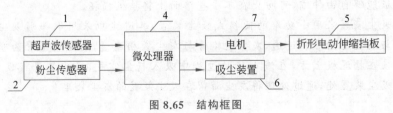

图 8.65 结构框图

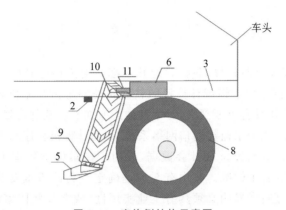

图 8.66　实施例结构示意图

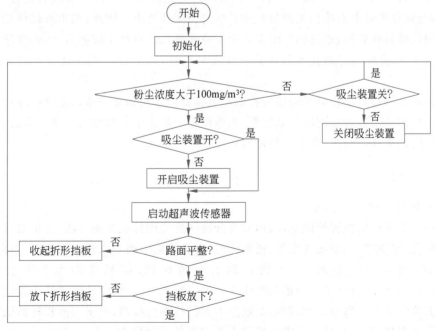

图 8.67　微处理器工作流程图

8.7 计算机软件应用相关领域篇

现代社会经济发展日新月异,各行各业几乎都高度依赖计算机技术。但如果没有软件,计算机就无法运行。由于组成计算机的软件和硬件是相互配合运行的,所以,知识产权保护不仅对软件产业具有重要意义,对于其他产业亦然。软件可发挥技术功能,如控制机器或调节房间温度,或用于监控通信网络系统,或为计算机程序与人类提供人机交互界面,或用于处理科学、金融、经济或社会数据,或用于探索科学新理论等。为获得专利保护,软件发明必须符合若干标准。其中有 5 项是确定专利性最重要的标准:①发明必须包含可获得专利的主题;②发明必须具有工业实用性(或在某些国家,必须具有实用性);③必须具有新颖性;④必须具有发明性(非显而易见性);⑤专利申请中对发明的公开必须符合特定形式和实质标准。由于专利法一视同仁地适用于所有技术领域的发明,为具有专利性,与软件和商业方法相关的发明也必须符合上述要求。因此,如果与软件相关的创新是利用软件和计算机、通过同样的方法而简单地替代已有技术解决方案,而且这种替代对于相关技术领域的普通技术人员具有显而易见性,那么这一创新极有可能无法获得专利。

本篇列举一种基于轻量级网络的番茄病虫害检测方法和基于球形麦克风阵列与深度神经网络的语音增强方法两项专利案例,为类似专利提供了一些撰写思路及方法,希望能在教学中能产生循序渐进、更上一层楼的效果。

8.7.1 实例 8.20(发明专利)一种基于轻量级网络的番茄病虫害检测方法

1. 专利撰写的创新思路

目前对于番茄病虫害的识别,我国大部分地区还沿用传统检测方法,传统的检测方法识别精度低、可靠性差、检测速度慢、耗费人力,并且在防治面积以及方法推广上存在一定的局限性,难以大面积推广,不能达到农业现代化、信息化的生产要求。专利 CN202121790469.1 设计了一种番茄叶片病害识别装置,该专利设计的手持式检测装置仅仅是不需要依靠人工肉眼识别,但需要依靠人工进行手持检测,对于大面积种植的番茄大棚检测效率要低很多,并且还是需要雇佣人工来进行检测操作。专利 CN202111622531.0 设计了一种基于深度学习的番茄叶片病害识别研究方法,该方法基于 MobileNetV3 网络模型,此模型仅仅是追求检测速度,将模型体积直接换为体积更小的 MobileNet 网络模型,从而降低了检测精度。因此,提出一种基于轻量级网络的番茄病虫害检测方法。

2. 摘要

本发明公开了一种基于轻量级网络的番茄病虫害检测方法,包括以下步骤。

步骤 1:获取番茄叶片图像。

步骤 2:对获取的番茄叶片图像进行标注处理,建立番茄病虫害数据集。

步骤 3:构建轻量级检测网络——M-CenterNet-YOLOv5。

步骤 4:对轻量级深度学习网络进行训练,使网络达到 90% 以上的检测精度。

步骤 5:使用构建的 M-CenterNet-YOLOv5 轻量级检测网络对番茄叶片图像进行检测,分析检测结果。

步骤 6:将轻量级深度学习网络部署在番茄大棚内,通过高清摄像头获取番茄生长阶段图像,将图像输入轻量级深度学习网络中。本发明不仅在检测体积上有大幅度的减少,并且在检测精度上有很大的提升。

3. 权利要求书

① 一种基于轻量级网络的番茄病虫害检测方法,包括以下步骤。

步骤 1:获取番茄叶片图像。

步骤 2:对获取的番茄叶片图像进行标注处理,建立番茄病虫害数据集。

步骤 3:构建轻量级检测网络——M-CenterNet-YOLOv5。

步骤 4:对轻量级深度学习网络进行训练,使网络达到 90% 以上的检测精度。

步骤 5:使用构建的 M-CenterNet-YOLOv5 轻量级检测网络对番茄叶片图像进行检测,分析检测结果。

步骤 6:将轻量级深度学习网络部署在番茄大棚内,通过高清摄像头获取番茄生长阶段图像,将图像输入轻量级深度学习网络中。

② 根据权利要求①所述的一种基于轻量级网络的番茄病虫害检测方法,所述步骤 1 具体如下。

步骤 1.1:获取现有番茄数据集中的番茄病虫害图像。

步骤 1.2:通过 Python 爬虫算法获取网络上的番茄病虫害图像。

步骤 1.3:将相同的番茄病虫害图像进行合并,删除模糊不清的图像,共得到 8 类不同的番茄叶片图像,分别为早疫病、晚疫病、细菌性斑点、黄化曲叶病、叶霉病、白粉病、红蜘蛛损伤和健康的番茄叶片图像。

③ 根据权利要求①所述的一种基于轻量级网络的番茄病虫害检测方法,所述步骤2具体如下。

步骤 2.1:将番茄叶片图像裁剪成 320×320 的大小。

步骤 2.2:使用 LabelImg 工具对裁剪后的图像进行手动标注,生成用于网络训练的 XML 文件,建立番茄病虫害数据集。

步骤 2.3:按照 8:2 的比例把数据集分为训练集和验证集。

④ 根据权利要求①所述的一种基于轻量级网络的番茄病虫害检测方法,所述步骤2.2 中手动标注具体包括以下操作。

步骤 2.2.1:打开 LabelImg 工具后上传待标注的图片。

步骤 2.2.2:使用鼠标选取需要标注的区域。

步骤 2.2.3:选择标注区域的病虫害类型。

步骤 2.2.4:在文件夹中自动生成 XML 文件。

⑤ 根据权利要求①所述的一种基于轻量级网络的番茄病虫害检测方法,所述步骤3 具体如下。

步骤 3.1:在 YOLOv5 网络的 Neck 部分加入自适应空间特征融合结构,用来原网络中的 FPN 和 PAN 结构,又在 FPN 中加入了一个小目标检测层,用来丰富特征融合过程中的细节信息。

步骤 3.2:使用轻量的 M-CenterNet 结构。M-CenterNet 为关键点预测的目标检测网络(CenterNet)和 MobileNet 网络结合构建的轻量级网络结构,将新构建的轻量级网络命名为 M-CenterNet。

步骤 3.3:通过步骤 3.1 和 3.2 构建全新的轻量级番茄病虫害检测网络——M-CenterNet-YOLOv5 网络。颈部网络为加入了自适应空间特征融合和小目标检测层的FPN+PAN 的结构,用于更好地融合图像细节信息,用来进一步提取特征信息并将图像特征传递到预测层。头部网络沿用 YOLOv5 的头部网络结构,用来生成边界框和预测类别。

⑥ 根据权利要求①所述的一种基于轻量级网络的番茄病虫害检测方法,所述步骤4 具体如下。

步骤 4.1:将步骤 2 中建立的番茄病虫害数据集输入步骤 3 中建立的 M-CenterNet-YOLOv5 网络中。

步骤 4.2:设置训练参数,其中,将训练的次数 epoch 设置为 300,batch size 设为 8。

步骤 4.3:运行程序,开始训练,在训练 300 次时训练结束。

⑦ 根据权利要求①所述的一种基于轻量级网络的番茄病虫害检测方法,所述步骤 5 具体如下。

将训练好的番茄病虫害权重文件对 20％的测试图片进行测试,分析其检测效果,包括损失函数、查准率(Precision)、召回率(Recall)、平均精度均值(mAP@0.5),计算公式如式(8.1)～式(8.4)所示。

$$Precision = \frac{TP}{TP + FP} \times 100\% \tag{8.1}$$

$$Recall = \frac{TP}{TP + FN} \times 100\% \tag{8.2}$$

$$AP = \int_0^1 P(R) dR \tag{8.3}$$

$$mAP = \frac{\sum_{i=1}^{N} AP_i}{N} \tag{8.4}$$

其中,TP(True Positives)为正确分配的正样本,FP(False Positives)为错误分配的正样本,TN(True Negatives)为正确分配的负样本,FN(False Negatives)为漏检目标个数,AP 表示 Precision-Recall 曲线下面的面积,对该图片每一类的平均精度求均值即 mAP。

⑧ 根据权利要求①所述的一种基于轻量级网络的番茄病虫害检测方法,所述步骤 6 具体如下。

步骤 6.1:在番茄大棚内安装高清摄像头,摄像头型号为海康威视 DS-2DC4223IW-D,用来获取番茄生长阶段图像。

步骤 6.2:将 M-CenterNet-YOLOv5 网络部署在本地计算机中。

步骤 6.3:将摄像头输出端连接到本地计算机上,将获取到的番茄病虫害图像传输进 M-CenterNet-YOLOv5 网络的输入端。

步骤 6.4:网络将检测好的图像输出,供植保人员查看。

4. 说明书

一种基于轻量级网络的番茄病虫害检测方法

【技术领域】

本发明属于病虫害目标检测技术领域,具体涉及一种基于轻量级网络的番茄病虫害检测方法。

【背景技术】

目前我国大部分地区还沿用传统检测方法,传统的检测方法识别精度低、可靠性差、检测速度慢、耗费人力,并且在防治面积以及方法推广上存在一定的局限性,难以大面积推广,不能达到农业现代化、信息化的生产要求。

专利 CN202121790469.1 设计了一种番茄叶片病害识别装置,该专利设计的手持式检测装置仅仅是不需要依靠人工肉眼识别,但需要依靠人工进行手持检测,对于大面积种植的番茄大棚检测效率要低很多,并且还是需要雇佣人工来进行检测操作。

专利 CN202111622531.0 设计了一种基于深度学习的番茄叶片病害识别研究方法,该方法基于 MobileNetV3 网络模型,此模型仅仅是追求检测速度,将模型体积直接换为体积更小的 MobileNet 网络模型,从而降低了检测精度。

【发明内容】

为了克服以上技术问题,本发明的目的在于提供一种基于轻量级网络的番茄病虫害检测方法,该检测方法不仅在检测体积上有大幅度的减少,并且在检测精度上有很大的提升。

为了实现上述目的,本发明采用的技术方案如下。

一种基于轻量级网络的番茄病虫害检测方法,包括以下步骤。

步骤 1:获取番茄叶片图像。

步骤 2:对获取的番茄叶片图像进行标注处理,建立番茄病虫害数据集。

步骤 3:构建轻量级检测网络——M-CenterNet-YOLOv5。

步骤 4:对轻量级深度学习网络进行训练,使网络达到 90% 以上的检测精度。

步骤 5:使用构建的 M-CenterNet-YOLOv5 轻量级检测网络对番茄叶片图像进行检测,分析检测结果。

步骤 6:将轻量级深度学习网络部署在番茄大棚内,通过高清摄像头获取番茄生长阶段图像,将图像输入轻量级深度学习网络中。

所述步骤 1 具体如下。

步骤 1.1:获取现有番茄数据集中的番茄病虫害图像。

步骤 1.2:通过 Python 爬虫算法获取网络上的番茄病虫害图像。

步骤 1.3:将相同的番茄病虫害图像进行合并,删除模糊不清的图像,共得到 8 类不同的番茄叶片图像,分别为早疫病、晚疫病、细菌性斑点、黄化曲叶病、叶霉病、白粉病、红蜘蛛损伤和健康的番茄叶片图像。

所述步骤 2 具体如下。

步骤 2.1:将番茄叶片图像裁剪成 320×320 的大小。

步骤 2.2:使用 LabelImg 工具对裁剪后的图像进行手动标注,生成用于网络训练的 XML 文件,建立番茄病虫害数据集。

步骤 2.3:按照 8∶2 的比例把数据集分为训练集和验证集。

所述步骤 2.2 中手动标注具体包括以下操作。

步骤 2.2.1:打开 LabelImg 工具后上传待标注的图片。

步骤 2.2.2:使用鼠标选取需要标注的区域。

步骤 2.2.3:选择标注区域的病虫害类型。

步骤 2.2.4:在文件夹中自动生成 XML 文件。

所述步骤 3 具体如下。

步骤 3.1:网络的主体使用 YOLOv5 目标检测网络,用于提高检测精度,在所述的 YOLOv5 网络的 Neck 部分加入自适应空间特征融合结构,用原网络中的 FPN 和 PAN 结构,又在 FPN 中加入了一个小目标检测层,用来丰富特征融合过程中的细节信息。

步骤 3.2:为了降低网络的体积大小,提高网络检测速度,将 YOLOv5 的骨干网络替换为更加轻量的 M-CenterNet 结构,所述的 M-CenterNet 为关键点预测的目标检测网络(CenterNet)和 MobileNet 网络结合构建的轻量级网络结构,将新构建的轻量级网络命名为 M-CenterNet。

步骤 3.3:通过步骤 3.1 和 3.2 构建全新的轻量级番茄病虫害检测网络——M-CenterNet-YOLOv5 网络。所述 M-CenterNet-YOLOv5 网络的骨干网络为更加轻量的 M-CenterNet 结构,此结构就是步骤 3.2 中所述 CenterNet 和 MobileNet 网络结合而成的网络结构,它的体积相较于 YOLOv5 原本的骨干网络体积更小,仅有 28MB 大小,而原本的 YOLOv5 网络体积为 40.8MB,骨干网络用来对输入的图像进行特征提取。颈部网络(Neck)为加入了自适应空间特征融合和小目标检测层的 FPN+PAN 的结构,用于更好地融合图像细节信息,用来进一步提取特征信息并将图像特征传递到预测层。头部网络沿用 YOLOv5 的头部网络结构,用来生成边界框和预测类别。

所述步骤 4 具体如下。

步骤 4.1：将步骤 2 中建立的番茄病虫害数据集输入到步骤 3 中建立的 M-CenterNet-YOLOv5 网络中。

步骤 4.2：设置训练参数，其中将训练的次数 epoch 设置为 300，batch size 设为 8；

步骤 4.3：运行程序，开始训练，在训练 300 次时训练结束。

所述步骤 5 具体如下。

将训练好的番茄病虫害权重文件对 20% 的测试图片进行测试，分析其检测效果，包括损失函数、查准率（Precision）、召回率（Recall）、平均精度均值（mAP@0.5），计算公式如式（8.5）~ 式（8.8）所示。

$$\text{Precision} = \frac{\text{TP}}{\text{TP} + \text{FP}} \times 100\% \tag{8.5}$$

$$\text{Recall} = \frac{\text{TP}}{\text{TP} + \text{FN}} \times 100\% \tag{8.6}$$

$$\text{AP} = \int_0^1 P(R)\,\mathrm{d}R \tag{8.7}$$

$$\text{mAP} = \frac{\sum_{i=1}^{N} \text{AP}_i}{N} \tag{8.8}$$

其中，TP（True Positives）为正确分配的正样本，FP（False Positives）为错误分配的正样本，TN（True Negatives）为正确分配的负样本，FN（False Negatives）为漏检目标个数，AP 表示 Precision-Recall 曲线下面的面积，对该图片每一类的平均精度求均值即 mAP。

所述步骤 6 具体如下。

步骤 6.1：在番茄大棚内安装高清摄像头，摄像头型号为海康威视 DS-2DC4223IW-D，用来获取番茄生长阶段图像。

步骤 6.2：将 M-CenterNet-YOLOv5 网络部署在本地计算机中。

步骤 6.3：将摄像头输出端连接到本地计算机上，将获取到的番茄病虫害图像传输进 M-CenterNet-YOLOv5 网络的输入端。

步骤 6.4：网络将检测好的图像输出，供植保人员查看。

本发明的有益效果：

（1）本发明可以实现自动对番茄病虫害进行检测。

（2）本发明在原有的 YOLOv5 的颈部网络中加入了自适应空间特征融合结构和

小目标检测层,提高了图片的特征融合,丰富特征融合过程中的细节信息,使网络的检测精度更高,检测精度可以达到 95.2%。

（3）本发明将 YOLOv5 的骨干网络替换为更加轻量的 M-CenterNet 网络,此网络压缩了模型体积,使检测网络体积更小,仅有 28MB,使网络的检测速度更快。

（4）本发明新构建的 M-CenterNet-YOLOv5 轻量级检测网络通过将骨干网络设计为更加轻量级的 M-CenterNet 网络,并在颈部网络中加入自适应空间特征融合结构和小目标检测层,使整个网络在特征融合、特征提取方面进一步提升,更好地提取图片中的关键信息,提高了网络的检测精度,并且模型体积有了很大程度的降低,使检测速度进一步提升。

（5）本发明新构建的 M-CenterNet-YOLOv5 轻量级检测网络有更小的体积,更便于在一些嵌入式设备中部署,便于大面积推广。

【附图说明】

图 8.68 为本发明提出的一种基于轻量级网络的番茄病虫害检测方法的检测流程图。

图 8.69 为本发明提出的一种基于轻量级网络的番茄病虫害检测方法中 LabelImg 工具标注番茄病虫害叶片图像操作图。

图 8.70 为本发明提出的一种基于轻量级网络的番茄病虫害检测方法加入自适应空间特征融合结构和小目标检测层后网络结构图。

图 8.71 为本发明提出的一种基于轻量级网络的番茄病虫害检测方法所构建的 M-CenterNet-YOLOv5 网络结构图。

图 8.72 为本发明提出的一种基于轻量级网络的番茄病虫害检测方法的训练 PR 曲线图。

图 8.73 为本发明提出的一种基于轻量级网络的番茄病虫害检测方法的检测结果图。

【具体实施方式】

下面结合附图和实施例对本发明做进一步详细说明。

一种基于轻量级网络的番茄病虫害检测方法,该方法基于 YOLOv5 框架,通过修改骨干网络和颈部网络的结构,构建网络体积更加轻量、检测精度更高的 M-CenterNet-YOLOv5 网络,再对网络进行训练,使网络最终可以自动识别番茄病虫害类型,具体操作流程如图 8.68 所示。

步骤 1：获取番茄叶片图像。

所述步骤 1 具体如下。

步骤 1.1：获取现有番茄数据集中的番茄病虫害图像。

步骤 1.2：通过 Python 爬虫算法获取网络上的番茄病虫害图像。

步骤 1.3：将相同的番茄病虫害图像进行合并，删除模糊不清的图像。共得到 8 类不同的番茄叶片图像，分别为：早疫病、晚疫病、细菌性斑点、黄化曲叶病、叶霉病、白粉病、红蜘蛛损伤和健康的番茄叶片图像。具体图像参数信息如表 8.1 所示。

步骤 2：对获取的番茄叶片图像进行标注处理，建立番茄病虫害数据集。

所述步骤 2 具体如下。

步骤 2.1：将图像裁剪成 320×320 的大小。

步骤 2.2：使用 LabelImg 工具对裁剪后的图像进行手动标注，生成用于网络训练的 XML 文件，操作界面如图 8.69 所示，建立番茄病虫害数据集。

步骤 2.3：按照 8∶2 的比例把数据集分为训练集和验证集。

步骤 3：构建轻量级检测网络——M-CenterNet-YOLOv5。

所述步骤 3 具体如下。

步骤 3.1：网络的主体使用 YOLOv5 目标检测网络，为了提高检测精度，在所述的 YOLOv5 网络的 Neck 部分加入自适应空间特征融合结构，用原网络中的 FPN 和 PAN 结构，又在 FPN 中加入了一个小目标检测层，用来丰富特征融合过程中的细节信息，改进后的网络结构如图 8.70 所示。

步骤 3.2：为了降低网络的体积大小，提高网络检测速度。将 YOLOv5 的骨干网络替换为更加轻量的 M-CenterNet 结构。所述的 M-CenterNet 为关键点预测的目标检测网络（CenterNet）和 MobileNet 网络结合构建的轻量级网络结构，将新构建的轻量级网络命名为 M-CenterNet。

步骤 3.3：通过步骤 3.1 和 3.2 构建全新的轻量级番茄病虫害检测网络——M-CenterNet-YOLOv5 网络，网络结构如图 8.71 所示。

步骤 4：对轻量级深度学习网络进行训练，使网络达到 90% 以上的检测精度。

所述步骤 4 具体如下。

将步骤 2 中建立的番茄病虫害数据集输入步骤 3 中建立的 M-CenterNet-YOLOv5 网络中，用来对步骤 3 中构建的番茄病虫害检测网络进行训练，将训练的次数 epoch 设置为 300，batch size 设为 8。

步骤 5：使用构建的 M-CenterNet-YOLOv5 轻量级检测网络对番茄叶片图像进行检测，分析检测结果。

所述步骤 5 具体如下。

将训练好的番茄病虫害权重文件对 20％ 的测试图片进行测试，分析其检测效果，包括损失函数、查准率（Precision）、召回率（Recall）、平均精度均值（mAP@0.5），计算公式如式（8.9）～式（8.12）所示。

$$Precision = \frac{TP}{TP + FP} \times 100\% \tag{8.9}$$

$$Recall = \frac{TP}{TP + FN} \times 100\% \tag{8.10}$$

$$AP = \int_0^1 P(R)\,dR \tag{8.11}$$

$$mAP = \frac{\sum_{i=1}^{N} AP_i}{N} \tag{8.12}$$

其中，TP（True Positives）为正确分配的正样本，FP（False Positives）为错误分配的正样本，TN（True Negatives）为正确分配的负样本，FN（False Negatives）为漏检目标个数，AP 表示 Precision-Recall 曲线下面的面积，对该图片每一类的平均精度求均值即 mAP，网络训练 PR 曲线及每种病虫害精度如图 8.72 所示。

步骤 6：将本网络部署在番茄大棚内，通过高清摄像头获取番茄生长阶段图像，将图像输入到本发明设计的网络中。

所述步骤 6 具体如下。

步骤 6.1：在番茄大棚内安装高清摄像头，摄像头型号为海康威视 DS-2DC4223IW-D，用来获取番茄生长阶段图像。

步骤 6.2：将 M-CenterNet-YOLOv5 网络部署在本地计算机中。

步骤 6.3：将摄像头输出端连接到本地计算机上，将获取到的番茄病虫害图像传输进 M-CenterNet-YOLOv5 网络的输入端。

步骤 6.4：网络将检测好的图像输出，输出图像如图 8.73 所示，供植保人员查看。

表 8.1　本发明建立的番茄病虫害数据集

编号	中文名称	英文名称	数量/张
1	早疫病	Early_Blight_Fungus	1492
2	晚疫病	Late_Blight_Water_Mold	1513
3	细菌性斑点	Bacterial_Spot_Bacteria	1406
4	黄化曲叶病	YLCV_Virus	2266
5	叶霉病	Leaf_Mold_Fungus	1455
6	白粉病	Powdery_Mildew	1469
7	红蜘蛛损伤	Spider_Mite_Damage	1229
8	健康叶片	Healthy_leaves	1581

从表 8.1 可以看出,本发明建立的番茄病虫害数据集共有 7 种不同类型的病虫害图像和健康番茄叶片的图像,共计 12411 张番茄叶片图像。此数据集包含大部分番茄常见病虫害,而且在训练张数上也完全够用于本发明所需要训练的张数。

本发明构建的基于 M-CenterNet-YOLOv5 网络模型,依托目前检测效果最好的 YOLO 系列网络模型,在此基础上再进行网络体积的压缩和精度的提升,构建出的基于 M-CenterNet-YOLOv5 网络模型在模型体积上有大幅度减小,在检测精度上有很大的提升。

因此本发明相较于已有的专利技术,不仅在检测体积上有大幅度的减少,并且在检测精度上有很大的提升,而且本发明设计的网络模型便于部署在大部分的计算机上,便于推广。

本发明所构建的轻量级网络具有体积小、识别精度高、识别速度快的优点,易于部署在大多数的计算机中,可以对番茄生长各个阶段产生的病虫害进行自动识别,识别精度达到 95.2%,符合检测要求。

5. 说明书附图

开始

获取图像

建立番茄病虫害数据集

构建轻量级检测网络

模型训练

番茄病虫害检测

结束

图 8.68　检测流程图

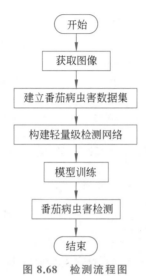

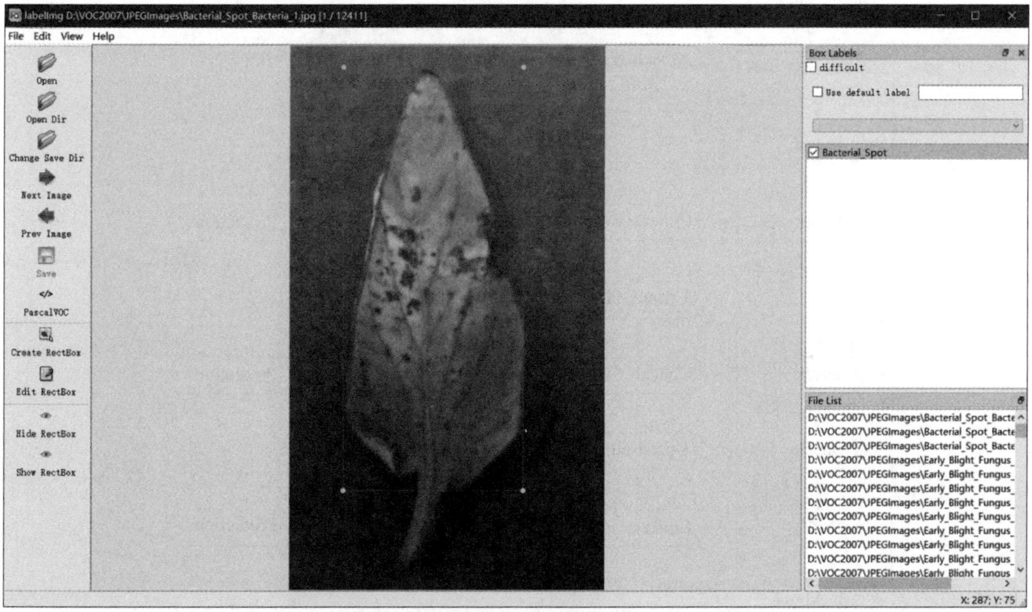

图 8.69　LabelImg 工具标注番茄病虫害叶片图像操作图

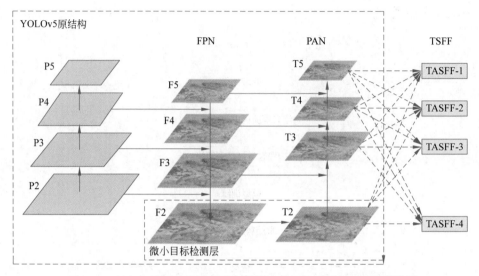

图 8.70　加入自适应空间特征融合结构和小目标检测层后网络结构图

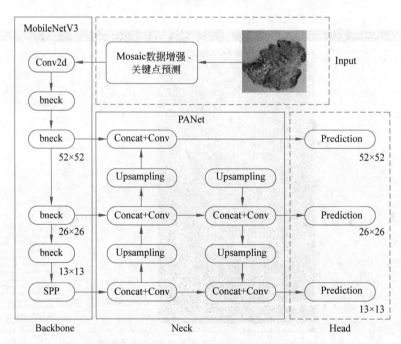

图 8.71　M-CenterNet-YOLOv5 网络结构图

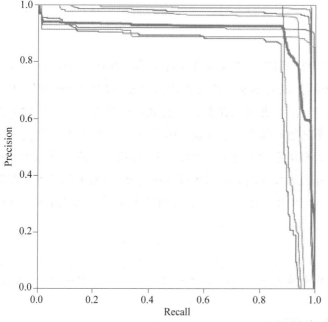

图 8.72　训练 PR 曲线图

图 8.73　检测结果图

8.7.2 实例 8.21（发明专利）基于球形麦克风阵列与深度神经网络的语音增强方法

1. 专利撰写的创新思路

近十几年来,随着大数据语料的积累量不断提升及机器学习研究不断深入,语音识别技术取得了跨越式的发展。虽然传统的单通道语音识别已经取得较高的识别率,但是仍然需要根据实际需要进行进一步优化,尤其是在低信噪比及混响条件下语音识别率不能得到保障,存在语音增强效果不理想的问题。语音识别因其简洁便利的特性,跻身人工智能领域的热点话题,它可以将人们从繁杂的记忆中解放出来,仅用一句机器可识别的指令即可完成相应操作,因此在具有人机交互的系统如车载音响设备、智能手机及家电等领域应用十分广泛,极大地方便了人们的生产生活。为此,提出基于球形麦克风阵列与深度神经网络的语音增强方法。

2. 摘要

本发明公开了一种基于球形麦克风阵列与深度神经网络的语音增强方法,具体包括如下步骤。

步骤1：麦克风阵列前期处理阶段。

步骤2：对语音模型进行训练。

步骤3：DNN 语音增强阶段。

本发明以声学分析到语音增强为路线,利用球形麦克风阵列产生空间滤波器,使噪声功率最小化。针对单通道语音增强对实际噪声环境、传统波束形成算法语音增强效果不理想的问题,通过深度神经网络对前期处理后的噪声及语音信号之间的复杂非线性关系进行学习,分类出语音信号和噪声信号,实现对语音信号的增强。本发明方法与单一波束形成算法及深度神经网络语音增强相比,改善效果较为明显,且在多种噪声环境下同样适用,具有较强的鲁棒性。

3. 权利要求书

① 一种基于球形麦克风阵列与深度神经网络的语音增强方法,具体包括如下步骤。

步骤1：麦克风阵列前期处理阶段。通过球形麦克风阵列对多通道语音进行拾取,阵列形成的波束能够定位到目标语音,使噪声信号得到抑制,从而提取到目标语音。

步骤2：对语音模型进行训练。将经过麦克风阵列前期处理后残留下的噪声信号与目标语音信号分为两组特征样本,分别输入 DNN 的输入端进行训练,利用 DNN 的前向传播和反向传播算法得到网络模型。

步骤 3:DNN 语音增强阶段。输入语音,经过麦克风阵列处理之后得到特征向量,然后将特征向量输入步骤 2 得到的网络模型中进行增强处理,最后将输出的特征向量,利用波形重构方法合成纯净语音。

② 根据权利要求①所述的一种基于球形麦克风阵列与深度神经网络的语音增强方法,其特征在于:所述球形麦克风阵列为三维阵列,所述球形麦克风阵列可以得到信号的水平方向角、垂直方位角,还可以得到声源与麦克风阵列参考点距离的三维信息。

③ 根据权利要求①所述的一种基于球形麦克风阵列与深度神经网络的语音增强方法,其特征在于:步骤 1 中,采用线性约束最小方差波束形成 LCMV 结构,随着输出信号的变化,对滤波的权重系数进行动态调整,适应多变的噪声,并根据 DNN 对残余噪声进行处理,首先将麦克风阵列各阵元接收到的信号进行时延补偿,做 DFT 到频域,然后在频域内划分子频带,在每个子频带内运用窄带 LCVM 算法,最后将得到的结果做 IDFT 回到时域。

④ 根据权利要求①所述的一种基于球形麦克风阵列与深度神经网络的语音增强方法,其特征在于:步骤 1 中,所述麦克风阵列由多个阵元组合而成,利用时延补偿特性可以获得 $x_n(t)$,表示时序一致的信号,然后对其采样,得到式(8.13)。

$$x(n)=\mathbf{1}_M s(n)+v(n) \tag{8.13}$$

其中,$x_n(t)$ 为采样后信号向量,值为 $x(n)=[x_1(n)x_2(n)\cdots x_M(n)]^{\mathrm{T}}$,$\mathbf{1}_M=[11\cdots1]^{\mathrm{T}}$;$s(n)$ 为期望信号,$v(n)=[v_1(n)v_2(n)\cdots v_M(n)]^{\mathrm{T}}$ 为噪声向量,将接收到的信号划分为 S 段,每段包含 N 个采样点,对其做 DFT,得到式(8.14)。

$$x(k,s)=[x_1(k,s)x_2(k,s)\cdots x_M(K,S)]^{\mathrm{T}} \tag{8.14}$$

由式(8.13)和式(8.14)可得式(8.15)。

$$x(k,s)=\mathbf{1}_M s(k,s)+v(k,s) \tag{8.15}$$

其中,$s(k,s)$ 为期望输出信号 $v(k,s)=[v_1(k,s)v_2(k,s)\cdots v_M(k,s)]^{\mathrm{T}}$,在第 s 段做 N 次窄带 LCMV 波束形成。

⑤ 根据权利要求①所述的一种基于球形麦克风阵列与深度神经网络的语音增强方法,其特征在于:所述球形麦克风阵列选用直径为 8.4cm 的球形麦克风阵列,设置球形麦克风阵列为球状且为等距分布。

4. 说明书

一种基于球形麦克风阵列与深度神经网络的语音增强方法

【技术领域】

本发明属于语音信号处理技术领域,具体涉及一种基于球形麦克风阵列与深度神经网络的语音增强方法。

【背景技术】

语音识别因其简洁便利的特性,跻身人工智能领域的热点话题,它可以将人们从繁杂的记忆中解放出来,仅用一句机器可识别的指令即可完成相应操作,因此在具有人机交互的系统如车载音响设备、智能手机及家电等领域应用十分广泛,极大地方便了人们的生产生活。近十几年来,随着大数据语料的积累量不断提升及机器学习研究不断深入,语音识别技术取得了跨越式的发展。虽然传统的单通道语音识别已经取得较高的识别率,但是仍然需要根据实际需要进行进一步优化,尤其是在低信噪比及混响条件下语音识别率不能得到保障,存在语音增强效果不理想的问题。

【发明内容】

本发明的目的是提供一种基于球形麦克风阵列与深度神经网络的语音增强方法,解决了目前语音识别在低信噪比及混响条件下的识别率不够高、用户体验有待进一步提高和优化的问题。

本发明所采用的技术方案如下。

一种基于球形麦克风阵列与深度神经网络的语音增强方法,具体包括如下步骤。

步骤1:麦克风阵列前期处理阶段。通过球形麦克风阵列对多通道语音进行拾取,阵列形成的波束能够定位到目标语音,使噪声信号得到抑制,从而提取到目标语音。

步骤2:对语音模型进行训练。将经过麦克风阵列前期处理后残留下的噪声信号与目标语音信号分为两组特征样本,分别输入DNN的输入端进行训练,利用DNN的前向传播和反向传播算法得到网络模型。

步骤3:DNN语音增强阶段。输入语音,经过麦克风阵列处理之后得到特征向量,然后将特征向量输入步骤2得到的网络模型中进行增强处理,最后将输出的特征向量,利用波形重构方法合成纯净语音。

本发明的特点还在于:

球形麦克风阵列为三维阵列,球形麦克风阵列可以得到信号的水平方向角、垂直方位角,还可以得到声源与麦克风阵列参考点距离的三维信息。

步骤 1 中,采用线性约束最小方差波束形成 LCMV 结构,随着输出信号的变化,对滤波的权重系数进行动态调整,适应多变的噪声,并根据 DNN 对残余噪声进行处理,首先将麦克风阵列各阵元接收到的信号进行时延补偿,做 DFT 到频域,然后在频域内划分子频带,在每个子频带内运用窄带 LCVM 算法,最后将得到的结果做 IDFT 回到时域。

步骤 1 中,麦克风阵列由多个阵元组合而成,利用时延补偿特性可以获得 $x_n(t)$,表示时序一致的信号,然后对其采样,得到式(8.16)。

$$x(n) = \mathbf{1}_M s(n) + v(n) \tag{8.16}$$

其中,$x_n(t)$ 为采样后信号向量,值为 $x(n) = [x_1(n) x_2(n) \cdots x_M(n)]^T$,$\mathbf{1}_M = [1 1 \cdots 1]^T$;$s(n)$ 为期望信号,$v(n) = [v_1(n) v_2(n) \cdots v_M(n)]^T$ 为噪声向量,将接收到的信号划分为 S 段,每段包含 N 个采样点,对其做 DFT,得到式(8.17)。

$$x(k,s) = [x_1(k,s) x_2(k,s) \cdots x_M(K,S)]^T \tag{8.17}$$

由式(8.16)和式(8.17)可得式(8.18)。

$$x(k,s) = \mathbf{1}_M s(k,s) + v(k,s) \tag{8.18}$$

其中,$s(k,s)$ 为期望输出信号 $v(k,s) = [v_1(k,s) v_2(k,s) \cdots v_M(k,s)]^T$,在第 s 段做 N 次窄带 LCMV 波束形成。

球形麦克风阵列选用直径为 8.4cm 的球形麦克风阵列,设置球形麦克风阵列为球状且为等距分布。

本发明的有益效果是,本发明一种基于球形麦克风阵列与深度神经网络的语音增强方法,在进行基音检测的过程中,第一步根据线性预测法对输入的语音信号进行分析处理,求出预测系数,线性预测处理的过程能够很好地去除共振峰效应。第二步使用 OM-LSA 算法对语音信号进行消噪,再使用维纳滤波算法对残余噪声进行进一步滤除。第三步利用主体延伸法对消噪后的语音进行基音检测。该方法在低信噪比不同噪声环境依然能够准确地检测出基音周期,检测准确率达到 82% 以上,具有较强的鲁棒性。

【附图说明】

图 8.74 是本发明一种基于球形麦克风阵列与深度神经网络的语音增强方法的球形麦克风阵列拓扑结构示意图。

图 8.75 是本发明一种基于球形麦克风阵列与深度神经网络的语音增强方法的实施例中涉及语音数据的自适应波束形成器阵元结构示意图。

图 8.76 是本发明一种基于球形麦克风阵列与深度神经网络的语音增强方法的算法框架图。

图 8.77 是本发明一种基于球形麦克风阵列与深度神经网络的语音增强方法与原始算法检测结果的 LSD 得分对比示意图。

图 8.78 是本发明一种基于球形麦克风阵列与深度神经网络的语音增强方法与原始算法语音增强结果的 PESQ 得分对比示意图。

【具体实施方式】

下面结合附图和具体实施方式对本发明一种基于球形麦克风阵列与深度神经网络的语音增强方法进行详细说明。

本发明提供一种基于球形麦克风阵列与深度神经网络的语音增强方法,以声学分析到语音增强为路线,利用球形麦克风阵列产生空间滤波器,使噪声功率最小化。通过深度神经网络(Deep Neural Networks,DNN)进一步对前期处理后的噪声及语音信号之间的复杂非线性关系进行学习,分类出语音信号和噪声信号,实现对语音信号的增强。此外,本发明所提方法在多种噪声环境下也同样适用,具有鲁棒性强、实施效果好的特点。

参见图 8.74,球形麦克风阵列属于一种新型的三维阵列,相对于一维和二维来说,不仅可以得到信号的水平方向角、垂直方位角,还可以得到声源与麦克风阵列参考点距离等三维信息。此外,还有助于产生空间滤波器,并且对称可旋转的结构更利于使用波束形成算法确定声源位置。

参见图 8.75,波束形成是声源信号对于空间进行选择的一种体现,麦克风阵列可获取来自声源信号的位置信息,并且可以削弱方向性噪声,保留期望的语音信号,实现空间滤波。本发明采用线性约束最小方差波束形成(Linearly Constrained Minimum Variance,LCMV)结构,随着输出信号的变化,对滤波的权重系数进行动态调整,适应多变的噪声,并根据 DNN 对残余噪声进行处理。首先将麦克风阵列各阵元接收到的信号进行时延补偿,做 DFT 到频域,然后在频域内划分子频带,在每个子频带内运用窄带 LCVM 算法,最后将得到的结果做 IDFT 回到时域,大大减少计算复杂度。

图 8.75 中 $y_1(t)$ 为阵元接收到的信号,实际麦克风阵列往往是由多个阵元组合而成的,利用时延补偿特性可以获得 $x_n(t)$,表示时序一致的信号,然后对其采样,得到式 (8.19)。

$$\boldsymbol{x}(n) = \boldsymbol{1}_M s(n) + \boldsymbol{v}(n) \tag{8.19}$$

其中,$x_n(t)$ 为采样后信号向量,值为 $\boldsymbol{x}(n) = [x_1(n)\, x_2(n) \cdots x_M(n)]^T$,$\boldsymbol{1}_M = [1\,1\cdots 1]^T$,$s(n)$ 为期望信号,$\boldsymbol{v}(n) = [v_1(n)\, v_2(n) \cdots v_M(n)]^T$ 为噪声向量,将接收到的信号划分

为 S 段,每段包含 N 个采样点,对其做 DFT,得到式(8.20)。

$$\boldsymbol{x}(k,s)=[x_1(k,s)x_2(k,s)\cdots x_M(K,S)]^{\mathrm{T}} \tag{8.20}$$

由式(8.19)和式(8.20)可得式(8.21)。

$$\boldsymbol{x}(k,s)=\mathbf{1}_M s(k,s)+v(k,s) \tag{8.21}$$

其中,$s(k,s)$ 为期望输出信号 $\boldsymbol{v}(k,s)=[v_1(k,s)v_2(k,s)\cdots v_M(k,s)]^{\mathrm{T}}$,在第 s 段做 N 次窄带 LCMV 波束形成。

参见图 8.76,算法可分为三个主体部分:麦克风阵列前期处理阶段、语音模型训练阶段、DNN 语音增强阶段。

麦克风阵列前期处理阶段,通过球形麦克风阵列对多通道语音进行拾取,阵列形成的波束能够较为准确地定位到目标语音,而使噪声信号得到抑制,从而更准确地提取到目标语音。本发明选用直径为 8.4cm 的球形麦克风阵列,设置阵列为球状且为等距分布,可从任何方向上以相同的语音输入效果来接收语音信息,其波束模式不受观测方向的影响,其识别精度可与孔径为 126cm 的大型线性阵列相媲美甚至效果更好。

语音模型训练阶段,经过麦克风阵列前期处理后,一部分与目标信号的无关信号被处理掉,残留下的噪声信号与目标语音信号将被分为两组特征样本,分别输入 DNN 的输入端进行训练,利用 DNN 的前向传播和反向传播算法得到最优的网络模型。

DNN 语音增强阶段,输入真实语音,经过麦克风阵列处理之后,得到特征向量,然后将特征向量输入优化网络模型中进行增强处理,最后将输出的特征向量利用波形重构方法合成纯净语音,实现语音增强功能。

参见图 8.77,本发明的语音 LSD 得分图。为了更好地说明本发明所提方法的可靠性,图 8.77 中将本发明所提出的方法与无噪声分类的非负矩阵分解算法(Nonnegative Matrix Factorization,NMF)以及单独 DNN 语音增强算法在不同噪声背景下进行比较,对数谱距离(Log Spectral Distance,LSD),其定义如式(8.22)所示。

$$\mathrm{LSD}=\sqrt{\frac{1}{M}\sum_{m=0}^{\frac{m}{2}-1}\left|L\{S(l,m)\}-L\{S_d(l,m)\}\right|^2} \tag{8.22}$$

其中,M 表示帧长,$L\{S(l,m)\}$ 表示在一定动态范围内的对数谱,LSD 数值越小,表示语音失真程度越小。它是对语音质量的客观评价指标,能够反映重构信号与原始信号的差异。

参见图 8.78,本发明语音增强 PESQ 得分图。对不同算法进行语音质量感知评估

（Perceptual Evaluation of Speech Quality，PESQ）。PESQ用于现场和模拟网络中端到端的测量，对于环境噪声和噪声处理，通过PESQ进行评估，PESQ的得分范围在－0.5～4.5的条件下，得分越高表示语音的质量越好。本发明对未经处理的语音信号、最小方差无畸变响应（Minimum Variance Distortionless Response，MVDR）波束形成算法以及本发明算法进行质量评价，可以看出本发明算法在多种噪声背景下，PESQ得分均大于2.0，平均得分2.74，单一MVDR波束形成算法PESQ得分多数处于2.0以下，平均得分1.86。

可见，本发明相对于MVDR波束形成算法其性能得到一定的提高。另外，综合两种指标及语音增强结果，本发明所采用的球形麦克风阵列作为一次语音增强，结合DNN噪声语音分类进行第二步语音增强，结合目前主流语音识别利用神经网络的趋势，使用DNN进行语音二次增强，不仅可以有效去除噪声带来的影响，而且对于多种噪声环境表现出较强的鲁棒性。

5. 说明书附图

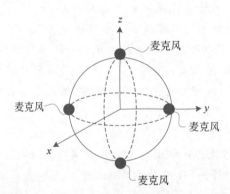

图 8.74　球形麦克风阵列拓扑结构示意图

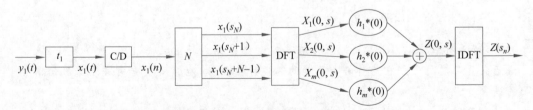

图 8.75　实施例中涉及语音数据的自适应波束形成器阵元结构示意图

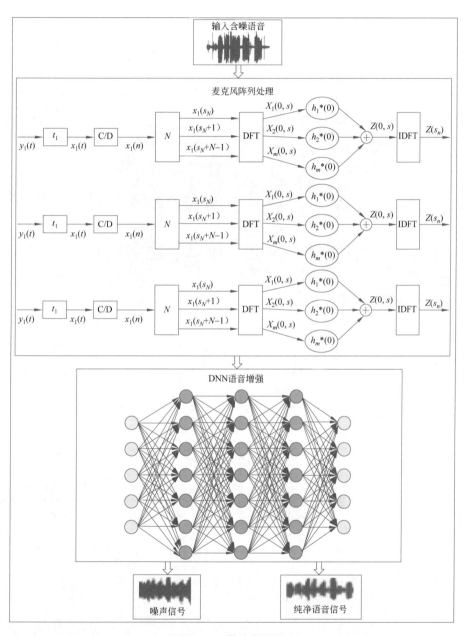

图 8.76　算法框架图

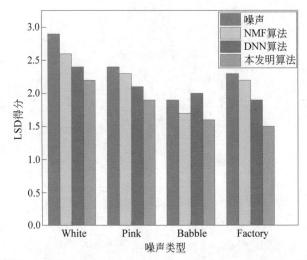

图 8.77　语音增强方法与原始算法检测结果的 LSD 得分对比示意图

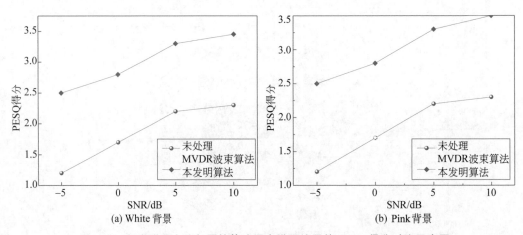

图 8.78　语音增强方法与原始算法语音增强结果的 PESQ 得分对比示意图

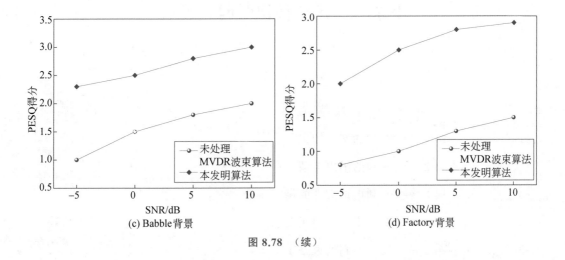

(c) Babble背景　　　　　　　　(d) Factory背景

图 8.78　（续）

附录 A　建议授课学时进度表

序　号	教学内容	建议课时
1	第1章　专利的基础知识	1
2	第2章　专利的国内申请	2
3	第3章　专利申请文件的撰写要求	3
4	第4章　专利审查的通用要求	2
5	第5章　发明专利的审查	2
6	第6章　实用新型专利中请的初步审查	2
7	第7章　外观设计专利申请的初步审查	2
8	第8章　专利撰写思路与申请实例	18
	合计	32

附录 B　课程教学大纲

《国内专利申请与案例分析》课程教学大纲

课程编号：××××××　　英文名称：Patent application and case analysis in PR China

课程性质：专业基础类　　学时/学分：32/2

课程负责人：×××

教材和参考教材信息：

　　1. 教材：张开生，吕超，翟岁兵.国内专利申请与案例分析.北京：清华大学出版社，2023.

　　2. 推荐参考教材：

　　[1] 刘科高，石磊，范小红.专利申请与案例分析.1 版.北京：化学工业出版社，2014.

　　[2] 江镇华.怎样撰写专利申请文件.北京：知识产权出版社，2002.

一、课程目标及任务

　　《国内专利申请与案例分析》是高等院校的专业基础课程，课程以专利基础知识为指导，坚持概念引领、方法指路、案例分析的教学理念，强化创新思路，将大量案例引入教材，引导学生了解、掌握并运用知识产权基本理论知识，正确分析和解决该领域的实际问题，不断提高学生运用专业知识分析、解决实际问题的能力。

　　本课程的主要任务是通过课程教学环节，培养学生：能应用知识产权基本理论知识，并通过正确的方式方法研究分析本领域中的复杂工程问题，以获得有效结论；能够针对领域中的需求，完成对应知识产权的申报；能够综合运用知识产权理论对实际工程问题进行系统表达，构建系统框架，建立数学模型，分析求解和论证，直至申报相应的知识产权，以适应现代社会对人才的需求。

二、教学目标对应的主要教学内容和教学方法

　　教学目标对应的主要教学内容和教学方法如表 B.1 所示。

表 B.1　教学目标对应的主要教学内容和教学方法

序号	教学内容	教学要求	学时	教学方式	重点（★）	难点（✽）
1	专利的基础知识	1. 了解专利的基本概念； 2. 了解申请专利的重要性； 3. 了解专利权的主要特征	1	讲授	★	✽
2	专利的国内申请	1. 掌握申请前的主要准备工作； 2. 了解申请文件准备； 3. 掌握专利授权及可能的结局	2	讲授	★	✽
3	专利申请文件的撰写要求	1. 了解专利申请文件概述； 2. 了解撰写前的准备工作； 3. 掌握专利申报文档的撰写	3	讲授	★	✽
4	专利审查的通用要求	1. 掌握挖掘专利的新颖性； 2. 掌握挖掘专利的创造性； 3. 掌握挖掘专利的实用性	2	讲授	★ ★ ★	✽ ✽ ✽
5	发明专利的审查	1. 了解专利的初步审查； 2. 了解专利的实质审查； 3. 掌握专利驳回处理	2	讲授	★	✽
6	实用新型专利申请的初步审查	1. 了解实用新型专利审查原则； 2. 了解审查程序； 3. 掌握实用新型技术方案审查	2	讲授	★	✽
7	外观设计专利申请的初步审查	1. 了解外观专利审查原则； 2. 了解审查程序； 3. 掌握外观专利方案审查	2	讲授	★	✽
8	专利撰写思路与申请实例	1. 凝练专利的创新思路； 2. 掌握专利撰写结构； 3. 练习撰写一项专利	18	讲授 练习	★ ★ ★	✽ ✽ ✽

三、教学方法

（1）本课程特点之一是系统性强，教师在教学中注重强调知识产权专利申报的系统性，指导学生在掌握专利基础知识的前提下，应用知识产权基本理论知识，并通过正确的方式方法研究分析本领域中的复杂工程问题，凝练创新思路，掌握专利申报文档的正确结构。从专利概念、基本理论、方式方法层层教授，最后过渡到实践案例，让学生渐入佳境。

（2）对内容讲授环节，在教学方法上采用课堂讲授教学为主，辅以启发、案例式教学方法。在讲授式教学过程中,教师应指出每章的重点和难点部分,以建立概念、形成整体思路为基础。适当的举例与类比可以帮助学生理解比较抽象的定义与推理过程;讲授式的同时应注重结合启发式,并通过对典型问题的分析、对应实际工程案例的讲解,引导学生课外主动学习,使其从被动学习转化为主动学习。

(3) 在教学中将传统与现代教学手段相结合,利用现代教学手段(包括利用多媒体、动画、仿真等)的辅助,把重点和难点内容讲清讲透。如数学推导性强、学生需要较多反应和思考时间的内容(最佳接收理论)宜采用板书;而涉及陈述性、直观性强的各种工程原理应用框图、表格、信号则适合采用视觉表现力强的多媒体课件和适当的计算机仿真实验,从而有效调动学生的学习积极性,促进学生的积极思考,激发学生的潜能。

(4) 学生分成小组。通过小组集体完成一些相对简单的专利项目撰写,培养学生的团队精神和协作能力,使学生体会团队的力量。

四、课程的考核内容和考核方式

课程考核(考试和考查结合)应以考核学生能力培养目标的达成为主要目的,以检查学生对各知识点的掌握情况为主要内容。能力目标达成评价与考核总成绩中,书面考试成绩占 60%,实验成绩占 20%,平时作业占 8%,大作业占 7%,考勤及课堂表现占 5%,如表 B.2 所示。

表 B.2　课程的考核内容与考核方式

成绩组成	比例	考核类型及要求	考核/评价规则
平时作业	8%	9 次作业	考核学生对知识点的掌握理解,以及学生的文献搜索及查阅能力,对知识产权现状、发展趋势的了解程度。课后布置有一定的启发性和思考价值的典型习题,计算全部作业的平均值再按照 10% 的比例计入总成绩
大作业	7%	课程学习报告或者大作业任务	大作业或者课程学习报告一般比较全面地覆盖课程所学知识,区别于平时作业针对随堂所学知识点的考核,大作业强调贯穿课程涉及知识,针对比较复杂的问题,进行深入细致的分析、设计、仿真等工作,进而得出有效结论,形成专利申报文稿
考勤及课堂表现	5%	签到与课堂表现	主要考核学生平时到课、学习状态以及课堂所学知识的即时测验,历次成绩的平均成绩按设定比例计入总成绩

续表

成绩组成	比例	考核类型及要求	考核/评价规则
实验	20%	6次实验课程	主要考核学生对知识产权知识及专利申报方法的掌握,能利用专利基本知识及申报专利的方式方法撰写专利文稿。以申报文档的方式提交,计算平均值并按照20%的比例计入总成绩
书面考试	60%	闭卷,2h	考核学生对基础理论知识和专利申报方式方法的掌握情况,用知识产权相关理论处理工程问题的基本能力。以闭卷考试的形式进行,并按照60%的比例计入总成绩

五、课程的评价与持续改进机制

课程考核结束后,任课教师对本课程的课程目标达成情况进行分析,依据主要包括学生的课程考试试卷、练习报告情况、平时作业、大作业和课堂表现等考核结果,学生的自我评价,督导的反馈意见。任课教师根据课程目标达成分析结果持续改进相应教学方法、内容、考核等环节,以便学生更好地达成课程目标。

编　写　人:×××
审　核　人:×××学院本科教学工作指导委员会
修订时间:2023.05

附录 C 课程相关附件

1. 专利申请受理通知书

2. 发明专利申请初步审查合格通知书

3. 发明专利申请公布及进入实质审查阶段通知书

4. "专利"第 N 次审查意见通知书

5. "专利"驳回决定

6. 授予实用新型专利权通知书

7. 授予发明专利权通知书

8. "专利"办理登记手续通知书

9. 专利证书（实用新型）

10. 专利证书（发明）

参 考 文 献

[1] 刘科高,石磊,范小红. 专利申请与案例分析[M]. 北京：化学工业出版社,2014.

[2] 国家知识产权局初审及流程管理部. 专利申请须知[M]. 5版. 北京：知识产权出版社,2010.

[3] 张广良,中国知识产权培训中心. 相关法律知识分册[M]. 北京：知识产权出版社,2001.

[4] 北京市第一中级人民法院知识产权庭. 侵犯专利权抗辩事由[M]. 北京：知识产权出版社,2011.

[5] 中华人民共和国国家知识产权局. 专利审查指南(2010)[M]. 北京：知识产权出版社,2009.

[6] 黄迪南及编写组. 企业专利战略实务指南[M]. 北京：知识产权出版社,2011.

[7] 陈宜中,傅雅芬,蓝烈煌. 科技创新与专利入门[M]. 北京：中国纺织出版社,2008.

[8] 鄞迅. 电学专利申请文件的撰写[M]. 北京：知识产权出版社,2007.

[9] 江镇华. 怎样检索中外专利信息[M]. 2版. 北京：知识产权出版社,2007.

[10] 徐晓琳. 专利实务教程[M]. 重庆：重庆大学出版社,2007.

[11] 张荣彦. 机械领域专利申请文件的撰写与审查[M]. 北京：知识产权出版社,2006.

[12] 林建军. 专利申请与审查[M]. 北京：知识产权出版社,2006.

[13] 吴观乐. 发明和实用新型专利申请文件撰写案例剖析[M]. 2版. 北京：知识产权出版社,2004.

[14] 田力普,贺化副. 发明专利审查基础教程[M]. 北京：知识产权出版社,2004.

[15] 张清奎. 化学领域发明专利申请的文件撰写与审查[M]. 3版. 北京：知识产权出版社,2010.

[16] 江镇华. 怎样撰写专利申请文件[M]. 北京：知识产权出版社,2002.

[17] 胡佐超. 专利纠纷典型案例评析[M]. 北京：知识产权出版社,2000.

[18] 中华人民共和国国家知识产权局. 专利审查指南 2010[M]. 北京：知识产权出版社,2010.

[19] 吴观乐. 发明和实用新型专利申请文件撰写案例剖析[M]. 3版. 北京：知识产权出版社,2011.

[20] 李德山. 发明与实用新型专利申请代理[M]. 北京：知识产权出版社,2010.

[21] 尹新天. 中国专利法详解[M]. 北京：知识产权出版社,2011.